TORMENTOS DE ALMAS

Blucher

KARNAC

TORMENTOS DE ALMAS

Paixões, sintomas, sonhos

Antonino Ferro

Tradução e revisão técnica
Marta Petricciani

Authorised translation from the English language edition published by Karnac Books Ltd.

Tormentos de almas: paixões, sintomas, sonhos

Título original: *Tormenti di anime: passioni, sintomi, sogni*

© 2015 Antonino Ferro

© 2017 Editora Edgard Blücher Ltda.

Equipe Karnac Books

Editor-assistente para o Brasil Paulo Cesar Sandler

Coordenador de traduções Vasco Moscovici da Cruz

Revisora gramatical Beatriz Aratangy Berger

Conselho consultivo Nilde Parada Franch, Maria Cristina Gil Auge, Rogério N. Coelho de Souza, Eduardo Boralli Rocha

Blucher

Rua Pedroso Alvarenga, 1245, 4º andar
04531-934 – São Paulo – SP – Brasil
Tel.: 55 11 3078-5366
contato@blucher.com.br
www.blucher.com.br

Segundo o Novo Acordo Ortográfico, conforme 5. ed. do *Vocabulário Ortográfico da Língua Portuguesa*, Academia Brasileira de Letras, março de 2009.

É proibida a reprodução total ou parcial por quaisquer meios sem autorização escrita da editora.

Todos os direitos reservados pela Editora Edgard Blücher Ltda.

FICHA CATALOGRÁFICA

Ferro, Antonino
 Tormentos de almas : paixões, sintomas, sonhos / Antonino Ferro ; tradução e revisão técnica de Marta Petricciani. – São Paulo : Blucher, 2017.
 336 p.: il.

Bibliografia
ISBN 978-85-212-1176-1
Título original: *Tormenti di anime: passioni, sintomi, sogni*

1. Sonhos 2. Psicanálise – Pesquisa I. Título II. Petricciani, Marta

17-0403   CDD 154.63

Índice para catálogo sistemático:
1. Sonhos : Psicanálise

Conteúdo

1. Os tormentos de uma alma 9
   Metáfora e *rêverie* 13
   Ortodoxia e ciência 15
   Movimentos na sessão 20
   Pacientes com duplo funcionamento alternado 28
   Técnica interpretativa 32
   Exemplos clínicos 36

2. *Grasping* e *casting* 55
   Casting 56
   Exemplos clínicos 72
   Mentir para sobreviver 79

3. Olhando ao redor e indo ao cinema 81
   Como pensar a psicanálise? 81
   Os neurônios de Deus 84
   Um destino da espécie entre Hércules e o Gato de Botas 86
   Ulteriores reflexões sobre a mente 89
   No cinema: *Bin-Jip 3 – Iron* e os sonhos de Federico Fellini 91

4. Elogio da interrupção e da aparente estupidez 123
   A interrupção 123
   Sobre a estupidez aparente 136

6 CONTEÚDO

5. Ação terapêutica e personagens do campo 149
   Desenvolvimento de instrumentos 149
   Exemplos clínicos 156
   Função desconstrutiva do litotritor 162
   Sonhar a história 169
   Apêndice 170

6. *Casting* e sofrimento mental 177
   Amor como *casting* 177
   Objeto autistizante 192
   Rêverie positiva e *rêverie* negativa 193

7. Quem o viu? 201
   O espectro do onírico 201
   Contínua atividade de *rêverie* de base 204
   Verdadeiros fenômenos de *rêverie* 206
   Rêverie em *flash* 206
   Rêverie/construção 208
   Transformações em sonho 211
   Pensamento onírico do estado de vigília e sonho 213

8. Histórias de vida, histórias de análise: publicação e
   transmissão da psicanálise 219
   Reconstrução? Sim, obrigado 219
   Mudança catastrófica e emoções 231
   Plot e narrações 233
   A crise e as transformações 235
   Privacidade e transmissão da psicanálise 244
   O que poderia traumatizar os pacientes? 247
   Publicabilidade 250
   Que tipo de analista surge destas minhas páginas? 256

9. Implicações técnicas do pensamento de Bion 257
   Bion na minha sala de análise 257
   Operações no campo 264

10. Exercícios e jogos psicanalíticos 287

Referências 325

Para aqueles pacientes que me tornaram melhor:
aqueles com quem exploramos terras desconhecidas,
aqueles com quem criamos novos mundos,
aqueles com quem rimos muito,
aqueles com quem experimentamos dor, sofrimento, terror,
a todos eles indiscriminadamente peço indulgência pelos
sonhos que não fui capaz de sonhar com eles e por eles.

"Carolyne: Por que você não fala com os médicos?
Lisbeth: Porque eles não escutam o que eu digo."
—*Stieg Larsson*

1. Os tormentos de uma alma

Como é fácil imaginar, o título deste livro se inspira deliberadamente no filme de Georg Wilhelm Pabst *Os mistérios de uma alma*, realizado em 1926 com o objetivo de fazer conhecer a psicanálise de forma correta. O filme foi realizado com a consultoria de Karl Abraham, na época presidente da Associação Psicanalítica Internacional (IPA) e do seu colega do Policlínico de Berlin, Hans Sachs.

Um paradoxo do filme, como revela Sabaddini (1994, 1999), é que se trata de "a *silent* film about the *talking* cure". Como sabemos, trata-se de fato de um filme mudo, que apresenta somente alguma legenda escrita inserida em alguns momentos-chave.

A história (Musatti, 1980) é a de um químico, marido meigo e afetivo, que desenvolve uma fobia por facas, no momento em que um jovem e atraente primo vem visitar sua família. O homem fica terrivelmente perturbado com esta presença, pois teme que sua jovem e bela mulher possa se sentir atraída por este parente aventureiro. A "crise" passa através de uma série de sonhos reveladores sobre esta perseguição da calma rotina familiar, com um *happy*

10   OS TORMENTOS DE UMA ALMA

end ao qual se chega através de uma breve mas intensa terapia psicanalítica, capaz de revelar as causas e as raízes infantis do sofrimento do protagonista. Não revelo detalhes para não tirar o prazer de descobrir a trama e os acontecimentos da cura e do filme, que é estruturado como uma *detective story.*

Naturalmente, infinitas são as chaves de leitura, desde a mais óbvia de um marido/Don Abbondio,[1] incapaz de viver as paixões de um Otelo, até aquela talvez mais interessante (mas certamente não presente nas intenções do autor e dos consultores), de uma difícil passagem de um regime de ternura e afetos para um regime passional – o único capaz de gerar algo novo e vivo. Uma outra leitura, completamente arbitrária, poderia ser a dor que acontece em uma economia psíquica, diante de um projeto de começar uma analise e o que a presença do analista acende na dupla função, de estranho perturbador e de terapeuta.

Lembro como eu ficava aterrorizado, quando criança, pela visão do filme *A invasão dos ultracorpos*, na primeira versão em branco e preto, e como tempos atrás em um quarto escuro de um hotel desconhecido, em uma cidade americana a mim não familiar, virando sonolento para um lado, tive a fantasia de poder ter do meu lado o diabo, e de logo ter adormecido pensando "Finalmente eu teria alguém com quem conversar": O caminho da integração das partes e dos funcionamentos cindidos é realmente muito longo, entre os dois episódios transcorreram aproximadamente cinquenta anos.

Tive a sorte de ver o filme de Pabst com um pianista que acompanhava as cenas com um comentário sonoro ao piano com muita

---

1   Don Abbondio – Personagem principal do livro *I Promessi Sposi* um dos romances mais conhecidos de Alessandro Manzoni [N. T.].

maestria, como acontecia de fato no tempo dos filmes mudos. Isto fez nascer em mim o pensamento de que na análise acontece exatamente o contrário: não temos imagens com comentário sonoro, mas temos sons emocionais, musica emocional profunda, troca de estados protoemocionais que depois são colocados em cena pelo paciente.

De fato, lembrei de uma paciente (Ferro, 1992) que, após anos de análise, me disse: "Quando o meu namorado fala comigo, eu não me ocupo das palavras que ele me diz, mas do tom da sua voz, das inflexões e do seu timbre, tentando entender se ele gosta de mim ou não, se ele está junto a mim ou não". Somente neste ponto surgiu dentro de mim a lembrança da última hora de análise antes de pegar o carro para ir de Pavia a Milão, onde seria projetado o filme que eu iria comentar. Não que eu estivesse emocionado, ou pelo menos não tinha consciência disso. Não que não ouvisse a paciente, ou pelo menos acreditava que eu o estava fazendo. Mas Annalisa, no seu terceiro ano de análise, após um início no qual retomava algumas temáticas da sessão anterior, tinha logo mudado de cenário e roteiro, conduzindo-me na casa da sua infância, enorme, aonde havia espaço para tudo, mas não para ela. Casa fria, na qual ela se aproximava da mãe para receber calor e sempre era afastada por uma mãe que tinha outras coisas na cabeça. O que havia me parecido uma boa sessão, que me conduzia na cena da infância, confirmou-se então de ser a exata descrição do meu funcionamento mental: obstruído, frio e distante, daquela hora na qual de fato – como não reconhecê-lo neste momento – a minha mente já estava comprometida com pensamentos relativos à conferência que eu teria que fazer dali a pouco.

Então é realmente verdade que o paciente sempre sabe a forma na qual nós funcionamos mentalmente e nos comunica, sonhando isto em tempo real (Bion), mas muito frequentemente não queremos saber deste sonho e nos refugiamos na coluna 2 da Grade, protegendo-nos com um excesso de mentiras, em relação a um sentir autêntico. Coluna 2 que, com um hábil "cavalo-de-pau", poderia se tornar também a coluna dos sonhos (Grotstein, 2007) se tivéssemos a coragem de tolerar a reatividade e a polissemia destes últimos.

Neste ponto gostaria de fazer algumas reflexões sobre quanto somos capazes de administrar as emoções ou então somos incapazes.

Como já descrevi em *Evitar as emoções, viver as emoções* (Ferro, 2007), podemos ter percursos altamente evacuatórios, percursos não gravemente sintomáticos e, às vezes, percursos transformadores.

Não somente herbívoros: Paolo

Paolo começa a análise como o bom rapaz que é. Na primeira sessão me relata do trabalho que está fazendo para consertar a sua "Vespa", que permaneceu esquecida há anos. Depois de muitas sessões sobre este tema, arrisco "que às vezes a vespa pica". Longo silêncio.

Na sessão seguinte Paolo, que até então tinha vindo para a sessão sempre trazendo um computador, me diz: "Um raio atingiu o meu computador e o queimou literalmente".

Diminuo então a minha pressão interpretativa, cujo objetivo era o de desmecanicizar alguns aspectos de Paolo, mas quando, em seguida, volto para o regime interpretativo mais intenso surge "o vizinho que coleciona armas e que lhe dá a impressão de ter uma metralhadora ameaçadora". Retomo uma interpretação mais "lúdica" e Paolo fala novamente do vizinho cuja metralhadora – ele viu bem – tem uma tampa vermelha em cima: trata-se então de uma arma de brinquedo e pode-se ficar tranquilo.

Fala, na continuação da análise, da fazenda da avó povoada por frangos, patos, galinhas, ovelhas e vacas e assim por diante, até que uma vez eu lhe pergunto se ele não estava cansado de todos estes herbívoros. Nova onda persecutória, até que ele me surpreende na última sessão antes das férias de verão, dando-me de presente pequenos animais ferozes, aqueles com os quais as crianças brincam.

Na volta das férias, descobre que nas traves de madeira do teto do meu consultório aparece a incisão de uma estrela com cinco pontas, justamente aquela das Brigadas Vermelhas, da qual nem eu nem os pacientes deitados no divã analítico, ao longo de mais de trinta anos, jamais tínhamos nos dado conta. Percebo que a raiva, a revolução, finalmente entraram na sala. Mas quando tento encontrar novamente a incisão não consigo mais focalizá-la. Estes aspectos de Paolo tendem a desaparecer. Uma outra vez que me indica a estrela de cinco pontas e a escrita BR, posso lhe dizer que ele tem olhos de gavião, substituindo com o gavião, o passarinho perdido que ele tinha na gaiola e do qual ele havia me falado por longo tempo.

Os aspectos mais intensamente passionais entram na sessão, ainda que atenuados, quando encontrando uma carta da namorada depois de um longo período no qual não tinha notícias dela (e depois de um meu longo silêncio) diz: "Não sabia se a dilacerava ou se a abria com o canivete".

Metáfora e rêverie

Um paciente relata o clima de angústia que um amigo lhe despertou, fazendo-lhe temer de não receber mais o cheque mensal que recebe pelo novo trabalho; na realidade, se ele não recebesse mais este cheque não seria nada grave, aliás, isto lhe permitiria

14   OS TORMENTOS DE UMA ALMA

mudar o tipo de trabalho para aceitar outros mais lucrativos e gratificantes. O amigo, porém, consegue colocá-lo em um clima de persecutoriedade, de ameaça, de inveja por parte dos outros, um clima escuro e turvo. Trata-se naturalmente de um funcionamento do paciente ("o amigo"), que na ausência da análise no final de semana, chega a abalar a confiança de base (vacilante) e o lança em um clima de desconforto e desconfiança, fazendo com que ele perca de vista os progressos feitos e o desenvolvimento em direção à independência que teve.

Neste ponto, faço uma intervenção que é *aparentemente metafórica* (digo a ele que me parece que a sua situação é a de uma pessoa que está nadando bem, e à qual é sugerido que talvez vão lhe tirar, ou não vão dar, o salva-vidas, do qual porém não tem nenhuma necessidade, ou que até seria um estorvo), mas esta intervenção não é uma metáfora pré-constituída, é uma imagem que se forma ali, com ele, pela primeira vez e em tempo real em relação às suas comunicações: é, portanto, uma *rêverie* feita na hora.

É esta *rêverie*, esta transformação afetivo-visual que eu faço a partir do seu relato, que se torna fator de crescimento. Transformo ansiedade e persecutoriedade em imagens afetivas (formo e passo a ele os elementos alfa, mas especialmente o coloco em contato com o meu funcionamento – função alfa – que realiza estas transformações). Portanto, não é a metáfora como tal, mas uma metáfora viva nascida ali, naquele momento, paciente–específica, que testemunha ao paciente o funcionamento onírico da minha mente e que passa a ele o método para realizar tal operação. Em outras palavras, eu tenho um sonho da comunicação do paciente e o transmito a ele, e ao fazer isso lhe transmito, pelo menos em parte, o método com o qual eu realizo esta operação. Assim não somente eu contribuo para formar elementos alfa, mas produzo um desenvolvimento da função alfa. Com os pacientes mais graves (ou com os aspectos mais graves de cada paciente) não pode ser senão este o nível que permite o desenvolvimento da função alfa, isto é, da capacidade do paciente de sonhar, por sua vez, enquanto acordado.

A *rêverie* do analista, que frequentemente pode ser expressa sob forma de metáfora – mas não somente – pode ser entendida como uma fonte de desenvolvimento da capacidade de transformar elementos beta, persecutórios, em pensamentos. Então a sessão acontece a nível de um recíproco onírico, seja quando o paciente "sonha" (se é capaz de fazê-lo) a intervenção do analista ou o seu estado de mente, seja quando o analista "sonha" a resposta a ser dada ao paciente. Quanto mais esta resposta for "sonhada", tanto mais será fator de constituição, reparação da eventual falha da função alfa do paciente.

O próprio paciente do qual eu falava, depois da minha *rêverie* sobre o "nadador", me relata com certo grau de espanto ter feito um sonho no qual estava nadando e havia alguém que...

Aquilo que por simplicidade de exposição só posso descrever como pertencendo ao analista e paciente, na realidade acontece em uma dimensão que transcende ambos, que é aquela do campo. Portanto tudo deverá ser reescrito deste outro complexo ponto de vista, em termos de turbulências e de funções alfa do campo.

Ortodoxia e ciência

Recentemente me ocorreu de ver um colega corajoso, que era comentador em um trabalho meu, criticando o meu texto (claramente inspirado em um pós Bion), a partir de um vértice freudiano; vivi o mesmo estranho efeito que viveria um físico

16   OS TORMENTOS DE UMA ALMA

das partículas que, enquanto fala de mésons ou neutrinos, ouvisse críticas porque não fala de alavancas ou guindastes e de sua inquestionável importância. Isto não significa que a física mecânica valha menos que a física das partículas, mas são duas coisas diferentes, assim como são diferentes os modelos ou talvez as teorias psicanalíticas fortes que hoje a psicanálise dispõe (freudiana, kleiniana, bioniana, intersubjetivista, psicologia do Ego com todas as gamas dos submodelos satélites de cada uma).

Estes modelos são incomensuráveis, talvez seja possível encontrar alguns *"common grounds"*, como com certo otimismo escreveu Wallerstein (1988, 1990), ou talvez deveríamos focar sobre o "pensamento clínico" como mais recentemente afirmou Green (1989, 2005). Se a psicanálise é uma ciência não há lugar para a ortodoxia, e o Congresso de Chicago da IPA em 2009, foi centrado justamente no reconhecimento de diversos modelos em psicanálise. A ortodoxia tem a ver com as religiões. A ciência com os "fatos". Escreve Bion (2005) que nós dispomos de fragmentos de teorias com os quais construímos carcaças teóricas, às quais nos agarramos – tamanho é o medo de não saber – mas estas carcaças teóricas quando encontram um fato afundam, nem mais nem menos, como quando o *Titanic* encontrou um "fato".

Temos muito medo da mente, daquilo que não sabemos, para não ter constantemente a tentação de exorcizá-lo através do pensar que as paramnésias que constituem as nossas teorias são verdadeiras e críveis. Sabemos realmente pouco e frequentemente qualquer tentativa de saber mais é estigmatizada como algo que viola uma suposta ortodoxia, uma suposta "verdadeira psicanálise".

Ninguém poderia deixar de considerar os desenvolvimentos da física quântica ou da introdução dos antibióticos para o tratamento das doenças infecciosas, mas não é assim na psicanálise, aonde nos permitimos o luxo de ignorar tudo aquilo que perturba o que já sabemos. Conseguimos assim retardar de forma incrível o desenvolvimento da psicanálise, fazendo dela uma religião. Um colega, por mim muito estimado, a uma jovem colega, que em um seminário perguntou como é que o marido, excelente biólogo, não iniciava qualquer trabalho pela citação de Darwin, mas levava em consideração somente os últimos anos de bibliografia – diferentemente daquilo que acontece na psicanálise – respondeu que as ideias de Freud não entraram no patrimônio compartilhado, portanto é necessário sempre reafirmá-las. Não escondo que fiquei (e ainda estou) pouco convencido da resposta e da necessidade, para uma psicanálise viva, de ter que partir sempre *ab ovo* ou, ainda pior, do *ipse dixit*.[2] Lembremos que o que aconteceu com Galileu continua acontecendo em vários contextos psicanalíticos (não em todos, por sorte) nos quais periodicamente soa o anátema: "Isto não é psicanálise!". A Instituição psicanalítica fez depois abusos não diferentes dos da Igreja (por sorte, sem fogueiras) dos quais foram vítimas Bion (Grotstein, 2007) e em parte o próprio Meltzer (isto é, um gênio absoluto da psicanálise, o primeiro, e um analista verdadeiramente criativo, o segundo).

Muitas das teorizações psicanalíticas – Bion nos lembra isso constantemente (2005) – são semelhantes a complexos delírios que acabam formando espécie de queloides sobre as feridas do nosso não saber. Tudo é explicado, significado, é deduzível de um sistema teórico que já previu tudo. No desenho de uma criança será muito significativo se as árvores serão três ou somente duas. Há um método para decompor os sonhos que nos permite encontrar seu verdadeiro significado, e assim por diante!+

---

2 *Ab ovo* – do início; *ipse dixit* – ele disse [N. T.].

Na realidade, não sabemos conviver com as lacunas do nosso não saber, somos como carpinteiros que constantemente colocam tampas na quilha de um navio que na realidade é somente uma leve trama entre os buracos. Colocamos constantemente "tampões" para evitar de afundar no não saber, o não saber nos aterroriza, então criamos "sistemas religiosos" que bloqueiam o afundar depressivo.

Na realidade, sabemos pouquíssimo e este pouquíssimo de forma incerta e provisória, mesmo assim há ensinamentos universitários destes sistemas de teologia psicanalítica. Depois, o processo se completa na sessão, através das contínuas operações de "transformações em alucinose", isto é, projetando o que construímos, pensamos ou, mais frequentemente, aprendemos sobre o paciente e depois lemos este "projetado" como evidente. Como se nós jogássemos tinta verde e azul sobre coelhos brancos e depois com convicção afirmássemos – o que parece evidente – que os coelhos são verdes ou azuis e se não são verdes ou azuis não são coelhos. Mas porque somos tão aterrorizados pelo não saber? Bion nos lembra isto em todos os seus Seminários (1983, 1987, 2005) e volto a repeti-lo: a maior parte das nossas teorias (e todas a longo termo, se não são constantemente revitalizadas) são paramnésias que afundam como o Titanic quando encontram um fato.

Funcionamos da mesma forma na sessão, continuando a ver aquilo que sabemos (ou acreditamos saber): se a medicina tivesse funcionado da mesma forma estaríamos ainda na "bílis negra" e na evidência da necessidade de clisteres e sangrias para falar juntamente com Molière do *Doente Imaginário*.

É muito penoso para nós sermos uma espécie sem um antes e um depois, mas somente um degrau entre outros antes e outros possíveis depois: uma espécie que está em trânsito. Uma espécie que não tem outro sentido se não o de ser uma dolorosa absurda ou cômica brincadeira da natureza, como dizia Lucrécio.

A fé em algo é tão necessária para cimentar uma identidade que, dependendo dos casos, quem incutia dúvidas era queimado vivo ou mais simplesmente expulso (agora que estamos em épocas mais democráticas). Por outro lado, é inacreditável que conceitos como aqueles do "pensamento onírico do estado de vigília" de Bion ou como aqueles expressos por Ogden em seu artigo *"On talking as dreaming"* (2007) possam ser ignorados apesar da revolução teórica e técnica que implicam (em medicina seria como usar o soro tifoide sem recorrer aos antibióticos).

Voltemos agora ao material clínico, que nos fornece uma forma mais aberta de teorizar.

Rodolfo e os trens

Rodolfo é uma criança que está em terapia há bastante tempo, tem traços autísticos significativos, aos poucos se diluindo em direção a modalidades obsessivas que foram progressivamente se dissolvendo com a aquisição de uma capacidade narrativa. Por longo tempo teve que usar alguns trilhos pré-construídos e rígidos (como as canções ou os *jingles* da televisão) para veicular conteúdos emocionais que eram assim canalizados e hipercontidos, mas que de qualquer forma podiam circular como os trens que ele desenhava constantemente.

Um dia ele conta: "Gosto muito de navegar na Internet porque ali procuro e encontro imagens". Parece, desta forma, dizer que a "interconexão" entre a sua mente e a da sua terapeuta lhe permite encontrar imagens, isto é, transformar protossensorialidade e protoemoções em pictogramas afetivos (elementos α) (ver Figura 1.1).

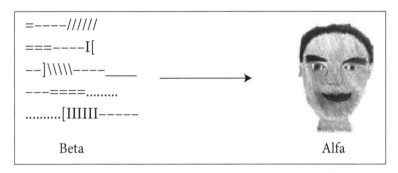

Figura 1.1 O que é beta desagregado torna-se, por meio do "inter-nos", imagem emocional.

Da mesma forma, a história de um ator famoso abandonado pela jovem e bela mulher, contada por Rodolfo quando se aproximava o fim da sessão, torna-se o derivado narrativo da sequência alfa produzida quando se aproxima o momento da separação. Isto deixa lugar a uma atuação: no fim da sessão, Rodolfo se esfrega contra uma poltrona, acenando a movimentos masturbatórios, dizendo: "São Gaudêncio, São Gaudêncio". A masturbação-gozo é uma atuação que dilui a dilaceração da separação: o episódio acontece logo depois que Rodolfo fala dos nazistas que impunham regras impiedosas às quais todos tinham que obedecer.

Movimentos na sessão

O relacional torna-se intrapsíquico e este, sempre de forma oscilatória, torna-se relacional.

Uma paciente é convidada a falar das dificuldades sexuais com o marido e toda a sessão se desenrola com o analista que "pressiona" e a paciente que se subtrai. Este poderia ser definido como um *enactement* da vida sexual do casal, mas de qual casal? Daquele entre analista e paciente certamente, mas também do casal formado por um continente inadequado (♀) em relação às pressões dos conteúdos (♂♂♂) em excesso.

"Quando vejo meu marido excitado me assusto", é o que a paciente diz ao analista que interpreta (penetra) ativamente, mas o analista é capturado por uma hipotética cena externa/real e não capta a comunicação na relação atual como um convite à "moderação" interpretativa. Esta breve sequência nos mostra como existem cenários múltiplos: externos (se únicos, defensivos), relacionais, intrapsíquicos ou de campo.

A sexualidade, nesta sessão, é um gênero narrativo de um acasalamento que é feito na sessão. É a atualidade que se torna promotora de uma história e não o contrário. Por outro lado, este ponto de vista é bem ilustrado pelos Botella (2001) em seu livro sobre a figurabilidade.

A incontinência de Raul

Um menino de 7 anos é trazido à análise em virtude de distúrbios de comportamento: quando está na escola morde as outras crianças, bate nelas e depois se masturba, para então cair no chão exausto. Por certos pontos de vista é uma criança hipermadura, tem brilhantes capacidades intelectuais. Viveu com a avó e depois com a tia, já que a mãe estava em um momento da carreira que não lhe permitia distrações, o pai frequentemente estava "ausente" por causa de viagens de trabalho. Na história da mãe havia numerosos abusos por parte do pai e do tio materno. Raul sofre também de uma enurese primária.

O tema da enurese é visivelmente mencionado ao longo de diferentes cenários. Raul parece dispor de um continente com buracos pelos quais escapam atuações. A enurese se tona uma metáfora eficaz desta incontinência. O ♀ é na realidade um *continente com buracos* narrados: a ausência da mãe e a distância do pai. O continente é abusado por emoções tão violentas e dotadas de tamanha energia cinética, a ponto de contribuir para o seu "furar".

De noite frequentemente Raul acorda gritando, sonhou com monstros que o agridem. É dilacerado por estados emocionais não suficientemente diferenciados, que abusam dele e o aterrorizam, sem que ainda possa operar uma suficiente digestão deles.

Depois tem uma série de tiques que testemunham os mecanismos evacuativos dos quais dispõe.

É como se tivesse dois funcionamentos em oscilação entre eles (ver o esquema): um Raul contido e um cujos componentes "R de Raiva" e "A de Abandono" "caem" para fora da sua própria capacidade de administrar.

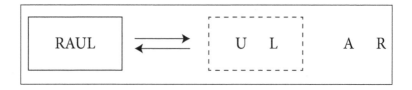

Ou melhor, trata-se de três níveis de funcionamento, se usamos aquilo que nos é dito a propósito do pai ausente e rígido ou obsessivo quando presente.

Uma brincadeira que começa a fazer já no início da terapia é a de tentar "tampar" os buracos presentes na quilha de um barco da família. Depois, ao se vestir Raul quer colocar sempre um duplo par de meias como para significar: a necessidade de uma continência que evite as atuações que ele teme que escapem como o xixi. Mas o aspecto que se torna mais significativo é o "atraso" para chegar na sessão, que se torna uma constante durante um longo período: isto implica em sessões muito tranquilas nas quais desenha muito, joga de forma comportada e até dá interpretações sobre seu comportamento (mas isto com um custo altíssimo: que a sua parte mais turbulenta fique de fora).

Progressivamente entram em cena brincadeiras mais de criança e mais incontinentes: brinca de índio, *cowboy*, e os índios atacam os *cowboys* que os cercam com as caravanas; um núcleo identitário começa a saber se proteger do redemoinho de elementos β que antes irrompiam de forma incontrolável.

A leptospirose de Marina e a poodle de Bianca

Marina, uma paciente em um momento de possível mudança, no qual não sabe se pode confiar ou não, se pode se entregar a um vínculo autêntico ou não – vínculo que é desejado, mas também temido, porque iria acender emoções difíceis de administrar – sonha que um rato entra na sua casa: é um rato branco e preto. "Estranho", acrescenta, "Preto como uma vaca. Branco como um rato, mas os ratos trazem a leptospirose e a gente morre". No fundo, Marina não sabe se o analista que conseguiu alcançá-la é uma vaca que dá coisas boas ou é um rato que traz a morte. Se as emoções nutrem ou se as emoções matam.

24 OS TORMENTOS DE UMA ALMA

Bianca, que foi vítima de comportamentos sadomasoquistas, tão logo as catastróficas angústias de abandono – que estavam subjacentes à excitação sadomasoquista – começam a ser elaboradas se dá de presente uma "poodle[3] anã" da qual cuida com amor. Ou seja, entra em contato com "quantidades" toleráveis daquele "barbudo gigante", da qual tivera que se afastar. Ao mesmo tempo começa a saber lidar com a raiva, que é o outro aspecto do "barbudo abandonado", e faz com que o "veterinario" dê a vacina antirrábica para a poodle.

Tudo isso é tecido na sessão sem interpretações fortes no início, só depois com o quadro delineado; é possível com ambas as pacientes olhar junto para a Gestalt completa que o panorama adquiriu, panorama tecido por ambos os tecelões. O espaço-tempo da sessão foi o tear que permitiu essa tecelagem, cujos fios provêm dos novelos presentes no campo, co-constituido por ambos – paciente e analista.

Virginia e as feridas

Virginia é uma moça de 16 anos que desde que os pais se separaram começou a se cortar. Conta que já no jardim de infância se sentava sozinha em um banquinho olhando para as outras crianças. O drama que Virginia exprime através de uma série de narrativas, sobre as quais sobrevoo, é a "Solidão", um profundo sentimento de solidão. Sua amiga mais querida, Viviana, tornou-se drogada.

Diante de uma dor insuportável, parece que a solução encontrada por Virginia foi a de sentir a dor no corpo, não podendo viver a

---

3 Em italiano *barboncina* = barbudinha [N. T.].

dor na mente. A dor que não pode ser sentida é também representada, de alguma forma, pelo sangramento físico, que remete a um sangramento pelo sofrimento que sozinha não consegue enfrentar.

Obviamente, outros níveis poderiam ser o da anestesia com as drogas ou então o se atormentar fisicamente ou também através de uma presença obrigada a pensamentos dilacerantes e repetitivos que remeteriam à masturbação anal de Meltzer como um antídoto para o desespero da solidão.

Betta e as cartas perdidas

Betta se apresenta com um diagnóstico de psicose maníaco-depressiva, sem nenhum contato com suas emoções: parece ter perdido qualquer contato com "Elisa", uma sua parte emocional-afetiva completamente cindida. Elisa é como a Lua que causa marés altas e baixas, mas sem que seja mantida qualquer conexão aparente. Para Betta há "fatos" – a depressão e a mania – mas separados de qualquer porquê, de qualquer, ainda que efêmero, sentido.

Betta gostaria de ter filhos, mas teme que isso poderia desencadear uma crise, se ela gera algo vivo, se importa uma emoção qualquer de Elisa, teme imediatamente de passar mal. Um dia conta de uma internação sua (isto é, do que acontece desde que encontrou abrigo na sala de análise): pode começar a fazer conexões, "descobri que as pessoas internadas comigo (outros aspectos cindidos?) não eram loucas como pareciam, cada uma tinha suas razões para se sentir mal e estar lá". Não há a loucura mas os estados emocionais, então, têm um sentido, causas, origens.

26 OS TORMENTOS DE UMA ALMA

Assim, aos poucos, entra em contato com o mundo de "Elisa", embora quando o contato com as emoções torna-se muito incandescente – isto é, o contato com a raiva, desespero, dor, queimam demais – começa correr para frente como aqueles que, inexperientes, percebem que estão andando sobre brasas. Quando isso acontece na sessão, conta um sonho no qual estava em um filme de onde não era fácil sair, depois explodia um incêndio e então conseguia pular no seu próprio carro e, enquanto o fogo se espalhava, ela dirigia na estrada a toda velocidade. Depois viu a estrada que se fechava e acordava no hospital com todos os ossos quebrados, imóvel, cheia de dor.

Eis a crise maníaca, agora tem um sentido, acontece na sessão, é justamente um fugir cada vez mais rápido de emoções intoleráveis até que se quebra uma espécie de muro do som e se mergulha na dor depressiva para além do buraco negro, no universo paralelo do sofrimento.

Mas agora há um hospital e um doutor Aiuti[4] que parecem poder trazer aquele alívio que permitiu a Betta recuperar pedaços cada vez mais constentes de Elisa. Naturalmente, a integração de Elisa poderá prosseguir até que isto possa ser funcional para um grau suficiente de bem-estar que somente Betta pode indicar.

Não creio que o analista deva ser o defensor da integração a qualquer custo, mas deve também captar os eventuais pedidos do paciente para "diferenciar", entre seus funcionamentos, aqueles nos quais pode se reconhecer e aqueles nos quais não pode tolerar de se reconhecer – de fato, nem todos os pacientes tolerariam a frase de Terêncio que diz: "*Humani nihil alienum a me puto*" ("Sou um homem: nada do que é humano me é estranho").

---

4   Aiuti = Ajudas [N. T.].

A diferenciação dos funcionamentos num certo ponto alivia o paciente de partes para ele absolutamente intoleráveis, que têm que ir habitar os mundos cindidos das potencialidades, mundos que não podem ser todos mapeados e visitados regularmente. Alguns mundos possíveis deverão permanecer puras potencialidades das quais o paciente não terá – provavelmente para sempre – nenhuma consciência.

As defesas que a nossa espécie implementa para sobreviver àquela monstruosidade que é a nossa mente imperfeita, não são suficientemente elogiadas. Para sobreviver, a mente precisa evacuar, adormecer, cindir, projetar, precisa de ideologias, fanatismos, mentiras. Uma mistura bem sucedida de todos esses mecanismos de defesa (e de todos os outros possíveis) nos leva àquele estado precário que chamamos de saúde mental. Esta é garantida pelas operações de sonho que conseguimos realizar, ao passo que é alterada por qualquer excesso de inversão das funções oníricas, em direção a transformações em alucinose, alucinação e delírios não compartilháveis.

Os delírios compartilhados são "refúgios" que nos protegem em relação a angústias muitas vezes não toleráveis. Quem daria crédito a um vendedor de carros que dissesse que o real funcionamento da máquina seria depois da sua destruição? No entanto, milhões de pessoas acreditam que a verdadeira vida será após a morte, isto é, após a nossa destruição. A nossa tendência em criar mundos, se de um lado nos protege – por exemplo, com o consolo de uma suposta vida após a morte – nos dilacera com os mundos que abre sobre a perda, o fim, os lutos, enquanto que, na realidade, assim como não éramos antes de nascer, simplesmente não seremos após a morte.

28 OS TORMENTOS DE UMA ALMA

Pacientes com duplo funcionamento alternado

Entre os pacientes considerados "heterogêneos" (tão bem descritos por Quinodoz, 2003) e os pacientes que apresentam um seu *duplo*, creio que podemos identificar pacientes que eu chamaria "com duplo funcionamento alternado". Isto é, são pacientes que agregam uma via de funcionamento e uma oposta: duas modalidades inconciliáveis entre elas e entre elas perenemente em conflito. Poderiam ser possíveis alguns exemplos, com o único objetivo metafórico, retirados de outras disciplinas: as configurações alostéricas dos cristais, ou então formas levogiras ou dextrogiras na química orgânica.

Estes dois funcionamentos, pelo fato de que gerariam um insolúvel conflito interno, geralmente se alternam (como nas personalidades múltiplas) com inclusive o fato de que uma das modalidades geralmente é projetada e recebida por um hóspede que por sua vez se liberta da parte igualmente conflitiva: desta forma, acontece uma espécie de dupla troca que acaba por tornar muito sólido um vínculo ao mesmo tempo perenemente conflitivo. E se de um lado, a intensidade do conflito sugeriria a rápida cura de uma separação, por outro lado isso se torna extremamente difícil, em virtude do duplo empréstimo cruzado que aconteceu.

No fundo, a briga é sempre melhor do que o vazio da carência de uma parte de si ou do conflito intrapsíquico que poderia levar a uma espécie de paralisia. É bastante frequente ver duplas que baseiam a sua relação justamente nesta modalidade de funcionamento.

Geralmente, os funcionamentos alostéricos mais frequentes são:

- depressão/mania;
- aspectos autísticos/incontinência;

- brilho intelectual/estupidez;
- facilidade de relacionamento/aspectos paranoides;
- e assim por diante, segundo os mais diversos acasalamentos de séries complementares.

Uma característica quase sempre presente é a rapidez da mudança e a proximidade, frequentemente a contiguidade, do outro aspecto.

A única "terapia" possível é a de um reacolhimento, na mesma mente, da outra modalidade de funcionamento, que passa através de uma extensão e de um alargamento do continente. Não sei o quanto estes aspectos são integráveis, porque não se trata de partes ou aspectos cindidos, mas exatamente de dois funcionamentos paralelos. Creio que frequentemente o máximo que se pode obter seja a reapropriação oscilatória de ambos: que o brilhante possa encontrar lugar para a própria estupidez, que o sociável possa encontrar lugar para os próprios aspectos paranoides e assim por diante. O que torna difícil o processo é que, com o tempo, se há um, não há o outro funcionamento.

Tarciso e Carla

Tarciso é um brilhante engenheiro de 40 anos casado com Carla, médica reanimadora de 37 anos. Tarciso gostaria de ter uma vida sexual mais intensa com Carla, pela qual se sente frequentemente rejeitado. Quando Carla – que aos seus olhos é muito menos brilhante do que ele, com muitas ansiedades seja no trabalho seja nas relações, com vivências de inadequação, incapacidade, fragilidade – está disponível para ter relações sexuais, então Tarciso se sente reanimado.

30 OS TORMENTOS DE UMA ALMA

Somente após longos anos de análise Tarciso pode reconhecer que "Carla" é, ou está por, uma parte dele mesmo perdida, esquecida, que era a criança angustiada, frágil, assustada, aterrorizada pelos interrogatórios e pelos exames, que ele havia sido. Este funcionamento tinha sido "perdido" ainda que fosse constantemente encontrado novamente através das angústias de Carla, das quais ele mesmo ria. Assim, Carla o afastava e ele se sentia rejeitado. Desta forma, eram constantemente colocados em cena a rejeição e o outro funcionamento que agora tinha assumido como brilhante executivo. Quando Tarciso consegue sintonizar-se sobre a própria modalidade que chamarei "Carlo", também a relação com Carla muda, pois ela pode voltar a ser uma outra pessoa.

Histórias semelhantes de encontro e de perda são constantemente relatadas na literatura – penso, por exemplo, no livro de Margaret Mazzantini *Non ti muovere*,[5] no qual o brilhante cirurgião se apaixona por uma pobre moça que para sobreviver se prostitui na periferia, na qual, depois de ter usado com ela várias formas de violência, termina por reencontrar outros funcionamentos perdidos de si mesmo, ainda que constantemente personificados pelo tédio e pelo vazio que sentia na sua vida aparentemente brilhante; para não falar dos dois principais protagonistas de *Of Human Bondage*, de Maughan.

Às vezes estes funcionamentos são cindidos e depois passíveis de serem integrados e reconhecidos, outras vezes ao contrário, são "personificados" por alguém que é delegado para isso, pois corresponde perfeitamente àquela parte; até que não seja reconhecido o pertencimento destes funcionamentos alternativos da mente, temos o litígio. O litígio poderá tornar-se conflito e depois rea-

---

5   Non ti muovere = Não se mexa [N. T.].

propriação, quando a coexistência de aspectos e funcionamentos diversos poderá ser reconhecida.

Em análise geralmente estas situações são trazidas através de "brigas", "intolerâncias", "ausência de relações sexuais" com maridos ou esposas dos/das quais não se pode separar, apesar da total incompatibilidade e divergência. Como eu dizia, a briga testemunha a existência das duas posições alostéricas inconciliáveis e o não poder se separar testemunha que o outro é somente o espelho de um funcionamento próprio, e de si mesmo certamente não é possível se separar com facilidade.

Na análise desses pacientes há um problema técnico enorme, porque enquanto o verdadeiro duplo (feito por partes cindidas organizadas) pode ser desconstruído nos seus fios constitutivos e depois "fio por fio" integrado e, enquanto os aspectos heterogêneos podem ser mantidos facilmente juntos, através das modalidades interpretativas propostas por Quinodoz, com os pacientes "com duplo funcionamento alternado", é muito mais difícil operar a desconstrução e a reconstrução justamente porque "nunca ficam parados" e é difícil ter ainda que alguns instantes de copresença que permitam uma nova tessitura integrativa. O paciente tende a ver o outro (funcionamento próprio) como totalmente outro de si mesmo e com a máxima boa fé reconhece no outro (próprio funcionamento) a causa da própria infelicidade. Somente um longo trabalho sobre o "continente" pode permitir algumas copresenças, pressuposto de uma retessitura.

O conceito de campo (Baranger, 1961-1962; Ferro, 1992, 1996, 2002c, 2006c, 2007; Ferro, Basile, 2009) nestes casos nos ajuda muito, porque permite manter co-presentes na sala estes dois funcionamentos que, por longo tempo, o paciente não poderá deixar de ver como "duas pessoas" e de viver como uma incompreensão do analista qualquer tentativa (inútil) de fazer aproximações, até que o continente não seja permeabilizado através da experiência de um analista (lugar do campo) receptivo à necessidade de cisão e de alternância do paciente. Sem operações de decodificação, mas através de operações em uníssono, poderá ser recuperada uma função continente que modifique progressivamente a tendência expulsiva incontinente do paciente

Técnica interpretativa

A desconstrução narrativa: a operação no seio

Penso que a operação de "desconstrução narrativa" seja uma das operações principais com a qual a mente do analista pode se cimentar em operar processos transformadores. Esta desconstrução, especialmente, abre vértices antes fechados.

Uma paciente diz: *"Decidi fazer uma operação, porque estou insatisfeita com o meu seio"*. Naturalmente, infinitas são as intervenções possíveis ou os pensamentos possíveis de analistas diversos, segundo a contextualização desta comunicação e segundo modelos implícitos ou explícitos do analista (e eu, acrescentaria, segundo seu estado mental naquele dia). A gama vai desde considerar a comunicação da paciente como um prelúdio em relação a uma atuação, o começar a poder considerar algo de si mesma que ela não gosta, a necessidade de se valorizar esteticamente, uma queixa ao analista e assim por diante.

Muito diferente será a escuta do analista, se ele antepuser às palavras da paciente, um *"Tive um sonho"*, de forma que a comunicação se torna: *"Tive um sonho no qual eu decidia fazer uma* operação porque estava insatisfeita com o meu seio". A escuta, nesse ponto, se amplia e se desconstrói: o que é a operação? O que é o seio? Do que a paciente está insatisfeita? A gama de significados se amplia e poderia ser tomada, por exemplo, como uma sinalização da insatisfação da paciente em relação ao próprio analista (o seio) e de querer realizar operações *na sessão* que modifiquem a postura mental. Isto poderia ter infinitas variáveis. Neste ponto, também perguntas tangenciais do tipo: do que está insatisfeita em relação ao seu seio? Ou então: o que gostaria de mudar no seu seio? poderiam levar à aquisição de elementos de cenografias/roteiros antes impensáveis. Portanto, desconstruir significa também desconcretizar a comunicação.

O fato selecionado: um lugar para Kociss

Uma segunda operação, de certa forma arbitrária, é a do "fato" que escolhemos como organizador da fala do paciente (arbitrária até certo ponto, se nasce de uma inspiração que o analista sabe captar/acolher). Naturalmente esta operação está fundada sobre as "capacidades negativas" do analista e sobre sua capacidade de *rêverie*.

Um colega muito experiente me pede uma consulta para uma situação dramática na qual se encontra. As primeiras informações me são dadas por telefone, pois vive em uma cidade distante. Há algumas semanas tanto ele quanto seus familiares são acompanhados por guarda-costas por causa de ameaças recebidas por parte de um paciente.

Esse paciente – ele me contará na sessão – ameaçou-o seriamente porque a análise o fez perder toda a beleza da vida, fez com que ele se casasse, se tornasse pai, encontrasse um trabalho no banco; isso o impediu de viver a "vida verdadeira": perdeu todas as mulheres que poderia ter tido, precisou renunciar aos carros esporte que tinha quando jovem, às viagens que teria feito, em suma, o preço fora alto demais e ele quer fazê-lo pagar ao analista suicidando-se e fazendo, antes, uma carnificina na família do analista. Este último, incidentalmente, me diz que o paciente continua a mandar vir da Suíça cremes especiais que clareiam a pele, já que esta começou a ficar avermelhada em alguns pontos.

O que surge diante dos meus olhos é justamente a pele vermelha, o elemento aparentemente circunstancial, ou seja, o "pele-vermelha". Um pele-vermelha que está aterrorizando todos os brancos. Mas por quê? me pergunto. Um pele-vermelha não pode causar tanto medo. Pergunto a idade do paciente e também do analista. O paciente vai completar 40 anos e, no mesmo período, o analista 50.

Eis a chave. O "pele-vermelha" do paciente com suas flechas incendiárias pôs fogo no "pele-vermelha" do analista. Pele-vermelha com o qual o analista havia perdido contato e que voltava a se acender no momento da crise dos cinquenta anos (e dos quarenta do paciente). Uma vida no banco, uma vida na sala de análise, é para o pele-vermelha (para os peles-vermelhas!) realmente inaceitável, clama e ameaça vingança e há um luto doloroso a ser realizado em relação a tantas potencialidades existenciais às quais renunciar. O luto pela aceitação da realidade é precedido por movimentos telúricos de raiva.

Ter ajudado, com tato, o colega a contatar novamente seu próprio "pele-vermelha", lhe permitirá em breve conter o "pele-vermelha" do paciente sem ter medo do "pele-vermelha" ao qual cada um deles tenta dar um pouco de fôlego e espaço na própria vida mental. Gostaria de dizer aos três – visto que eu, de minha parte, estava para completar 60 anos e que, quando criança, um dos meus heróis preferidos era Kociss[6] – que o pele-vermelha aproveita assim a situação para que lhe sejam reconhecidos um espaço e um direito à existência que há certo tempo não lhe haviam sido reconhecidos.

O livro *Aventuras da menina má* de Mario Vargas Llosa, tem algo muito adequado para uma reflexão sobre o problema da história do aqui e agora. A personagem principal, dita *"niña mala"*, desde muito cedo aparece como incapaz de vínculos afetivos, depois viaja por vários continentes, sempre em busca de homens ricos e poderosos que façam com que se sinta economicamente tranquila. O que parece uma perversão (ou um conjunto de perversões) é depois reencontrado como uma espécie de "queloide" em relação a uma infância de grande pobreza, da qual tinha tentado sair de todas as formas possíveis, lícitas e ilícitas.

Constante ao longo de todo o livro é a presença de um rapaz (*"niño bueno"*), depois homem, depois velho, que a ama e que em várias ocasiões cuida ela. Mas tão logo ela sai do desespero e do contato com seu sofrimento, imediatamente vai de novo em busca de um homem rico e poderoso, para se aproveitar e que faça com que ela se sinta segura em relação à miséria. Próximo ao fim da narrativa, encontramos o relato de traços da infância da personagem principal que despertam no olhar do leitor a compreensão/compaixão em relação ao que parecia uma perversa destrutividade.

Mas uma análise de *"niña mala"* no que consistiria? Em reencontrar a chave infantil do seu comportamento ou então em dotá-la de instrumentos capazes de metabolizar, através do hoje, as catastróficas angústias de abandono e de miséria?

---

6   Líder indígena de um filme de 1952, *O levante dos apaches.*

36 OS TORMENTOS DE UMA ALMA

À *pequena vendedora de fósforos* que oportunidades são fornecidas para mudar a fábula, uma reconstrução do frio da mísera infância ou os instrumentos para saltar no aspecto maniacal da *Princesa e a ervilha*, para depois chegar talvez na *Gata Borralheira* com um príncipe no horizonte? O salto de fábulas, o salto de trama, é o máximo que nos é permitido, mas com a condição de dispor de uma energia cinética tal, a ponto de permitir a mudança do orbital narrativo. Não por acaso o personagem principal do romance (*niño bueno*), de tradutor parece se transformar em escritor e é isso que cada paciente espera de nós, que de meros tradutores de uma linguagem a outra, possamos ativar junto com o paciente uma função narrativa-poética, que escreva uma outra entre as tantas histórias possíveis com graus diversos de invariâncias. (Outros vértices implicados poderiam ser a cisão bom/ruim e o nos perguntarmos se conceitos como sadismo ou masoquismo "se sustentam" como tais ou e são defesas bem sucedidas).

Exemplos clínicos

As turbulências de Luca

Luca é uma criança que é trazida para a terapia porque é completamente impossível de ser contida na escola, em casa, na rua. Tem encoprese, explosões de vômitos. Alterna prisão de ventre e períodos de mutismo. A dinâmica entre incontinência e hipercontinência aparece imediatamente clara. O pai é uma pessoa violenta, frequentemente envolvido em brigas; a mãe, abandonada pelos pais, foi criada em um convento de freiras. Estas duas linhas violência/claustro parecem ganhar vida nos comportamentos de Luca.

Quando chega na terapia é como capturado pelos brinquedos e enche um pequeno caminhão com muitos pedaços de Lego até que este vira, mostrando logo o tema de um acúmulo excessivo que só pode ser evacuado. Depois passa para uma brincadeira física feita de cambalhotas, pulos, corridas pela sala. Segue-se uma brincadeira tipo esconde-esconde. A evacuação na sessão é relativamente contida e começa a fazer desenhos de figuras geométricas, dentro das quais coloca pedaços de papel que ele corta de forma grosseira. As emoções parecem ter encontrado um lugar de continência.

Na sessão seguinte começa construindo trilhos com o Lego, passa depois a brincar com animais ferozes e depois diz: "Vamos brincar de dois guerreiros que vão para a guerra". Um pensamento parece se organizar, as emoções ferozes encontram uma espécie de percurso e um espaço lúdico pode ser estabelecido. Começa depois a produzir estouros, explosões, batalhas de aviões, tanques de guerra, canhões. A brincadeira depois se desloca para a selva, onde um tigre devora uma série de animais, até que chega o leão e restabelece uma lei. As explosões emocionais, as emoções que se chocam violentamente uma contra a outra, encontram um certo regulamento dado pela própria presença da participação do analista-leão, novo Leão I diante da chegada das falanges de Átila. A analista, neste ponto, liga os vários fatos através de uma história e a luta na selva, que começa a ter esboços de regras e especialmente de motivações, é cada vez mais compartilhada. A presença da analista, a história que ela relata começa a criar um efeito continente de todas as emoções que antes explodiam de forma impossível de ser contida e incontrolável.

Por um longo período, as histórias de guerra e a história da selva tornaram-se os cenários/cenografias desta análise. Eu me pergunto, que sentido teria pensar nos estouros, nas explosões, nos embates como explicitações da cena primária? Quantas operações de "transformações em alucinose" (projetar as nossas teorias no material clínico e depois lê-las nele) temos realizado e continuamos a realizar toda vez que o nosso bom senso, feito de simplicidade e intuição, é ocluso por um suposto saber teórico que tudo prevê e satura!

Depois de anos de terapia, Luca tornou-se capaz de administrar as próprias emoções, quando estas estão em um nível "normal"; quando há um incremento imprevisto de emoções (por um salto de sessão, por uma interpretação que ativa pequenos maremotos emocionais), então Luca volta a ter manifestações de incontinência, que vão desde faltar na sessão, até acusações de maus tratos ou de violência dirigidas à analista.

Penso que Luca tenha aprendido a navegar com calma de vento e ou com um mar de uma força "tolerável"; se algo ativa pequenos tsunamis emocionais, então ele se sente "devastado" e vive o analista como alguém que o inunda e o invade. O futuro do trabalho analítico poderá dizer se o canteiro de obras analítico poderá prover Luca de um equipamento que lhe permita navegar com suficiente domínio também nas tempestades emocionais.

Uma outra sequência emocional refere-se ainda ao tema da dificuldade para conter. Quero lembrar que um dos objetivos da análise é o desenvolvimento de capacidade, força, elasticidade do continente; este desenvolvimento – eu já mencionava isso em *Fatores de doença, fatores de cura* – passa através do desenvolvimento da trama emocional que se estabelece entre analista e paciente, também através do compartilhar do significado manifesto.

Quem ouve quem?

Paciente: ontem na mesa teve uma situação desagradável: Emma pegou a pele do frango que estava comendo e a colocou no prato de Elda. Então Mimmo disse para ela não fazer isso e a colocou de volta no prato de Emma. Mas Emma pegou novamente a pele e a colocou no meu prato. Mimmo brigou com ela dizendo que se fizesse isso mais uma vez iria jogá-la na cara dela. Emma fez isso mais uma vez, então ele a jogou na cara dela! Emma começou a chorar e foi tomar banho. Depois eu falei com os dois dizendo para Emma que ela tinha se comportado mal e para Mimmo que ele tinha razão, mas que fazendo desta forma ele tinha passado para o lado do erro; talvez houvesse uma forma diferente de poder administrar a situação, talvez transformando-a em uma brincadeira.

Analista: Então Emma não soube se conter e também Mimmo não foi capaz de se conter.

Paciente: Sim! Esta é a situação da nossa casa. Todos incontinentes!

Analista: E ninguém receptivo.

Paciente: O que quer dizer?

Analista: Que de um certo ponto de vista, você me descreve como às vezes nós dois funcionamos juntos: eu, como Emma, coloco coisas no prato de Elda (você acolhedora), mas depois "Mimmo" devolve ao remetente tudo aquilo que eu disse. Ninguém ouviu o ponto de vista do outro.

Paciente: Esta noite tive um sonho: eu ia numa loja de sapatos e havia um rapaz atraente que queria me ajudar a calçar os sapatos. Mas eu ficava com muita vergonha de ser ajudada, estava muito desconfortável.

Analista: (*Renuncio* à *explicitação da minha* rêverie *sobre Cinderela e o Príncipe porque propõe uma proximidade ainda muito excessiva* à *paciente*). Como eu acho que a constrange a ideia de se deixar ajudar por mim, e a ideia de se apoiar em mim para caminhar. É difícil deixar as velhas maneiras de pensar.

Paciente: Que triste aqueles quadrinhos (*apontando para algumas pequenas gravuras em branco e preto na parede*).

Analista: Bem, eu acho que é realmente triste ter medo de não poder confiar, é como se isso tornasse o mundo cinza, sem cores emocionais.

O analista, com cada paciente, precisaria tentar encontrar aquela "medida" que mais possibilite o desenvolvimento da capacidade de pensar do paciente; isto passa por uma oscilação entre interpretações saturadas de conteúdo ou abertas, insaturadas e que captem as emoções presentes ou as modalidades comunicativas.

A harmonia e as dissonâncias de Carla

A vida de Carla é pontuada pelo desejo de harmonia, tudo tem que ser perfeito e calmo. Este clima é quebrado pelo comportamento na escola de seu filho Marco, que em rápida sucessão passa de um período de mutismo para um período de incontinência incontrolável.

A história da própria infância que Carla relata é uma história triste, uma família sempre com problemas econômicos, a mãe dura, rígida, o pai com uma grave doença hemorrágica. Quando, depois de ter concluído os estudos universitários, Carla se casou com Enrico, proprietário de uma florescente empresa de alimentos, fez de tudo, inclusive renunciar à própria atividade profissional, para garantir a todos um clima sereno, suave, tipo "concerto de câmara". Mas neste ponto Marco torna-se uma nota dissonante e cada vez mais estridente, que irrompe neste clima como um barulho insuportável. Nas sessões, Carla alterna relatos do comportamento de Marco, cada vez mais incontrolável, aos de Laura, a filha mais nova que estuda dança, violino e que na escola tem um comportamento irrepreensível.

Penso que esta breve vinheta possa ser definida como uma espécie de campo no qual prevalece visível um funcionamento homossexual feminino, o qual é separado por um muro de uma parte turbulenta do próprio campo, antes bem clivada.

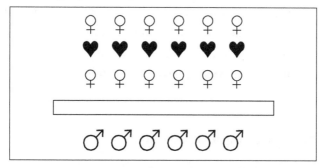

Num certo ponto, o "recife de coral" que separa as duas partes do campo falha e os conteúdos estridentes de emoções ainda sem nome, começam a insurgir no concerto de câmara como um *hard rock*, até então nunca ouvido:

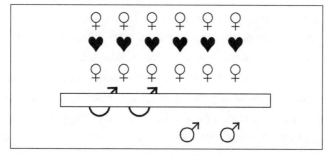

Caberá ao trabalho analítico proceder a uma alfabetização dos conteúdos, dar um nome, uma possibilidade de reconhecimento às emoções e permitir um desenvolvimento dos continentes. Desta forma, vai se abrir um espaço em direção a uma relacionalidade intrapsíquica de tipo heterossexual que, se for bem modulada, não será abusiva. O mesmo irá valer para a relação analítica, se for possível avançar, tanto no desenvolvimento de ♀ (e de função α), quanto na digestão de ♂ (e de elementos β).

Então o campo se tornará um campo heterossexual, o mesmo campo que, se os continentes tivessem ficado totalmente separados dos conteúdos turbulentos, teria podido caminhar para um colapso da tridimensionalidade dos continentes, e uma vez que estes fossem achatados, teríamos caminhado em direção a um campo com grandes cotas de funcionamentos autistas, com bidimensionalidade e inacessibilidade de conteúdos.

A bomba para engraxar de Lucio

Não era muito diferente, no início da terapia, o mundo de Lucio em comparação com o mundo que acabamos de descrever.

Mas passaram-se muitos anos de análise e, depois que comunico a Lucio uma inesperada ausência minha de duas semanas (para uma série de compromissos de trabalho), Lucio começa a sessão seguinte dizendo que não tinha tido sonhos. Depois conta que levou o gato para castrar e que se sente completamente tranquilo. Relata ter encontrado o expoente de uma associação pacifista que tinha sido abandonado pela esposa e que chorava inconsolável – sua esposa o tinha traído para voltar com sua colega de classe com a qual já tinha tido uma relação.

Digo-lhe que se nós pensarmos nessas duas comunicações como se fossem dois sonhos (e é sempre este um dos meus vértices de escuta, quando um paciente fala comigo) poderíamos pensar que ele estava preocupado que o gato – se não fosse castrado – talvez poderia me arranhar e sabe-se lá o que poderia ter acontecido se no lugar do expoente pacifista que estava chorando pela minha traição (embora tenha sido uma traição atenuada, porque era por uma causa "justificada", um Congresso, como ele me disse que havia descoberto na Internet), tivesse estado Pancho Villa ou mais simplesmente Garibaldi.

Lucio capta imediatamente o que eu lhe digo, afirmando que, no entanto, já tinha começado a fazer progressos, ainda não Garibaldi, mas pelo menos garibaldino: de fato tinha tido a coragem de ir à farmácia para comprar um lubrificante vaginal para sua namorada. Não sentiu vergonha, antes jamais teria a coragem de se expor dessa maneira na farmácia. Ele pediu um "lubrificante vaginal não espermicida": lembrava-se do filme Kill Bill, no qual um enfermeiro havia dado um pote de vaselina para alguém que ia ter um relacionamento com uma mulher com uma vagina tão seca que "sem vaselina seria como inserir o pênis em um balde de areia". Digo-lhe que há um aspecto garibaldino em ter sido capaz de mostrar para a "farmacêutica" as suas necessidades, mas que ao mesmo tempo me parecia que ele sentia a necessidade de lubrificar as relações, porque queria evitar qualquer atrito nas relações com os outros. Confirma o que eu digo através de uma série de lembranças da infância, onde para não desagradar seus pais evitava sempre qualquer "atrito" com os companheiros da classe turbulenta em que estava.

Outros momentos da sessão referem-se ao que ele exprime com um *lapsus,* "o medo de não saber quando parar" (ele queria expressar o conceito oposto), depois se pergunta se deveria considerar-se um touro vestido de boi ou um boi vestido de touro. Depois de termos trabalhado sobre estas questões de continência/

incontinência, inclusive passando pelo filme com Michael Douglas, *A day of ordinary madness,* Lucio se encaminha para o fim da sessão retomando o tema lubrificação, dizendo o quanto, desde menino, gostava de usar a bomba para engraxar,[7] uma espécie de engenhoca comprida, com um bico, que engraxava muito bem as engrenagens. Neste ponto, eu digo que me parece evidente quanto o touro gosta de fazer as mulheres ficarem gordas,[8] e qual melhor maneira do que engravidá-las (com referência a um desejo não explicitado claramente de ter filhos)?

Vemos que há um conjunto de nuances defensivas em relação "aos touros", as protoemoções temidas como incontroláveis, que vão desde uma autistização, a uma bonsaização, a uma mecanização, a um adormecimento.

A tempestade e o relato

Uma menina de 9 anos sonha com uma tempestade durante a qual é atingida pelos raios junto com algumas amigas. Em seguida sonha com uma louca que espetava sete crianças com um forcado de sete pontas e finalmente sonha que com 30 anos faria um sonho que esclareceria o significado dos outros dois.

Martina – a menina dos sonhos – hoje tem 30 anos e iniciou a análise; é este último, penso eu, o terceiro sonho – aquele justamente dos 30 anos – que vai ajudá-la a compreender o indizível da menina pequena. Quando pequena Martina tivera um longo episódio de mutismo, depois que seus pais haviam morrido em um acidente de carro. Ela havia sido acolhida com muito carinho pela tia, irmã da mãe.

---

7 No original *ingrassare,* que tanto pode ser *engraxar* quanto *engordar* [N. T.].
8 Jogo de palavras entre engraxar e engordar [N. T.].

A pousada e o motorista de táxi: *Collateral*

Uma experiente colega traz para a supervisão a análise de um paciente "porque não acontece nada".

A análise é iniciada por causa de "ataques de pânico"; o paciente era motorista de táxi e desejava mudar de trabalho. Em pouco tempo decide abrir uma pousada para desabrigados, travestis, prostitutas, isso com várias vicissitudes. Não transparecem emoções específicas, a análise é suspensa porque a pousada não lhe fornecia rendimentos suficientes e quer voltar a ser motorista de táxi. Depois de alguns meses retoma a análise, contando ter recomeçado a trabalhar com o táxi, e relata muitas relações casuais, com muitas mulheres, nenhuma duradoura. Além disso, reduz pela metade as sessões das quatro iniciais para as duas que ele diz poder pagar. Quanto aos sintomas, está melhor, só teme ter ataques de pânico quando vai para Malpensa.[9] Depois conta da mãe que quase precisa ser internada com a doença de Alzheimer. A analista fica pasma pela normalidade dos relatos nos quais vê bom senso, racionalidade, adequação e certo grau de enfadonha repetitividade. Nesta paisagem plana e nevoenta, logo surgem para mim como pontos salientes: os ataques de pânico, a pousada para os *homeless* e o táxi para Malpensa.

Em um outro possível relato me parece que a análise se constituiu como uma pousada para aspectos *homeless*, incluindo aspectos desajustados, desesperados, violentos, e "travestidos" e que são estes que quando se derramam pela estrada causam os ataques de pânico. A diminuição das sessões me remete a uma transformação da pousada em táxi. No fundo, o táxi é uma pousada com rodas onde sobem e descem pessoas, aspectos de si mesmo (homeless,

---

9 Malpensa, aeroporto de Milão [N. T.].

travestis) que rapidamente se sucedem como as várias mulheres, como as sessões que são "cada uma, uma corrida com taxímetro" e depois termina. Isto porque, em uma relação menos sincopada, há o medo que surjam histórias violentas como aquelas na pousada (a estrutura estável da análise com quatro sessões).

Mas os ataques de pânico, mesmo em uma situação tão segmentada, se desenvolvem também quando ele vai para a Malpensa, isto é, quando "pensa mal", quando se acendem dentro dele pensamentos ruins, que são como os passageiros que ele deseja descarregar após o breve contato. Inútil acrescentar como surge imediatamente uma fantasia no que diz respeito ao filme *Collateral*, no qual um motorista de táxi não consegue mais se livrar de um *killer* que não aceita descer do carro no fim da corrida, e que o envolve em uma série de aventuras terríveis e violentas.

Mas como acontece essa minha dotação de um significado?

Creio que através de uma série de etapas:

- um colocar a premissa "sonhei que o meu paciente...", ou seja, a transformação em sonho que o analista faz do relato do paciente;
- uma desconstrução da realidade e sucessiva captação dos "organizadores narrativos ", lançando mão da minha enciclopédia analítica e humana;
- uma reconstrução sonhada dos vários "narremas" de modo que ofereçam uma possível linha de pensamento.

Desta forma, abre-se na mente do analista uma série de pistas que, graças às suas capacidades negativas, permanecerão abertas até a aquisição de novas provas que constituem a base para a abertura de novas Gestalt provisórias.

Não é diferente o meu funcionamento mental, quando um colega experiente me traz dúvidas sobre o significado de continuar a terapia com uma paciente argentina que planeja voltar para a fazenda de seu pai.

Romilda começou uma terapia em uma situação de emergência, após ter espatifado uma estátua de cristal na cabeça do marido que a tinha desapontado profundamente. Recolhidos os cacos da sua própria fragmentação, decide voltar para a América do Sul com a família e o marido e, ao mesmo tempo, pede para aumentar a análise. O meu colega gostaria de sugerir uma interrupção, em virtude do projeto de voltar para a Argentina e, no caso, encontrar lá outro analista.

Minha escuta é diferente: a paciente por enquanto quer reencontrar a fazenda do pai, cuidar dos animais que nela havia, fazer com que seu marido também trabalhe ali. Este pedido não foi feito em uma agência de viagens que forneceria a passagem aérea. É feito a um analista, então a história é diferente: o paciente pede, sim, um bilhete aéreo, mas para aquelas zonas da sua mente cheias de emoções intensas e vivas, pede para trabalhar na fazenda de seu pai, isto é, pede através da análise (fazenda) para voltar a ter contato com seu mundo afetivo despedaçado e sente que todos os seus aspectos (filhos, marido) podem fazer esta viagem.

Ou seja, a minha escuta sempre implica em uma transformação em sonho, uma desconstrução narrativa e uma reorganização. Este é o específico da análise.

Depois de alguns meses, o analista do motorista de táxi retorna para fazer uma supervisão: o motorista de táxi ficou noivo de uma moça que tem distúrbios psiquiátricos (está em tratamento com neurolépticos), da qual ele é muito ciumento; é uma relação

48 OS TORMENTOS DE UMA ALMA

que se estabilizou, mesmo que as brigas sejam furiosas. Loredana "fuma" muito e isso também é causa de brigas. Vendeu novamente a licença de motorista de táxi e reabriu uma pousada em uma região menos malfalada, mas sempre frequentada por uma humanidade marginal.

Inútil dizer, neste ponto, como o paciente tenha iniciado um processo de *casting* daqueles personagens que necessita para contar sua história interna. Caberá ao analista não bloquear o desenvolvimento do filme e permitir que a trama ganhe corpo e espessura até a transformação que a própria narrativa requer.

Olhar ecográfico

Já disse outras vezes que os anoréxicos que se vêm gordos não têm uma despercepção, mas têm um olhar ecográfico capaz de ver os aspectos e funcionamentos cindidos. Não são poucos os pacientes que têm esta característica hiperperceptiva (que não deve absolutamente ser confundida com uma despercepção e muito menos com uma alucinação). Os pacientes com o olhar ecográfico são aqueles que se veem como eles são, ou melhor, que veem o sonho capaz de ver como eles são por dentro.

Linda se apresenta dizendo que trabalha com crianças autistas, que sofre de ataques de pânico, e que tem episódios nos quais não se reconhece. Para ser mais precisa, se ela olha no espelho, nesses momentos, vê um "dragão" terrivelmente assustador e se percebe recoberta de escamas. Conta que tem um irmão, Matteo, muito violento e um outro irmão informático.

Parece, portanto, que Linda oscila entre um estado de total eliminação do dragão (e de toda e qualquer protoemoção) até se autistizar, miniaturizando tudo (o irmão informático), ou então, na ausência da "limpeza" de suas emoções, se torna o irmão violento que depois se vê no espelho como um dragão. No fundo, é como se o autismo (na acepção usada pela paciente de desafetivização, hiperminiaturização das emoções) fosse uma espécie de funcionamento "dragão" desidratado e o funcionamento dragão um funcionamento "autista" reidratado.

Não surpreende que Linda alterne a estes funcionamentos outros funcionamentos fóbicos (como fobia da sujeira), de tipo obsessivo com controles e rituais repetitivos no fechamento do gás e das janelas antes de ir para a cama, de tipo persecutório em se sentir vigiada e espionada pelos vizinhos e com períodos de pesadelos que a despertam no meio da noite (quando a função onírico-digestiva é insuficiente para metabolizar "dragões").

Depois de uns dois anos de terapia, a sintomatologia de Linda progressivamente muda: Linda desenvolve uma grave fobia de aranhas. No fundo, é como se o dragão (que agora já não vê no espelho) tivesse sido desconstruído em seus componentes e aparecesse nas subunidades constituintes que podemos chamar "aranhas". Um outro sintoma tornou-se o de ver sombras em seu quarto, se dorme sem o marido, quando ele está de plantão no hospital.

Com o prosseguimento da análise, as "aranhas" são ainda mais alfabetizadas (assim como as sombras) e tornam-se emoções que podem ser "nomeadas" pelas quais se sente, num primeiro momento, infestada e que depois consegue progressivamente conter sem mais medo ou nojo (e, ao mesmo tempo, começa a criar no jardim da granja, para onde ela se transferiu, toda uma série de animais típicos de granja).

Nella e o marido

Nella busca uma análise e no primeiro encontro se apresenta com o carrinho de bebê e seu filho de poucos meses. Solicita a análise por causa de uma situação impossível que teve que viver com o marido. Este sempre foi um *"transgender"* e tudo correu bem para todos, até o nascimento do bebê. O marido tem uma vida externa impecável na universidade onde leciona, depois, à noite, na intimidade do casal, abrem-se outros cenários. Ele se veste de mulher, muito provocante, ela "veste um pênis de plástico", ele tenta esconder seu pênis sob as roupas íntimas femininas e têm encontros orgiásticos que os deixam felizes e exaustos, depois de todo tipo de relação sexual possível. O marido teve uma infância dolorosa com muitos lutos e abandonos. Por sua vez, ela conta ter sido abandonada alguns dias antes do casamento pelo namorado que tinha desde os tempos do colegial. Tinha tido uma profunda depressão, da qual tinha se curado com o encontro com o marido. Deste, a única coisa que ela não suporta é o ciúme doentio que ele mesmo "promove", pedindo-lhe para usar vestidos decotados e provocantes quando eles saem com os amigos, para depois fazer cenas violentas de ciúme, até quase bater nela. Ele propôs, também, participar de um clube de *swingers*, mas ela sempre se recusou: apenas uma vez ele a convenceu de aceitar trocar caricias provocantes com um colega que a cortejava, enquanto ele assistia invisível.

O primeiro nível que me impressiona é o aspecto orgiástico-erotizado de toda a narrativa, que aparece imediatamente como um forte antidepressivo, com efeitos colaterais significativos. Abandono e ciúme parecem ser dois "protagonistas" significativos que precisam ser exorcizados, eliminados com essas orgias.

Entretanto, parece-me importante, vital, a presença da "criança".

Um primeiro esquema do funcionamento psíquico que me aparece se configura como um funcionamento da paciente incapaz de conter hiperconteúdos e um segundo funcionamento chamado "do marido", no qual um hiperconteúdo é «cortado» e travestido, para que pareça menos aterrorizador.

Neste ponto gostaria de resumir algumas das modalidades de funcionamento descritas até agora.

Esquema A
Cisão/integração
Desconstrução/integração → eliminação

Pacientes heterogêneos
Pacientes com "duplo funcionamento alternado"

Esquema B

Integração	(através da multiplicação temporal e espacial dos pontos de vista)
mudança	micro
catastrófica	macro

> **Esquema C**
> **Evitação das emoções**
> Condutas de eliminação   Remoção
>   Cisão
>   Evacuações
> Adormecimento
> Bonsailização
> Informatização
> Glaciação
> Achatamento
> Bidimencionalização
> Linearização

Gostaria de concluir este primeiro capítulo observando que, por vezes, os "personagens atores", em vez de transbordar na cidade (do corpo) são projetados para o espaço com o colapso do teatro (isto é, a sintomatologia de Asperger *versus* autismo).

A mesma maravilha que sinto com uma criança, antes inibida e muda, com a entrada do Hulk na sessão (ou melhor, de uma de suas pernas) me suscita a permeabilização do campo com pacientes adultos, cujos aspectos haviam ficado até então enclausurados fora. Na sessão que segue a uma sessão com uma atividade interpretativa significativa e talvez excessiva, Guido introduz: o homenzinho com o bigode de plástico que joga pedras em todas as direções (Para falar dos jardineiros que aparam a grama ao longo da estrada) em seguida *"Place des Vosges*, onde viveu Victor Hugo", perguntando-se depois se os Vosges eram, além de uma cordilheira, também um povo bárbaro. Em seguida, fala de filmes de Kung fu, da necessidade nas usinas atômicas de paredes de concreto que protegem contra o risco de "explosão atômica", depois do filme *O Último dos Moicanos*, que tinha medo de não conseguir mais ver e que agora ele tinha encontrado em uma nova versão, depois de monges franciscanos. Tudo isso acontece com contracantos interpretativos (não explicitados) da minha parte, que diziam respeito à copresença no campo de defesas "de concreto" e de estados protoemocionais muito intensos que começavam a circular.

Antes de concluir, gostaria apenas de mencionar que a caracteropatia é a maneira como são evacuadas as emoções que não conseguimos conter e "cozinhar". Quando a dor é maior do que o limiar de tolerância, eis que chega a evacuação com a briga, a descarga de tensões em atuações. Uma paciente, depois de ter falado na sessão anterior de um paciente "sociopata que havia sido necessário contê-lo com faixas" (e ela mesma mal conseguira se conter de atuar uma série de desejos de vingança), em seguida, fala de uma série de brigas com a mãe, eclodidas por causa de "alguém que tinha que ficar atrás" no supermercado e que, ao contrário, queria se mexer e depois pela perda de oito pequenas pérolas (nos feriados de Natal que estavam próximos, ela iria perder oito sessões), e por fim conta alguns sonhos.

No primeiro não conseguia puxar o freio de mão e o carro perdia o controle, no segundo tinha que fazer algumas passagens difíceis sobre "escadas de ferro", estava carregando muitas coisas e, por último, um pequeno sonho-obra-prima no qual era preciso cozinhar uma enorme quantidade de peixes, peixes-espada, tubarões e outros, dentro de panelas, estas eram muito grandes, mas ainda maior era a quantidade de peixes. Aparecia inclusive um peixe, de dentro do qual saíam outros peixes, como as *matrioskas*. Finalmente, quando o mar parecia entupido de peixes chegava alguém que a ajudava a cortar os peixes e, em seguida, colocá-los nas panelas (contê-los e cozinhá-los). Não são necessários muitos comentários a respeito da nascente capacidade de contenção e de transformação das protoemoções, que pode acontecer graças ao trabalho analítico.

2. *Grasping* e *casting*

O que vou dizer neste capítulo deve ser entendido de forma exclusivamente metafórica, a única modalidade na qual eu posso ter competência. Um dos reflexos primários da nossa espécie é o do *"grasping"*, do agarrar-se (Ferruta, 2005); este reflexo desaparece rapidamente. Outro reflexo, com características semelhantes, é o da marcha automática. Mas este reflexo "arbóreo" frequentemente nos acompanha por muitos anos, através daquela necessidade de permanecermos agarrados em algo: como analistas, às teorias já conhecidas e estabelecidas, como seres humanos às religiões, às ideologias. Portanto, é como se uma grande parte da humanidade fosse como um ônibus elétrico ou um bonde que precisa captar energia da rede de crenças preconcebidas. Como sempre, a linguagem estratifica significados que não são imediatamente intuídos: de fato, vamos do segurar/ser segurado pela mão, absolutamente fisiológico e com conotação positiva, até o man-tido[1]/a com a característica totalmente negativa de ser dependente de alguém para

---

1 No original *man-tenuto*: jogo de palavras entre mantenuto (mantido) e *mantenuto* (*tenuto per mano* = segurado pela mão) [N. T.].

a própria sobrevivência. Considerações semelhantes podem ser feitas a respeito da marcha automática, muitas vezes uma marcha sem um porque, sem espessura de pensamento.

Mas, voltando ao que me é específico, não são muitos os analistas verdadeiramente independentes que têm (pelo menos, tanto quanto é possível) renunciado ao *grasping*. Muitas análises são viagens organizadas com as etapas da viagem já previstas e esperadas.

Casting

O *casting* é um fenômeno que me parece cada vez mais central em qualquer análise. Nas mais clássicas, muitas vezes temos já desde o início – como nos livros de suspense de antigamente – toda ou quase toda a lista dos protagonistas. Nas análises com menor capacidade de simbolização, o desenvolvimento das capacidades de *casting* torna-se um dos propósitos da análise. Zonas mudas, inexprimíveis, tornam-se uma matriz para a geração de personagens animados, inanimados, atuais, de histórias que começam a ter um sentido, uma possibilidade de narração do que antes era inexprimível. Às vezes, o *casting* inclui cenários e lugares que sucessivamente deverão ganhar vida.

A confiança no método, as *rêveries* do analista, sua capacidade de intuição, suas capacidades negativas, a capacidade de escuta de nichos ocultos na linguagem são os fertilizantes que permitirão o brotar em áreas antes desérticas. Nós nos ocupamos do relato, não da coisa em si.

Os criminosos de Lorella

Uma paciente decide tornar-se criminologista, vem de uma família de profissionais e sempre quis fazer este trabalho, no qual tem investido com muita paixão. No plano profissional, se ocupa especialmente com as medidas alternativas para a detenção de criminosos recuperáveis. Tem também ataques de asma que por vezes lhe provocam situações de grande dificuldade.

Naturalmente, esta é uma série de fatos, mas se colocássemos, como já sugerido (Ferro, 2009), o *prefixo magico* "eu tive um sonho" antes dessa comunicação, teríamos uma visão completamente diferente: o *casting* mais significativo de Lorella foi sua escolha profissional – lidar com criminosos. Esses criminosos, com os quais poderá/deverá entrar em contato por causa do seu trabalho, poderiam ser justamente aspectos não pensados e não transformados de si mesma, que são mantidos "fechados", presos, onde sufocam (as crises de asma): será preciso encontrar medidas alternativas diferentes do encarceramento por causa destes funcionamentos primitivos. Depois, há aqueles – hoje irrecuperáveis – que com toda a probabilidade poderiam ser recuperados no futuro. A vida psíquica tem profundezas abissais e que se abrem cada vez mais em profundidade.

Um esquema de Lorella, pessoa doce e amorosa, poderia ser o seguinte:

Primeira camada socialmente aceitável
Segunda camada emocionalmente possível de ser contida
Criminosos recuperáveis
Criminosos blindados
Protoemoções explosivas zipadas
Fragmentos e matrizes originárias

Se isso nos leva, de um lado, a dizer que a análise só poderá consistir no desenvolvimento da função de *casting*, do outro nos leva a dizer que os mecanismos de defesa, com suas anteparas, blindagens, furos, aberturas, são o que nos permitem ter uma vida psíquica organizada.

Seria sempre útil ter em mente que sob todo *pavimento psíquico* há um magma protoemocional do qual se defender, mas que ao mesmo tempo contém um extraordinário potencial expressivo. Nesse sentido, o *casting* nunca termina e, acima de tudo, o desenvolvimento do *casting* é um dos nossos objetivos, que basicamente passa pela nossa renúncia ao *grasping* do já conhecido, das teorias consolidadas, que também são uma barreira defensiva para um verdadeiro conhecimento; é a estrada principal para permitir a nós e ao nosso paciente *casting* cada vez mais significativos e imprevisíveis.

No fundo, o famoso "sem memória e sem desejo" de Bion significa se permitir toda vez começar do que não sabemos, sem insistir muito sobre o que já foi adquirido.

O pai ausente de Leoluca

Leoluca não foi reconhecido por seu pai quando ele nasceu, e sua mãe, que não tinha marido, havia se apoiado em Leoluca sem permitir que ele adquirisse confiança em si mesmo, porque a ideia da mãe era que só o apoio permite uma suficiente segurança. Serão necessários anos de análise, e por certos aspectos anos de vida, para que Leoluca possa fazer o *casting* cada vez mais complexo daquilo que no início não encontrava uma forma de expressão.

Ele tem um desenvolvimento profissional cada vez mais satisfatório até atingir os mais altos picos em seu trabalho. Este profissional admirado e apreciado internacionalmente é, com toda probabilidade, aquele "brilhante", aquele farol, aquele luminar (como é considerado em seu campo) que pode permitir ao pai, finalmente, de vê-lo, apreciá-lo e não abandoná-lo. Ao mesmo tempo, Leoluca se expõe a situações sempre extremas, tanto no desempenho profissional quanto nas viagens que realiza em lugares cada vez mais selvagens e até mesmo perigosos: é a resposta à mãe que sempre havia considerado Leoluca necessitado de apoio, conseguindo, através de seu próprio irmão, que é um político importante, "encontrar um apoio" para o seu filho para todos os exames universitários.

Agora Leoluca está fazendo o *casting* daquela confiança em si mesmo, daquela força interior com a qual contar e que sempre tinha sido amortecida e, por vezes, anulada pela mãe. Acredito que mesmo estes *casting* extremos, que poderiam ser considerados negativos ou sintomas de doença, devam ser vistos em seu aspecto positivo e criativo de poder, finalmente, "colocar em cena" o próprio drama e nele encontrar novas soluções possíveis.

Mesmo a "visibilidade" e a "confiança e consciência de si" podem, portanto, testemunhar o sucesso do processo de *casting*. *Casting* que em casos tão dramáticos, às vezes, ultrapassa as capacidades sonhantes da análise (mesmo que este continue sendo o único sentido pertinente para nós) e transborda ou ultrapassa também em tramas de vida que, sonhadas novamente na análise, finalmente darão a Leoluca paz, tranquilidade e o direito de não ter que fazer continuamente *a lição de casa*.

Um tema que está subjacente a todas estas reflexões é a doença incurável de "dar um sentido", de "encontrar um sentido" mesmo para coisas que muitas vezes não têm nenhum sentido. E se essa atividade é, de um certo ponto de vista, uma característica peculiar e vital da nossa espécie, por outro é também a sua doença, porque uma coisa é buscar o sentido e outra é ter a necessidade de encontrá-lo ou de tê-lo encontrado. Isto, seja dentro da sala de análise, seja fora, cria situações dramáticas como qualquer fanatismo sempre acaba por determinar.

A função que opera para estas transformações do indistinto, do sem sentido, para a capacidade de tecer histórias e, especialmente, de introjetar o método, é a função alfa que, além de se basear em atenção, receptividade, capacidade de *rêverie*/resonhar, adquire esta função de *casting* do cenário da mente.

Mas eu gostaria de refletir sobre a trajetória específica que a minha investigação pessoal tomou (para além do trabalho feito na sala de análise), ou seja, o trabalho feito comigo mesmo, principalmente através do que eu tenho lido. "Estranhamente" as minhas leituras foram gradualmente se deslocando em direção ao que é considerado *baixa* literatura. Quero dizer, os assim chamados *Gialli*[2] e o que gira em torno deles. O motivo – imediatamente compreensível – é duplo: de fato, por um lado, temos a possibilidade de explorar lados cada vez mais obscuros da mente, lados onde muitas vezes a ação toma o lugar do pensamento, lugares onde se delineiam personagens às vezes horripilantes, mas ao lado disso há também a função de investigação, a função de descobrir, a função de tentar encontrar soluções. Portanto, a díade criminoso/investigador (com todas as possíveis categorias e diversidade) torna-se realmente uma espécie de tear narrativo que recolhe fios cada vez mais em profundidade. Estes são muitas vezes cantos escuros, muito escuros, da mente.

---

2 *Libro giallo* – Livro amarelo: assim são chamados na Itália os livros de suspense [N. T.].

Mas voltando ao nosso tema, coloca-se como indispensável a oscilação entre *grasping* e *casting*: *grasping* nos possibilita aquele tanto de invariância que nos permite um equilíbrio relativamente estável, sendo que o *casting* determina micro ou macro variações, ou precursores destas, que abrem para transformações e mudanças. Creio que "C" é tanto mais significativa quanto mais o analista trabalha com transformações narrativas ou transformações em sonho; estas abrem para o mais alto grau de desconstrução e mudança.

De certa forma, poderíamos pensar nas protoemoções como enxames de abelhas que, em parte, foram congelados em saquinhos e depois estratificados, e em parte – bem administrados – produziram mel, ou seja, emoções, em parte evacuadas ou isoladas com diferentes mecanismos de defesa. A análise é um reativador desses microenxames, que às vezes podem ser macroenxames, que podem assumir diferentes configurações narrativas. Um macroenxame pode se personificar como o próprio terrível médico-chefe ou como uma situação temida como persecutória (um exame). O trabalho da análise será o de desconstruir o gorila da Figura 2.1.

Figura 2.1

Este gorila terá, então, que ser "trabalhado" em suas subunidades, pequenos agregados de subenxames que serão transformados até produzirem novas configurações. É necessário o desenvolvimento de uma função "colmeia", uma função "apicultor", e que tudo isso possa levar a transformações abelha *vs* → mel.

Naturalmente, toda metáfora é sempre estreita e inadequada para traduzir a complexidade dos problemas (é uma espécie de lençol de solteiro para uma cama de casal). Talvez essa metáfora na qual as protossensorialidades e as protoemoções são comparadas com abelhas, enxames, e seu desenvolvimento em direção à visibilidade/pensabilidade (o mel) completa a minha outra metáfora dos tomates entendidos como elementos β, do espremedor de tomates como função α e do suco de tomate como líquido de figuração em pictogramas aos quais seguem as cadeias de elementos alfa.

A figura também nos lembra que não é importante o aspecto que o enxame protoemocional adquire. Cada composição vale tanto quanto outra e também não é importante onde surge, em que parte do campo.

O Minotauro lenhificado

Nicolò é um menino de 7 anos que é trazido para a análise por seus pais em virtude de um mutismo seletivo e condutas inibitórias na escola. Ele tem repentinas suspensões de linguagem também em casa com os familiares, durante as quais parece "travar". O pai parece maníaco, a mãe "apagada", deprimida (Dongilli, 2008). Depois de algum tempo com sessões não muito frequentes recomeça a falar na escola, mas com sons muito guturais e desarmônicos, como "mugidos estrangulados", acrescentam os pais.

O primeiro desenho que ele faz (Figura 2.2) representa alguém que parece estar jogando tênis com dois adversários, mas o outro adversário não se vê.

No segundo desenho (Figura 2.3) comenta: "Parece que, no espelho, eu vejo sempre um outro".

O tema do duplo aparece, portanto, desde o início, o tema de um duplo que é "bloqueado", "silenciado", "imobilizado".

O terceiro desenho (Figura 2.4), feito depois de meses, mostra uma espécie de robô dentro do qual há uma criança pequena.

O desenho seguinte, feito alguns meses mais tarde (Figura 2.5), mostra um mundo sem apoios, não há nenhuma base, nem para os prédios, nem para as casas, nem para as pessoas.

Somente uma rua parece dar a possibilidade a pequenos carros de transitar em ambas as direções (o que começa a ser trocado na terapia? O fluxo das identificações projetivas com um analista receptivo?).

O relato na sessão, que começa a se tornar mais fluido, traz os dois colegas de banco: à direita está "Matteo, excelente na escola", irrepreensível, que, no entanto, tem súbitas explosões de choro, à esquerda há Amedeo, o valentão da classe, impossível de ser contido, incontrolável, que devasta tudo – seja as coisas, seja as relações com os colegas, seja as professoras. Enquanto fala sobre Amedeo, Nicolò diz de repente: "Estou com medo de me bloquear de novo". E faz um desenho (Figura 2.6) no qual se vê, na parte inferior, uma criança, com em cima uma espécie de arborescência, de árvore ramificada.

64   GRASPING E CASTING

Somente neste ponto junto Amedeo, o valentão[3] (*bull!*), os grunhidos-mugidos e "vejo" nas partes superiores do desenho a parte TOURO do Minotauro lenhificado. Fica evidente o quanto Nicolò parece metade criança, metade touro. Pelo menos é assim que eu me descrevo o seu mundo, um mundo no qual ficou suspenso, onde não tendo encontrado continência e uma base de apoio teve que lenhificar uma parte de si impossível de ser contida. A este bloqueio, a esta pré-petrificação, correspondeu o sintoma mutismo/inibição. É como um zoológico, no qual, na ausência do domador, todos os animais foram congelados, bloqueados. Digo a mim mesmo que será necessário antes de tudo reativar a função imaginativa-poiética do "domador" para que o circo volte a se animar.

Seguem-se sessões nas quais Nicolò conta que ele desenhou "um oceano perigoso, com muitos peixes no fundo", até o dia em que faz o desenho reproduzido na Figura 2.7, no qual ele atira, protegido por uma árvore (a mesma que formava a arborescência Minotauro). (E a partir daquele dia a comunicação torna-se totalmente fluida e o comportamento adquire caráter de explosividade).

Nascem fortes emoções em relação aos companheiros e a uma menina que encontra em um ginásio de caratê. Por último, eis o desenho que mostra o aspecto doído (Figura 2.8), que está por trás das condutas antes lenhificadas ou explosivas de Nicolò.

Não é fácil conseguir acompanhar toda a sequência que começa na inibição até uma recuperação do contato e da possibilidade de conter as emoções e vê-la "desenhada" em uma espécie de sequência de filme. Observamos no desenho e na narrativa o *casting* de personagens que representam justamente o que precisa ser encenado e narrado naquele momento. Geralmente, temos em outras

---

3   Jogo de palavras entre valentão em italiano, *bullo*, e touro em inglês, *bull* [N. T.].

situações apenas alguns fotogramas da história, como, por exemplo, no caso dos pacientes que "falam de outras coisas", ou dos pacientes que substituem o mutismo com a ausência de significado.

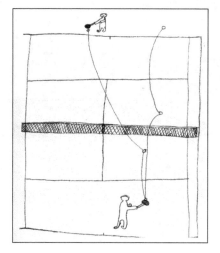

Figura 2.2

Figura 2.3

Figura 2.4

Figura 2.5

ANTONINO FERRO 67

Figura 2.6

Figura 2.7

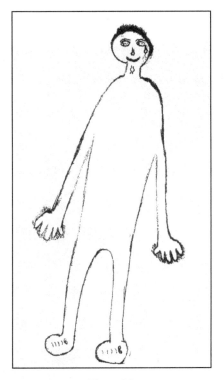

Figura 2.8

Transformações em sonho

Se, na apresentação de um caso clínico, o analista se detém em falar da operação de "hérnia" que uma criança sofreu junto com a operação de fimose e se depois o sintoma é o mutismo, não é difícil "sonhar" a comunicação nos termos de que tal criança alterna temáticas de incontinência (hérnia) a de hipercontinência (fimose) e que o mutismo só pode se opor ao grito.

Desconstruir a narrativa e sonhá-la no *hic et nunc* é o específico do analista: um analista que não esteja muito assustado.

Ainda que, em geral, ele o está e se apega às teorias como uma criança perdida à sua mãe. Um desses sintomas são, por exemplo, aquelas interpretações complicadíssimas que, por vezes, os analistas fazem, e das quais o paciente pode captar apenas o tom, a modulação, a qualidade afetiva: mas, então, por que não fazê-la mais simples? Estas interpretações me lembram aquele prato horrível, mas que estava na moda e de (suposto) bom gosto e classe, que foi por um tempo o macarrão com salmão, cheio de creme, ou os espaguetes, igualmente cheios de creme, ao caviar (na realidade ovas de lumpo).

O animal homem tem, entre as muitas doenças (sintomáticas da sua angústia), a da dotação obrigatória de significado, de encontrar (frequentemente atribuir) um significado a coisas que não o têm. Mas essa máquina que cria sentidos e significados pode nos ser útil se soubermos administrá-la e dela ter consciência. Hume já nos alertava que *post hoc* não é necessariamente *propter hoc*, portanto não temos certeza alguma e temos sempre que improvisar.

Do autismo, seja como uma patologia conclamada seja como aqueles núcleos ou funcionamentos que todos nós temos, sabemos muito pouco, mas saturamos o que não toleramos não saber com rolhas que "tampam" os buracos do nosso não saber; é como se pudéssemos flutuar somente nos apoiando no sentido e no significado, mas não fossemos capazes de flutuar na ausência de sentido ou na espera de um sentido como fazem certos personagens retratados por Chagall.

O pequeno paciente do qual eu falava antes faz um desenho estilizado de uma criança, em seguida, desenha a mesma criança atrás de linhas verticais, não fala, é rígido; eis a fimose: "O gorila está preso atrás das grades"; depois de um tempo ele tem crises de violência, de gritos, durante os quais quebra tudo. Depois faz um desenho com linhas verticais e uma moldura: o pequeno gorila simplesmente fugiu da sua jaula e a incontinência explode.

Na apresentação do caso, o analista tinha falado de uma mãe fria e depois da catapora da criança que tinha feito com que chegasse a 41 graus de temperatura. O pai é um técnico de computação que em uma sessão irrompe em soluços.

Eis outras duas maneiras de relatar o duplo funcionamento: o pinguim com a mãe fria no Polo Sul e o calor tórrido dos 41 graus.

O pai que "computadoriza", miniaturiza qualquer emoção e depois a incontinência das lágrimas.

A questão é encontrar uma medida entre um continente que explode e um claustro que enclausura, isto é, encontrar um continente elástico capaz justamente de conter.

São conhecidas as transformações propostas por Bion (1965) e o quanto estas têm sido objeto de reflexão por parte de muitos autores. Algumas palavras mereceriam, talvez, o conceito de *transformação em alucinose*, que nem sempre é claro para todos: brevemente, trata-se da projeção violenta de algo em um Outro que depois é percebida e vista como pertencendo ao Outro.

Sucessivamente, eu havia dado a minha contribuição para o conceito de *transformação narrativa*, proposto inicialmente por Corrao e por mim, entendido como aquelas operações de transformação efetuadas pelo analista não através de interpretações saturadas, de transferência ou de conteúdo, mas através de intervenções insaturadas, polissêmicas que, utilizando os personagens, produzem mudanças. Depois eu havia introduzido o conceito de *narração transformadora*, na qual ocorre uma mudança de ênfase na narração e, consequentemente, nas assim chamadas *interpreta-*

ções narrativas insaturadas, semelhantes, em alguns aspectos, com as interpretações na transferência de muitos autores franceses.

Creio que nesse ponto seja central retomar o conceito de *transformação em sonho* realizada pelo analista e pela sua forma de escuta. Ela se origina em um fenômeno no qual estávamos acostumados e que foi objeto de muitas investigações como sendo um momento de contato do analista com o seu *pensamento onírico de vigília,* de forma a tornar claro o que está acontecendo na troca contínua entre identificações projetivas e *rêverie.*

Uma extensão do conceito de *rêverie* a toda a maneira de como é ouvida uma sessão (isto é, como um sonho) leva ao conceito de transformação em sonho. O que o paciente narra é desconstruído em relação a qualquer aspecto de realidade externa e factual e é considerado como uma explicitação de seu pensamento onírico, isto é, um seu *derivado narrativo.* Este derivado narrativo deverá ser reconduzido à sua matriz onírica.

Quando um paciente fala do irmão violento, da irmã frágil, da vovó incontinente, do cachorro que morde, todos esses personagens deverão ser entendidos como funcionamentos do campo e o analista deverá conseguir realizar uma *transformação onírica* daquilo que lhe é comunicado. Vale o exemplo citado no capítulo anterior, da paciente que havia dito: "Eu quero fazer uma operação[4] porque estou insatisfeita com meu seio". Comunicação que adquire um significado completamente diferente do "realista" se eu o *sonho,* por exemplo, como: "Eu quero dizer algo (fazer a intervenção) que modifique a forma de ser do meu analista". Da mesma forma, se um paciente me dissesse: "Eu tenho medo de andar de trem em um país desconhecido", uma coisa seria uma interpretação decodi-

---

4 Em italiano, *intervento,* que tanto pode ser operação quanto intervenção [N. T.].

ficatória, uma outra dizer-lhe *"um trem para Yuma"*, que seria uma *rêverie*. Fazer da análise a viagem de trem para Yuma é a *transformação onírica*, a qual tem como corolário o de deslocar o foco do conteúdo da narração para os instrumentos para gerá-la e contê-la.

Existem também formas de fazer análise nas quais o analista está fora e ajuda a redescobrir, a relembrar, a lembrar uma outra história, com o artifício da transferência, mas há outras em que o analista está lá jogando a sua partida com o paciente com o objetivo – não importa através de quais conteúdos – de aumentar a capacidade de conter e viver emoções antes impensáveis.

Exemplos clínicos

O mofo de Francesca

Francesca é uma paciente que nunca pôde expressar e compartilhar suas necessidades, desejos e esperanças.

Numa sessão Francesca conta que uma corrente de ar frio, vinda de baixo e do lado de fora da casa, entrando em contato com o calor dos aquecedores, produz mofo. Todas as perícias disseram que seria necessário trocar o piso, que recebe frio do porão que está em baixo, e que seria necessário fazer uma "manta" na casa para evitar o frio.

[Pela primeira vez – eu havia escutado outras comunicações semelhantes por outros vértices – eu penso na Pequena Vendedora de Fósforos e na sua necessidade de calor].

Francesca continua com um sonho no qual uma menina era procurada pelos pais, mas estes não a viam porque estava no para-

-brisa de um carro do qual tinha medo de cair a cada curva e por isso se segurava com um pé; finalmente, conta ter visto um filme no qual um homem, talvez ruim, tirava alguns superpoderes de uma moça que se autorregenerava e de dois outros personagens, que depois eram libertados.

Neste ponto, eu lhe digo que me parece que há três níveis na sua fala. Pergunto – em relação ao primeiro – se ela nunca sentiu a necessidade de alguém que lhe desse mais calor, se ela se sentiu um pouco como A Pequena Vendedora de Fósforos desejosa de uma manta que a aquecesse. "É o que eu sempre quis, sem nunca ter".

O segundo nível nos fala do que estamos vivendo, estamos a apenas alguns centímetros e, no entanto, há um para-brisa que nos impede de nos encontrar, há uma menina que deve contar com ela mesma, apoiar-se sozinha, como está fazendo com o pé em baixo do divã, que não é vista.

E, por fim, há o nível dos medos: o que acontece se eu lhe tiro seus superpoderes de se autorregenerar, de dar conta sozinha, contar apenas consigo mesma.

Paciente: Mas eu sempre achei que eu não tinha nenhuma importância, que eu não valia nada, caso contrário meus pais teriam cuidado de mim, teriam me visto.

Analista: Não há dúvida, do seu ponto de vista; você vê dessa forma e também vê em mim alguém que pode se interessar pelo dinheiro, porque você não teria nenhuma importância.

Paciente: É a vida toda que eu desejo um homem que cuide de mim e que eu não tenha que trabalhar.

Analista: E, talvez, seja a hora de quebrar o para-brisa e de poder entrar em contato com a sua menina e permitir também a mim este contato.

Paciente: Mas eu conheço os pensamentos da "minha menina".

Analista: Uma boa razão para ajudar a mim e à menina a nos falarmos. Talvez seja o fim de uma teoria que a tem aprisionado por anos (*sai toda vermelha*).

As respostas de Pierandrea

A história que é apresentada pelo analista que traz o caso de Pierandrea é muito detalhada e inclui dados da anamnese, dados da anamnese familiar próxima e remota, o resumo do trabalho feito até então e a evolução da terapia.

Esta narrativa, no entanto, pode ser desconstruída e resonhada como se fosse o sonho do analista sobre seu paciente. De fato, depois de anos de terapia, teria que escrever centenas de páginas, ao passo que apresenta um texto de duas páginas, portanto a seleção que faz do material corresponderia – nessa ótica – aos derivados narrativos que sente mais significativos em relação ao seu pensamento onírico de vigília em relação àquele paciente.

O meu sonho sobre o paciente é o de um contínuo oscilar entre modalidades de funcionamento autistoides, desidratadas, uma espécie de bonsaização de estados protoemocionais, algo que lembra De Chirico pelos desenhos de cidades sem vida que o paciente desenha (em termos fílmicos, poderíamos dizer uma espécie de *Deserto Vermelho* de Antonioni de um lado, e de outro uma exuberância emocional impossível de ser contida: matar o irmão, a mãe que mataria o primogênito, o avô violento que, cego de raiva, batia em todos os filhos... eu diria uma espécie de floresta amazônica de estados protoemocionais, dos quadros de Botero – em termos fílmicos, *Apocalypto* de Gibson).

Mas a parte talvez mais comunicativa que considero é a morte do gêmeo no útero, como se de Genghis Khan tivesse sido dado à luz apenas Genghis e não Khan, Pier e não Andrea.

O início da terapia corresponde à entrada em cena de palavrões, jogos violentos, brigas, isto é, a recuperação da existência de Andrea. Nas primeiras sessões está aterrorizado pela ideia de encontrar um cão, depois desejaria uma comida gostosa até se empanturrar: e qual melhor maneira de apaziguar "Khan"!

O nariz da criança – descreve o analista – é achatado, na segunda sessão fala de uma igreja com a porta fechada: quase uma porta (da mente do outro) fechada na cara. Esta contínua bipolaridade pode ser observada em todas as sessões e, especialmente, pode-se ver como se desenvolve a competência da criança para se tornar "melhor colega" em sinalizar como recebeu as interpretações do analista.

Após uma interpretação muito correta, mas excessiva em relação às suas capacidades assuntivo-metabólicas, pega uma mesinha e constrói uma barreira para um rio na época da cheia, logo depois mostra uma boca escancarada cheia de dentes. Se o analista dá uma interpretação, desta vez muito leve, em relação aos seus sentimentos e afetos, imediatamente opõe desenhando "um grande porco", como se à espiritualidade de Petrarca opusesse a carnalidade de Boccaccio. Se o analista faz uma interpretação muito em "O" fica perturbado, irritado e começa a coçar os genitais dizendo sentir uma grande coceira. Se o analista volta a se aproximar com uma longa interpretação: "Há emoções que se acendem em você quando nos encontramos e você pergunta quem acendeu a luz, emoções que são como um incêndio", logo o paciente responde: "Lavo a manta de Piero: está fedendo a fumaça, cocô e peidos". Ou seja, as palavras do analista são sentidas como algo que polui e queima. O mesmo acontece depois de outras interpretações sobre seu estado emocional às quais responde: "Vamos brincar de dentista e você passa a broca nos meus dentes." Ao contrário, quando a interpretação torna-se muito aguada, fala sobre um aniversário no qual não havia nenhuma comida para os convidados, e diz que deveria ter sido uma festa.

A oscilação do paciente tornou-se assim uma oscilação da forma de interpretar do analista e do campo. O analista deverá distinguir entre o que ele compreende (zona cozinha) e prepara, do que ele comunica (zona restaurante), não apenas tentando estar o mais possível em uníssono, mas "agindo" na sessão um modelo de continência que irá se colocar como terceira alternativa em relação ao dipolo incontinência/hipercontinência desafetivizada.

Neste ponto, o analista faz uma reflexão importante: com alguns pacientes o analista deve recuperar a dignidade de um *chef* que saiba se limitar em cozinhar alimentos leves e não pense que o preparo de alimentos ricos e nutrientes seja a única coisa gratificante.

As faces de Stefania:
dismorfofobia ou olhar ecográfico

A colega que traz o caso em supervisão afirma que ela queria falar de Stefania mas, na realidade, vai falar de outra paciente que também se chama Stefania.

Ela diz que Stefania é pequena, delicada, engraçadinha, mesmo que às vezes lhe pareça feia. Isto a desorienta. A paciente foi tomada por um medo de hirsutismo após uma depilação, tem medo que os pelos proliferem de forma descontrolada. De manhã, quando acorda, sente um "tornado" em cima dela.

Ela namora um policial que às vezes parece calmo e pacato, às vezes parece alguém que olha e espiona os outros. Depois está preocupada que, de repente, possam crescer nela uns caroços, umas protuberâncias.

De imediato aparece claro o tema do duplo, já na apresentação da terapeuta em relação à Stefania 1 e Stefania 2. Depois, na dicotomia bonitinha/feia, finalmente na dupla descrição do namorado/objeto-parte de si mesma. Talvez graficamente poder-se-ia representar como na Figura 2.9a e 2.9b, que mostram as duas faces de Stefania.

Figura 2.9a   Figura 2.9b

A segunda figura representa o continente pressionado a partir de dentro por estados protoemocionais indiferenciados, potencialmente explosivos ou que necessitam urgentemente serem alfabetizadas. De fato, Stefania tem um olhar ecográfico com o qual vê para além das aparências.

Uma alternativa para Stefania poderia ser a anorexia, que de fato sofreu no passado, com um aspecto idealizado de si mesma e um aspecto impregnado de estados protoemocionais que pairava nas suas costas e que ela via como uma enorme gordura.

Ao longo da terapia se destaca outra raiz do mal-estar de Stefania: aquela depressiva, que encontra expressão no jogo excitatório ser vista/se esconder (no texto manifesto com uma *web-cam* em um site de *swingers*) e, mais em profundidade, no jogo excitatório na análise como um medicamento antidepressivo.

Ao longo da terapia vai aparecer tanto a "menina pré-púbere" quanto a "brasileira" cuja exuberância coloca todos em dificuldade e desconforto (Figuras 2.10a e 2.10b).

Figura 2.10a   Figura 2.10b

As faces de Arcangelo

Arcangelo sente-se homossexual (♂♂), "parece um querubim", diz seu terapeuta. Às vezes gosta de se vestir como mulher. O pai é anestesista e sofre todo tipo de abuso por parte da esposa e do hospital. Imediatamente me vêm à mente duas imagens, a de um arquidiabo, com o qual não tem nenhum contato, uma espécie de Lúcifer (Figura 2.11) pelo qual se sente ameaçado e que precisa aplacar (a relação ♂♂ na ausência de desenvolvimento de ♀ adequado).

Diabo que depois é disfarçado de mulher (Figura 2.12); e, finalmente, o anjo que é o único aspecto captado pela terapeuta (Figura 2.13).

Figura 2.11　　　　Figura 2.12　　　　Figura 2.13

O pai anestesista parece encarregado de adormecer o diabo que é temido como impossível de ser contido. Terminada a faculdade, Arcangelo quer ser um criminologista: eis a desconstrução do arquidiabo em subunidades narrativas (os vários crimes e criminosos) que talvez poderão ser gradativamente metabolizadas e integradas.

Mentir para sobreviver

Eu creio que o nosso conhecimento seja, como eu dizia, mais parecido com um queijo suíço cheio de buracos. Só que nós temos medo e vergonha de mostrar quantos buracos temos, então passamos a maior parte do tempo criando *trompe-l'oeil* para preencher (fingir ou convencer-nos de preencher) estes buracos. As religiões, as ideologias, os fanatismos são alguns dos "preenchimentos" que usamos. O mesmo vale para a utilização das teorias na sessão. Desta forma, nos iludimos de nos apresentar como um "Parmesão", com uma massa densa, e não como um "*Emmenthal*" com poucas trabéculas.

Bion já havia feito um elogio da mentira, não só porque a mentira pressupõe um pensador, mas principalmente porque o que importa é a verdade tolerável para o nosso pensamento. Isto vale para as defesas do paciente mas também, da mesma forma, para as defesas que o analista engendra para não sucumbir à angústia.

Laura sonha que está escalando ao contrário um arranha-céu e, depois, de estar em um palácio principesco cheio de echarpes e Swarovski, mas depois há uma governanta que aspira o pó, uma moça que coloca uma máscara de beleza com fatias de pepino pouco românticas sobre os olhos, umas prateleiras de ferro nas quais pode colocar uma grande quantidade de objetos da Barbie espalhados pelo chão. A descida da idealização é longa, remover as fatias de pepino dos olhos para ver a realidade da vida não é fácil, mas está trabalhando uma governante que faz a limpeza e uma estrutura de ferro que permitirá deixar de lado o mundo de conto de fadas da infância.

3. Olhando ao redor e indo ao cinema

Como pensar a psicanálise?

A Psicanálise, do meu ponto de vista e contra qualquer regra gramatical, é uma palavra composta por três sílabas, a saber: psicanalista, paciente e *setting*. Isto no sentido de que apenas a coexistência temporal e espacial destes três elementos me dá o estatuto de Psicanalista. Fora da palavra de três sílabas, eu não sou mais um psicanalista: sou um ser humano como todos.

A visão que eu tenho da psicanálise é a partir de um ponto de vista minimalista: é um método de tratamento do sofrimento mental, assim como a ortopedia é um método de tratamento de fraturas. Assim como o ortopedista, não tem nada a dizer sobre as grandes questões – ciência, ética, filosofia, guerra e política – da mesma forma que, enquanto analista, essas questões não me pertencem. Pertencem ao ortopedista e a mim enquanto seres humanos, da mesma forma, sem nenhuma competência especial de minha parte.

Além de tudo, na Itália os psicanalistas filiados à IPA são cerca de setecentos, portanto em menor número que os vendedores de espigas de milho.

Depois, nada nos impede como seres humanos, no máximo tendo ficado modestos pela consciência da fragilidade humana, a participar como cidadãos, filósofos, professores universitários, médicos, em qualquer área do conhecimento humano.

Reitero que do conhecimento humano só nos diz respeito "o que acontece na sala de análise", depois há a psicologia, a psicologia do desenvolvimento, a psiquiatria, a sociologia, mas são outras coisas, assim como a chamada "psicanálise aplicada", que muitas vezes provoca constrangimento nos verdadeiros conhecedores daquele determinado setor do conhecimento humano, no qual pretenderia dar sua opinião.

Visão minimalista eu dizia, porque é instrumento de cura, mas uma visão forte porque é um instrumento de cura eficaz, precioso, único no seu gênero. Creio que desta eficácia temos de dar testemunho em primeiro lugar no dia a dia do trabalho clínico, no nosso trabalho de pesquisa, em permitir uma precisa informação sobre nossa forma de trabalhar.

A especificidade do analista está em seu trabalho clínico; fora deste, somos seres humanos (no fundo, saídos menos bem do que muitos outros, na verdade, precisamos de um longo e profundo tratamento para lidar com o nosso sofrimento), como todos os outros de direita, de esquerda, do centro, católicos, ateus, agnósticos, cultos, ignorantes, inteligentes, burros, neuróticos, psicóticos, sim, de todo o tipo! Mas a "especificidade" (quando estamos na condição pessoal, histórica, situacional) deriva da presença simultânea de um *setting* e de um portador de sofrimento psíquico ou sofrimento sintomatológico que nos procure.

Para além disso, podemos ser hábeis conferencistas, especialistas em cinema ou em literatura, mas como pessoas cultas naquele ramo do conhecimento, como Chekhov que era médico, mas que passou para a história como escritor. Isto também é para dizer como eu fico perplexo quanto ouço colegas, com duvidosa competência cultural, discutirem algum outro assunto, usando a "psicanálise" como uma chave *passe-partout*, prestando um desserviço à própria psicanálise e aos colegas inocentes. Eu diria de não perder a oportunidade de se calar, a não ser para informar sobre nossa prática clínica, ou falar à vontade, mas como pessoas, não como psicanalistas!

Periodicamente lemos a respeito de alguém que diz que a psicanálise acabou, que está em crise, ou que não tem qualquer seriedade. Em parte, eu acredito que isto resulte do abuso de "psicanalitiquês". Mas ninguém sonharia em dizer que a ortopedia ou traumatologia estão em crise ou são inúteis.

Podemos voltar a dar, ou continuar a dar, sentido à análise apenas pensando como analistas no tratamento do sofrimento psíquico; ninguém, se funcionarmos do ponto de vista clínico, poderá dizer que somos ineficazes. Às vezes é mais fácil "filosofar" sobre reflexões gerais, do que tratar do sofrimento psíquico eficazmente e com um certo grau de sofrimento de nossa parte.

Enquanto a chamada psicanálise aplicada muitas vezes é gratificante, e às vezes evacuativa, o trabalho do paciente na cama (divã) é trabalhoso, cansativo, mas também imediatamente perceptível, se formos capazes de nos tornarmos instrumentos de terapia. Então é diferente fazer a leitura psicanalítica de um filme (atividade da qual, por outro lado, eu duvidaria muito pelos estereótipos que frequentemente propõe), de usar um filme (ou uma obra literária) como veículo para explicar, explicitar, enfatizar um conceito psicanalítico talvez complexo.

Enquanto a primeira forma é muitas vezes arrogante e, às vezes, até engraçada (lembro-me de dois analistas que discorriam sobre o significado das potentes nádegas de um cavalo, em uma imagem exibida no Museo degli Uffizi[1] – para um eram os seios porque eram brancas, para o outro o pênis porque intumescidas), a segunda forma tem sido extremamente proveitosa.

E se o pequeno esquete peito/pênis hoje nos parece risível, o são da mesma forma leituras aparentemente mais justificadas, as quais, se olharmos para elas com outros olhos, soariam nesse aspecto paradoxais.

Os neurônios de Deus

Vou me contradizer imediatamente, mas esclareço com força que agora falo como homem e não como psicanalista: de repente na minha mente se imprimiu com clareza uma imagem – a superfície terrestre que se cobria com neurônios: nesse momento pensei que de fato somos nós, "espécie Homo sapiens" pululantes na Terra, que constituímos os neurônios de Deus. É o fato de nós o pensarmos que o faz existir. Dou-me conta, nada de novo em relação a Pirandello e aos seus precursores!

A nossa mente não pode tolerar os resultados das operações mentais que realiza: a nossa finitude, a nossa insignificância, o nos-

---

1 Museu da cidade de Florença [N. T.].

so ser puro *ludus naturae*.[2] O nosso vir do nada e ir em direção ao nada. Nossa falta de significado. Eis o ponto-chave: somos máquinas que produzem significado – ou melhor, significados absurdos, insanos, que não cabem nem no céu nem na terra, em vez de ausência ou suspensão de significado. Nós não sabemos. E este é um buraco grande demais para a nossa capacidade de suportar a dor.

A partir deste buraco de significado, começamos a produzir teorias, explicações, sistemas. Os mitos são, no fundo, aquelas construções que representam como sonhos coletivos que nos dão rotas que se repropõem das mais diversas formas no nosso ser humanos; as religiões são aqueles delírios coletivos que nos protegem do terror da falta de sentido e da precariedade. Qual exorcismo melhor para a angústia da morte, do que dizer que a verdadeira vida é a que vem depois da morte?

Mas parece que muitos de nós necessitam do delírio, da transcendência. Repito isso porque nós somos como calculadoras que dão resultados, que não podem ser aceitos pelos auditores – então são domesticados, maquiam-se os balanços.

Isto acontece a nível de grupo (da necessidade da dotação de significado), e também acontece a nível individual, e frequentemente dentro das terapias psicanalíticas. Somos "animais aterrorizados" em busca de não importa qual certeza que possa funcionar como uma "tampa" para o nosso terror.

Somos animais imperfeitos, porque de um lado temos condições de saber da nossa morte, finitude, caducidade, por outro lado não somos capazes de tolerar tudo isso.

---

2 *Ludus naturae* – brincadeira da natureza [N. T.].

Preenchemos o buraco do terror não importa como, tudo serve desde que nos salve do buraco negro: guerras, fanatismo, violência. A importância das "tampas" (as respostas definitivas, as crenças) é tão grande que quem se atreve a questioná-las é eliminado ou silenciado, pela crise, pela turbulência que cria.

Um destino da espécie entre Hércules e o Gato de Botas

Uma das maiores dificuldades da nossa espécie é a gestão do protoemocional e do protossensorial. Isto é, somos constantemente "invadidos" por todo tipo de estimulação interna e externa e dispomos de aparatos e instrumentos apenas relativamente capazes de transformar as protoemoções e a protossensorialidade em pensar, sentir, sonhar.

Esta deficiência da espécie decorre, em primeiro lugar, do desenvolvimento incompleto dos aparatos destinados a estas transformações em termos evolutivos: a mente humana e os instrumentos de que dispõe são muito recentes e rudimentares, como Bion repete várias vezes ao longo de toda sua obra.

Em segundo lugar, a precariedade desses instrumentos deriva do fato de que o seu desenvolvimento necessita da contribuição de uma outra mente disponível para poder se desenvolver. Em termos da linguagem bioniana (Bion, 1962, 1963, 1992) estamos falando daquela função (função α) que transforma em pictogramas os elementos β (as aparências sensoriais de todo tipo e as protoemoções). Esses pictogramas constituem os "tijolinhos" do pensar, do sentir, do sonhar.

Diante das protoemoções (e da protossensorialidade), temos várias opções possíveis, uma mais simples, quase em descida: a evacuação que permite aliviar o aparelho de pensar.

A outra possibilidade é a da transformação que elabora em direção ao pensamento, à emoção e ao sonho. Mas esta também, uma vez formada, e uma vez formados os instrumentos para desenvolvê-la, encontra-se diante de muitas vicissitudes: por exemplo, a constante tentação da mentira. Ou seja, o pensamento pode ser utilizado para nos afastar do conhecimento, de forma a não ativar emoções de outra forma incontroláveis. Eu não sou um fanático da verdade, nem para a espécie, nem para o grupo, nem para o indivíduo.

Há um grau de verdade tolerável para além do qual não é possível ir. Neste sentido, uma das páginas mais belas é a escrita por Bion em *Atenção e Interpretação* (1973) onde, paradoxalmente, faz o elogio da mentira para a nossa espécie e exalta sua utilidade.

Além da formação da capacidade de pensar, além do desenvolvimento do pensamento, além das dificuldades deste com a mentira, outros problemas têm a ver com a possibilidade de viver as emoções e a possibilidade de vivê-las em profundidade. Tudo isso me leva a pensar naqueles sonhos coletivos que são os mitos (atrás dos quais temos as funções α, os elementos α e os sonhos do grupo), que podem nos dizer algo ou que podemos usar para nos dizer algo suficientemente universal para nossa espécie.

Inútil dizer como a mitologia grega é em relação a isso uma fonte inesgotável de sugestões. Escolheria Sísifo para assinalar quanto o processo que leva a *"thinking, feeling, dreaming"* é um trabalho que nunca termina, mas que precisa começar tudo de novo, continuamente: porque cada estimulação implica o reiniciar do sistema de alfabetização.

Por outro lado, Hércules com seu "esforço" parece dar voz ao esforço que a nossa espécie, e cada um de nós como indivíduos, faz para alfabetizar cada estado protoemocional continuamente e de forma não somente trágica, mas também criativa e tendo sucesso em uma tarefa aparentemente impossível.

Mas, enquanto o mito contém na maioria das vezes uma dimensão trágica, coletiva, que não dá muita esperança, a fabula contém aquela dose de "mentira" que permite alimentar, irracionalmente e contra todas as evidências, a esperança no "...e viveram felizes para sempre", isto é, na ideia de uma possibilidade para os humanos de encontrar uma homeostase fora do tempo, na qual o resultado alcançado é para sempre. Não por acaso, geralmente costuma-se contar uma fabula antes das crianças dormirem, a qual, mesmo através de várias peripécias, leva na maioria das vezes a um *happy end* de consolação, que serve como um viático para a entrada no mundo dos sonhos.

O conto do *Gato de Botas* é um dos mais otimistas a esse respeito, é o outro lado de *A pequena vendedora de fósforos*. O protagonista, que é órfão e muito pobre, herda um gato, o qual, através de uma série de vicissitudes, o leva a estruturar uma nova identidade e eliminar os fantasmas mais terríveis que ele encontra. Isto alternando todo um conjunto, poderíamos dizer, de mecanismos de defesa contra a verdade, que vão desde a sedução à negação, à onipotência, à falsificação, mas conseguindo finalmente resolver a situação e "casar com a filha do Rei"! Embora o mito nos diga como as coisas são, precisamos de contos de fada para nos dizer como gostaríamos que as coisas fossem.

E se o mito nos leva à inevitável fadiga e dor de nos aproximarmos do "O" de Bion, a Verdade sobre nós mesmos, o conto nos lembra como nós não podemos fazer isso de forma direta e sim aos poucos; na maioria das vezes temos que nos virar com aproximações, *escamotages*, *détours*, ou seja, com todos aqueles naturais mecanismos de defesa que nos permitem assimilar as doses de verdade – ao redor de nós e ao redor do mundo – que temos condições de receber, sem entrar em uma crise muito profunda. Não estamos muito longe do elogio de Winnicott do falso *self* para garantir a sobrevivência do verdadeiro *self*.

Ulteriores reflexões sobre a mente

Normalmente, pensamos no homem como uma evolução de estados anteriores que, graças ao desenvolvimento da mente, tornou-se capaz de melhor controlar os aspectos instintivos e pulsionais que o acomunam a outros primatas. Quero afirmar juntamente com Bion a coexistência de um ponto de vista especular em relação a isso, ou seja, que a mentalização presente em nossa espécie é também um fator de grande perturbação em relação a um funcionamento pulsional/instintual por si só bem funcionante.

Somente se a mente teve possibilidades de se desenvolver da melhor maneira poderá representar um enriquecimento maturacional, mas todas as vezes que, pelas mais variadas razões, a mente é disfuncional, ela se torna um fator de desregulação também em relação a funcionamentos pulsionais básicos, que seriam bem funcionantes.

A mente é o melhor, mas também o pior da nossa espécie, um dom da evolução, mas também um oneroso e arriscado legado da evolução e para a própria evolução.

Fazendo extrapolações a partir das teorias de Bion, eu já exprimi (Ferro, 2002a) as deficiências que a mente pode ter e como pode interferir com o seu próprio bom funcionamento, com o bom funcionamento do corpo e com o bom funcionamento do "corpo social".

Se é verdade que o "funcionamento da mente" é o específico da nossa espécie, isto implica em uma série de consequências em cascata, das quais não temos consciência de forma clara.

Em outra linguagem, poderíamos dizer que, se há um *continuum* entre as espécies que nos precedem na escala evolutiva, então não há nem grandes problemas nem grandes cesuras. Se ao contrário há um salto, que é o acender-se do mental, temos realmente algo específico e especial: a "psique". Mas se for assim, o mental não só regularia ou desregularia todo o resto do aparato homem, mas o prevaricaria. Tomemos como exemplo a sexualidade: podemos pensá-la como sexualidade dos corpos, e nesta ótica é fácil definir o que é heterossexual, homossexual masculino ou homossexual feminino. Não é mais assim se olharmos para a sexualidade como uma forma de acasalamento das e entre as mentes.

Outra consequência do "mental", como já foi dito muitas vezes, é a consciência e muitas vezes a intolerância de nossa finitude, o nosso não saber e não poder obter respostas nesse momento da nossa evolução, que só permite que se façam perguntas; não tolerar a falta de respostas nos leva a essa forma de anestesia, de mentiras necessárias, aceitando sermos tolerantes com nós mesmos e com os Outros, renunciando a sermos "paladinos" da Verdade e nos regozijando por sermos artesões do grau de desenvolvimento mental tolerável para os nossos pacientes e para nós mesmos.

O conceito de "esforço" é inerente à nossa natureza humana em todos os níveis, do esforço físico ao mental. Cesare Pavese escreveu *Lavorare stanca*,[3] e quando tudo dá certo – quando conseguimos (no limite do possível) produzir pensamentos e viver emoções, escapar da sedução das Sereias da mentira e dos Lotófagos das evasões do sentir – nós temos uma outra tarefa inevitável, o de lidar com a transitoriedade por excelência, que é a ideia da nossa morte.

Aqui, a mente é chamada para um esforço adicional: suportar a dor da própria dissolução. Infinitos são os antídotos inventados a este respeito, desde aqueles do *Faust*, de Goethe aos da erotização do Professor Unrat, no belo livro de Heinrich Mann. Mas o Gato de Botas nos diria que nós podemos devorar qualquer ogro – ansiedade, mas para isso precisamos, como nas Mil e Uma Noites, nunca parar em nossa narrativa.

Em outras palavras, quero dizer que precisamos de novos mitos, porque se um mito é o fruto de um sonho de grupo que ajusta um ponto nodal da nossa existência emocional, por outro lado, corre o risco de se tornar um freio, um pântano, em relação a outros inesperados caminhos que aquele mito não contém; por isso temos de fazer o esforço de gerar continuamente novos mitos na sala de análise, mitos particulares de cada dupla, bem como novos mitos coletivos que sirvam como frutos narráveis da experiência e que abram sempre para novas perspectivas.

No cinema: Bin-Jip 3 – Iron *e os sonhos de Federico Fellini*

Operações de transformação em alucinose e de ruptura do texto são muito frequentes quando nos aproximamos da chamada psicanálise aplicada que, como eu dizia no início, considero um

---

3 Trabalhar cansa [N. T.].

exercício útil, mas sem qualquer credibilidade, porque não podemos usufruir daquela unica validação que na sala de análise é a resposta do paciente à interpretação.

Gostaria de acrescentar que, visto que chaves interpretativas diferentes levam a leituras diferentes (basta lembrar das interpretações tão variadas dadas ao belíssimo *Invasion of the Body Snatchers*), eu prefiro inverter o vértice e, em vez de propor – ainda que com cautela – uma possível perspectiva psicanalítica, eu gostaria de propor como o filme pode ser usado para narrar e esclarecer conceitos psicanalíticos.

O uso da literatura ou de um filme para veicular conceitos psicanalíticos parece-me extremamente útil e produtivo (pensemos na maneira genial com a qual Klein usa *Si j'étais vous* para explicar a identificação projetiva). Neste sentido, nós usaríamos a obra artística como uma maneira de colocar na fileira C da Grade de Bion conceitos ou teorias psicanalíticas com aquela extensão no campo do mito que dá sabor e espessura.

O filme *Bin-Jip 3 – Iron* parece-me que serve muito bem para descrever a transição de formas autistoides para o emergir de emoções e, em seguida, para a capacidade de vivê-las plenamente, quando as partes antes cindidas são introjetadas.

Lembro-me que quando fui convidado para apresentar o filme aconteceu um pequeno acidente. Quem ia projetar o filme errou de pelicula e projetou por alguns minutos as primeiras sequências que, em seguida, desculpando-se, disse pertencerem a *Jornada da Alma,* no qual aparecia Luca Zingaretti (que para qualquer italiano está ligado à figura sanguinária do Comissário Montalbano, personagem dos livros de Andrea Camilleri, levados para as telas por Zingaretti). Este incidente foi para mim a chave de leitura de todo o filme, que precisamente servia para contar o longo caminho da desafetivização em direção à reapropriação da alma, da capacidade de sentir, de se comunicar, de viver as emoções.

O protagonista de *Bin-Jip 3 – Iron* vive sozinho, em lugares mudos de presenças, atendimento, em uma situação autistoide até o encontro com a garota, mas não no sentido de que a garota antes não existisse, simplesmente não estava lá para ele. Era, portanto, surdo e cego para o envolvimento emocional, ainda que mínimo.

À medida que a análise (desculpem, o filme!) avança, desenvolve-se uma relação na qual se percebe o outro, com o qual se pode gradualmente compartilhar e se comunicar em níveis mais intensos.

Acontece um *casting* de personagens que exprimem funcionamentos e aspectos inicialmente silentes, cindidos ou excluídos. Da menina descobre-se que é abusada por alguém que é chamado de "o marido", isto é, hiperconteúdos emocionais para os quais não corresponde uma capacidade de continência adequada. Depois, há uma espécie de micro-odisseia: nela encontramos o boxeador, o confronto com o marido, a situação sem saída – a prisão (verdadeiro claustro no qual se fecha quando estados protoemocionais chegam com violência) – até um pleno envolvimento relacional dos dois protagonistas (funcionamentos antes cindidos), o beijo, a intimidade e o sexo.

Mas há uma comunicação sem palavras, um comunicar com as bolinhas de golf que são disparadas como projéteis (qual melhor metáfora para as identificações projetivas? Ou para as telas beta que são evacuadas no outro para obter uma resposta emocional?), que necessitam ser absorvidos, que ferem; nesse meio tempo, as coisas vão sendo constantemente reparadas: a balança (a medida do peso de coisas), o revolver (a capacidade de projetar), o tocadiscos (a musicalidade das palavras), o relógio (o tempo). Sozinha, a garota começa então a realizar as atividades que eram feitas pelo personagem principal, por exemplo, lavar, limpar. O moço-protagonista e a sua capacidade de presença, acolhimento, proteção tornam-se uma enzima que é introjetada pela garota, que a essa altura pode sair de uma situação muda, de mutismo afetivo, de uma situação na qual ela era abusada por suas próprias emoções violentas (a sua parte psicótica?) e será capaz com a nova função introjetada dizer "eu te amo" precisamente para aquela realidade (o marido), pela qual antes era abusada.

Isto, *para mim*, é a história do que acontece dentro de uma sala de análise com um paciente que tem emoções mudas pelas quais é abusado, e que através da troca emocional, do vínculo, da relação com seu analista pode dar voz e espessura às suas emoções, desta forma amando-as. São descritos momentos muito intensos da análise, a violência, o impasse, a identificação projetiva, o pré-verbal e, especialmente, como somente o acesso ao sonho nos permite de nos aproximar da realidade sem traumas.

Naturalmente, existem diferentes maneiras de pensar a análise:

- Reconstrução de experiências infantis recalcadas;
- Luta contra o instinto de morte;
- Cozinhar junto com alguém os próprios ingredientes emocionais crus (sonhar sonhos não sonhados, como diria Ogden), alguém que às vezes também empresta as panelas e no começo o fogo, e depois introjetar o método.

Eu encontro referência e me reconheço neste terceiro modelo.

Bin-Jip 3 – Iron serve para representar a violência das emoções que não têm acesso à palavra e o sucessivo acesso à alfabetização das emoções, que transforma a maneira como percebemos o mundo.

Alguns casos clínicos apresentados seguem o mesmo tipo de percurso: um estado mental que se arrasta de uma situação autistoide para uma situação oniroide, para um espaço de jogo, em relação ao qual não nos colocamos muitas perguntas, mas aceitamos jogar o jogo da vida e a mesma realidade que nos perseguia pode ser amada.

Os desenhos de Federico Fellini: desenhar sonhos, sonhar desenhos[4]

Várias vezes já falei que me considero um analista minimalista, isto é, tenho uma visão minimalista da psicanálise que creio possível somente no interior de um *setting* (as regras que permitem o fluir entre um analista vivo e um paciente igualmente vivo).

Diante do texto e das figuras do *Livro dos Sonhos* de Federico Fellini, porém, senti que eu podia "participar do jogo" porque não se tratava de interpretar os sonhos que, fora do contexto, podem ter todas as interpretações possíveis (como o sorriso da Monna Lisa!), mas de considerar a interpretação que o próprio Fellini dava ao sonho através do desenho que deles fazia: isto é, o desenho era a chave interpretativa autêntica do sonho. Em linguagem técnica, poderia dizer que o desenho era o derivado gráfico do sonho de vigília operante sobre o sonho da noite (Ferro, 2007).

Gostaria de fazer uma breve digressão teórica que sirva de linguagem compartilhada. Há um nexo muito forte entre emoções (ou estados protoemocionais), formação de imagens e narrações. A forma como a sensorialidade e os estados protoemocionais são

---

4   As reproduções das páginas de Federico Fellini colocadas neste parágrafo foram extraídas de *O livro dos sonhos*, Rizzoli, Milano 2008, gentilmente cedidas pela Fundação Federico Fellini.

transformados em imagens, tanto conscientes quanto inconscientes, é um dos pontos-chave da psicanálise atual (Grotstein, 2007).

Algum tempo atrás, tendo que fazer uma viagem aos EUA, eu estava muito angustiado porque eu deveria tomar um trem (é sabido, eu me dizia, os aeroportos são todos iguais, mas os trens, como se pega um trem nos Estados Unidos?). Telefonei então para uma querida amiga analista (todos já sabem que se trata de Anna Ferruta) que diante da minha acalorada pergunta e da ansiedade correspondente respondeu dizendo: "Um trem para Yuma". As minhas ansiedades cessaram imediatamente, a imagem feliz que me remetia aos filmes de faroeste, às raízes infantis dos meus medos, ao temor de assaltos em terras selvagens, me apaziguou completamente.

Quando posso, começo com este exemplo, pois toda conferência desperta em mim ansiedade, pois é mesmo uma viagem para Yuma, mas me dizer isto me apazigua e me mostra a realidade pacífica de uma experiência agradável.

Mas voltemos ao significado da minha fala: ansiedades, angústias, fragmentos não pensados de protoemoções, se transformados em uma imagem coerente em sintonia, determinam uma pacificação e um alívio emocional. Esta função transformadora em direção a uma imagem é chamada de atividade de *rêverie* a partir dos trabalhos de Bion. Portanto, a minha tarefa com um paciente é a de "sonhar" naquele momento o que ele me diz com as palavras ou com um estado emocional que me transmite.

Em psicanálise, a forma de olharmos para os sonhos mudou muito, de ser um momento privilegiado, a famosa "via régia para o Inconsciente", à concepção de toda a sessão como um sonho (Ferro et al., 2007; Civitarese, 2008; Ferro, 2009).

Mas também a forma de interpretar os sonhos mudou muito: de uma modalidade de decodificação de significados, que refizesse o processo inverso àquele feito pelo trabalho do sonho, a considerar o sonho como uma poesia da mente (e... "estamos como estão as folhas nas árvores no outono..." necessita de uma interpretação ou de uma ressonância emocional que permita entrar em contato com as emoções ligadas à caducidade?).

Ainda mais recentemente (Bion, 1962), o sonho é concebido como uma atividade contínua da mente, que opera também no estado de vigília (atividade que, de forma não consciente, transforma em pictogramas os nossos estímulos sensoriais e protoemocionais). Teríamos, portanto, uma espécie de *camaraman* sempre ao trabalho e depois, no sonho da noite, uma espécie de atividade de montagem de tudo sob a égide de um diretor.

Mas, nesse ponto, como proceder com alguns sonhos e especialmente com algumas imagens do livro. Eu diria justamente olhando para o livro, como se fosse meu hipotético paciente. Fazendo, portanto, não um percurso não simbólico que implique em uma operação de "decifração", mas um percurso intuitivamente emocional e construtivista.

Teríamos, como eu dizia, o texto do sonho e depois o desenho de Fellini, não considerado nem como ingênua reprodução do sonho, nem como associação ao sonho, mas como sonho feito sobre o próprio sonho, como eu dizia, para respeitar uma terminologia analítica, como um derivado gráfico do pensamento onírico de vigília às voltas com o sonho da noite.

Permitam-me ainda tomar a liberdade, tratando-se de sonho, de contar um sonho que tive em Rimini, no Grand Hotel, onde estava hospedado, por ocasião de um Simpósio que apresentava o livro de Fellini, inclusive através de uma intervenção minha: aquele que diante de um paciente (e, nesse ponto, considero o livro como tal) o denominaríamos um sonho de contratransferência. Eis o sonho: encontro a minha mãe gorda e com vestidos muito coloridos, alegre, de bom humor, e depois meu tio, magríssimo, vestido de preto, com algo lúgubre. Botero e Giacometti são os primeiros pensamentos que tenho no sonho. E já este me parece um dado para começar: a exuberância das emoções e seu extremo apagar-se, com todo o leque das figurações intermediárias.

Mas vamos por ordem, ainda que por questões de espaço, me limitarei somente a alguns sonhos/desenhos.

a) Penso que é oportuno sublinhar, como primeiro ponto, a extraordinária capacidade de contato que Fellini tem com suas próprias emoções. Desde o início Fellini nos mostra como ele sonha a si mesmo:

Como alguém que tem o coração na cabeça, isto é, destaca imediatamente uma forma de desenhar a sua cabeça (em forma de coração), a capacidade de figurar e de sentir as próprias emoções. Esta maneira de se representar a encontraremos ao longo de todo o livro.

b) É extraordinária a capacidade (ou a necessidade) de contato com a morte,

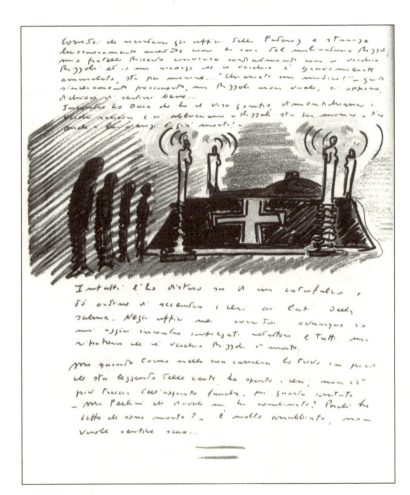

Com a caducidade...

– Eu não tenho mais muito tempo de vida, meu caro – me diz Giulietta tranquilamente – O que terei ao todo? Cinco ou seis anos como estou agora, depois mais três ou quatro de doenças, dez anos ao todo e boa noite.

Há também Lilly em algum lugar que, enquanto Giulietta fala, toma nota e concorda como para confirmar.

Contexto

De manhã, quando estou prestes a sair, Giulietta na cama me diz – Que sonho triste eu tive, Federico. Eu estava velha, tinha setenta anos, e eu sentia um grande desconforto porque a vida tinha passado e já não havia mais tempo de fazer nada, era tarde demais para tudo...

Ou com o desespero ligado à perda da criatividade.

Mas é interessante notar como às imagens depressivas, escuras, logo seguem, com função de reanimação antálgica, desenhos como o do cavernícola que recupera forças...

Ou aquele onde se vê como o "estrondo", o lupanar (o bordel) funcionam como defesas antálgicas.

A mesma função que pode ter a estupidez, onde vemos Giulietta com uma pata com um laço.

c) A capacidade e o terror de contato com o tempo/luto.

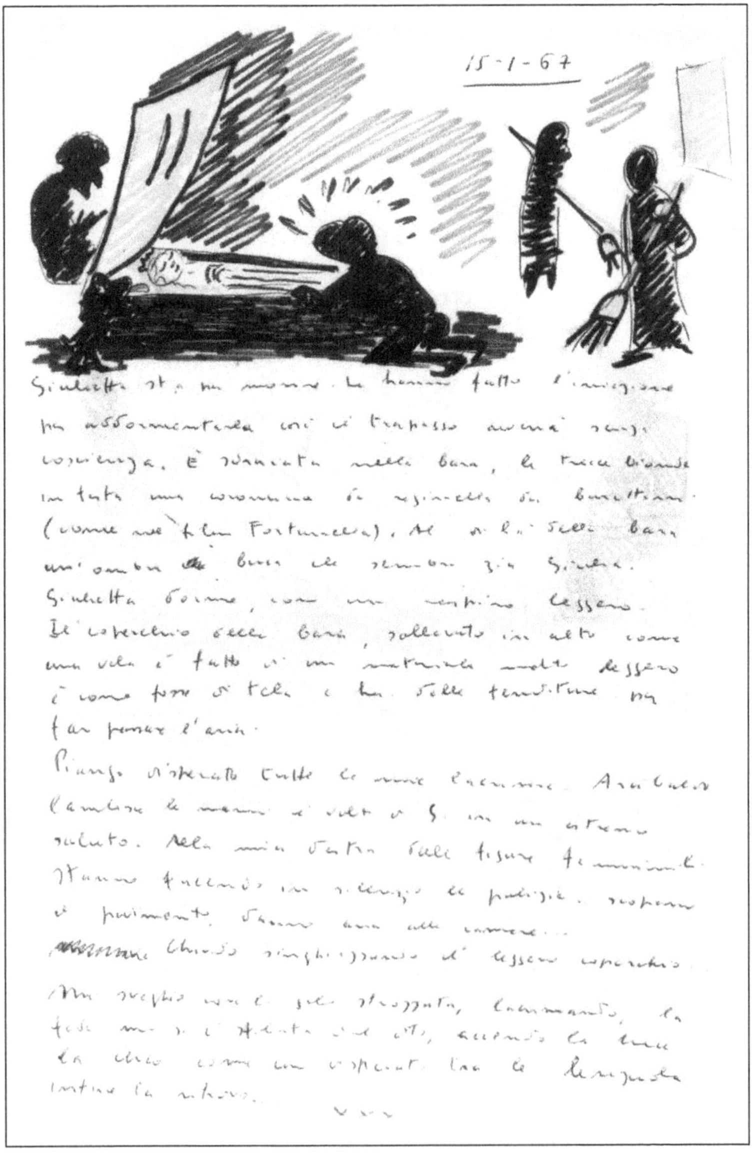
15-1-67

d) A exuberância emocional, a excitação, o gozo e às vezes o embotamento na estupidez: me parece terem duas raízes, uma mais claramente antálgica, do céu cheio de nuvens pretas à emoção brilhante e transbordante.

Ou o que eu denominaria a oscilação Botero ↔ Giacometti (e como não pensar no meu sonho que denominei de contra-transferência?).

A outra raiz conectada com a exuberante riqueza do mundo interno, como riquíssimas jazidas de petróleo.

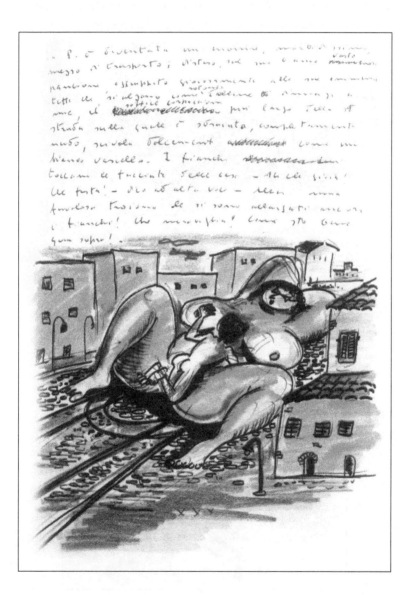

e) A amplitude do espectro emocional e da gama de emoções a serem vividas contemporaneamente ou em rápida sucessão, onde vemos emoções transbordantes como um rio em cheia (na parte superior), a difícil possibilidade de contenção emocional e a hipercotinência entre dois policias na parte inferior.

Este desenho dividido em duas partes – uma exuberante e a outra apagada, uma excitada, a outra depressiva – encontrado frequentemente, nos dá testemunho de como é próprio do gênio poder se permitir a coexistência de espectros emocionais tão amplos.

Encontramos depois que, após um sonho doloroso, depressivo, seguem-se sonhos de intensa explosão de energia vital, frequentemente com coexistência de personagens escuros, negros, tristes com personagens coloridíssimos.

O contato com o próprio estado mental e com a própria criatividade que vai desde a oclusão, o entupimento da evacuação impossível.

Deixo ao leitor a tarefa de ler os vários sonhos encontrando no desenho, como já disse, a chave interpretativa autêntica, como acontece também no belíssimo desenho no qual o risco de uma queda depressiva catastrófica é evitado pelo "louco" (*il pazzo*).

Chamou muito minha atenção saber que Fellini nunca colocava a palavra "fim" nos seus filmes, e ao longo de todo o texto vê-se o que despertava o contato com o tema do fim. Eu mesmo iniciei – quando expus este texto – dizendo "não tenho tempo", situando-me entre o desejo de não ter fim e a atemporalidade do funeral no início do filme *"Morangos Silvestres"* com o célebre sonho do relógio sem ponteiros. Poderia dizer que Federico Fellini acordou do verdadeiro mundo que mais nos diz respeito como espécie, isto é o mundo dos sonhos, com o despertar do fim.

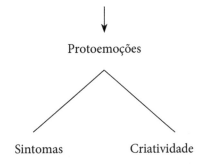

Este pequeno esquema resume como cada um de nós se aproxima ou evita o contato com sua realidade emocional última e incognoscível: os estados protoemocionais, que já são uma defesa necessária desse conhecimento, em parte os evitamos, em parte, se somos capazes, os transformamos em narrações, desenhos, criatividade, obras de arte, filmes.

Fellini consegue fazer sozinho o que eu descrevi como a forma de funcionar de uma análise. O livro todo pode ser visto como um modelo e um atlas do funcionamento criativo da mente, que oscila continuamente entre sonho, imagens, narrações.

Um trabalho que poderia ser feito – ou que talvez já foi feito – é o de encontrar os ganchos entre o que eu disse a respeito da capacidade de viver as emoções e quais filmes foram se tornando a expressão, o derivado dessas emoções. Isto é, os filmes que poderiam ser o derivado, uma espécie de atividade de *casting* que permitiu colocar em cena certos agregados de emoções.

No fundo o livro (e toda a obra de Fellini) se coloca como um genial sonho coletivo sobre a morte, a vida, o tempo, isto é, sobre a finitude, entre sua aceitação e o contraste, a rebelião, a ela.

Post Scriptum

Um filme que eu gostaria de mencionar brevemente é *Look Both Ways* de Sarah Watt, um filme australiano que teve um bom sucesso. Como sempre, não acho que seja possível fazer uma leitura psicanalítica, mas acho que ele também serve muito bem para expressar e tornar facilmente compartilháveis alguns conceitos psicanalíticos.

Um primeiro nível parece ser o do diretor, que de qualquer forma sugere que se olhe para os dois polos da existência, o que traz alegria e o que traz dor, portanto ambos os aspectos da existência. Do meu ponto de vista, presta-se para mostrar o bloqueio emocional e a proliferação de emoções vividas como algo perigoso. Depois, através da coprotagonista do filme, pode-se observar alguém que, em parte, é capaz de conter emoções e em parte faz sequências de *flashes* visuais em que evacua "pensamento onírico de vigília" que de qualquer forma foi produzido.

Outros casais poderiam remeter à capacidade de luto e à capacidade de dar à luz algo de novo. Outra sugestão poderia ser a de dar uma olhada no que acontece com uma mente (da qual os vários protagonistas poderiam ser os vários funcionamentos possíveis, os que prevalecem e os marginais) por ocasião do fim de semana, a partir do ponto de vista de dar voz a um possível funcionamento de um paciente, ver o que acontece com ele durante o fim de semana, quais os estados protoemocionais, quais emoções se acendem, como são evacuadas, administradas, metabolizadas.

Esqueci de dizer que todo o filme se desenrola justamente no espaço de um fim de semana, de sexta a domingo à noite.

Tudo começa com um acidente de trem, que é também o prelúdio do encontro dos dois principais protagonistas. Ele está esperando ter o diagnóstico de um possível câncer, ela perdeu os pais e através de uma atividade artística (é pintora) tenta dar forma às suas angústias; inútil dizer que os dois acabarão por ficar juntos, enquanto tantos outros casais no filme vivem diferentes situações, mas sempre fortes, no final de semana.

Uma maneira útil de expressão da diretora, foi ter apresentado com sequências de desenhos animados as fantasias catastróficas que antes a protagonista e, depois, o próprio protagonista fazem.

Post hoc ergo propter hoc, ou não?

No mesmo período de agosto, no meio das férias de verão, eu me vi por acaso lendo dois livros, o belíssimo *Matte Blanco. Uma introdução* de Carvalho e colaboradores (2010) e um livro de suspense muito envolvente, de James Patterson, creio que seja o autor de *thriller* mais vendido no mundo.

Não sei se por causa ou simplesmente depois de ler a *Introdução*, ao ler o meu *thriller* de verão surgiu um conjunto de observações que me levou a fazer a hipótese que a maior parte dos livros (pelo menos os de ficção) é uma espécie de queloide, de cicatriz exuberante das feridas da nossa mente coletiva e, fazendo referência aos fractais, cada um deles traz consigo algumas das perguntas e angústias sem resposta, que são a base do nosso mal-estar como espécie, e respostas muitas vezes absurdas, prejudiciais, semeadoras de dor e morte, que usamos como uma cura talvez pior do que a doença. Assim, no capítulo 12 encontramos a seguinte frase: "Não há nada que dê mais medo do que aquilo que não conseguimos entender". Esta frase, junto com as outras que irei mencionar, parece um subtexto que acompanha o leitor ao longo de todo o livro. Livro que vê como protagonista que personifica o mal, "o Lobo", um membro da máfia russa. Mas devemos dizer o mal ou talvez aquilo que é desconhecido por nós, aquilo que não sabemos e cuja cura são os sistemas ou as respostas totalizantes (ideologias, religiões, pensamento forte e saturado em todos as possíveis expressões exteriores)?

O que não compreendemos nos dá medo, eis que também em psicanálise criamos teorias tapa-buraco, onde Bion nos propõe a importância das "capacidades negativas", de saber esperar se e quando um significado ou um fragmento de significado fosse aparecer. Mas as certezas podem ser as de uma religião ou mesmo aquela forma de pensamento que algumas pessoas têm, que em seguida se torna cheio de fascínio para os outros que se iludem de ter encontrado uma resposta: podemos ver isso na loucura do fascismo ou do nazismo e em todas as formas "diluídas" com as quais tende a se apresentar nos nossos dias. Ou nas religiões assertivas, aquelas que definem claramente os limites entre ortodoxo e heterodoxo, entre Verdadeiro e Falso.

No capítulo seguinte, o 13, encontramos "onde foi detonada a bomba, edifícios e veículos [...] tinham sido como vaporizados

[...] refleti perplexo sobre o fato de que só o homem é capaz de fazer uma coisa dessas. E que só o homem consegue desejar uma coisa dessas". E não há do que se orgulhar da nossa espécie, uma espécie que, provavelmente, é uma variante da evolução destinada a sair tragicamente de cena devido ao acúmulo de sensorialidade não metabolizada que chamamos de destrutividade. Esta última, já no *thriller* a que me refiro, é vista como um antídoto para o terror do que não sabemos. Como outras vezes escrevi (Ferro, 2002c, 2006c) a nossa é uma espécie em excesso de sensorialidade, de elementos beta sem que tenhamos os instrumentos suficientemente desenvolvidos (o *"dreaming ensemble"* de Grotstein, 2007) que saibam ou possam metabolizá-los. São estes aglomerados de elementos beta que periodicamente são evacuados em ações loucas (guerras, destruições) ou aprisionados em sistemas totalizantes e delirantes.

Sempre o mesmo livro que – repito – não é um livro de filosofia, de antropologia ou de sociologia, mas um *thriller* de grande circulação, no capítulo 19 diz: "A guerra contra o mal nunca termina [...] Como dizia o General Patton no campo de batalha: "Que Deus me perdoe, gosto de um tumulto". Mas o que é o mal a essa altura? É a angústia sem nome, é o não saber; e nós gostamos da guerra, da tortura, da destruição porque, ainda que apenas por breves momentos, dão falsas respostas: dão um nome e um rosto ao Lobo!

E no capítulo 25 é dito: "Para o Lobo [...] o seu calcanhar de Aquiles [...] e a sua paranoia [eram] a certeza de ser destinado a uma morte prematura..." e cada um de nós o é. A nossa morte na fantasia nos parece de qualquer forma prematura em relação às nossas expectativas. Não apenas "o não saber" mas também "o saber sobre uma certeza de algo que não compreendemos", justamente a morte. E "[...] e na hora de nossa morte", diz uma das orações mais recitadas pelo Catolicismo: a língua bate onde o dente dói.

Eis nossos dois males: o não saber e a nossa morte. Como espécie não somos – por otimismo poderia acrescentar *ainda* (na esperança de um ulterior salto quântico de nossas ferramentas para pensar) – equipados para metabolizar, alfabetizar, dar figurabilidade a essas realidades que geram sensorialidade e protoemoções só possíveis de serem evacuadas ou impossíveis de serem contidas (?), como eu dizia.

No capítulo 42 o protagonista afirma: "Hoje em dia não me espanto mais com nada. Até acredito no Lobo Mau", e é o que as crianças fazem ou que nós ensinamos as crianças a fazer: basta pensar na fábula do Chapeuzinho Vermelho, na qual o Lobo Mau devora a vovó e depois a própria Chapeuzinho Vermelho.

Qualquer resposta, mesmo absurda, ainda é melhor do que não saber e do saber da nossa morte: no fundo é este o significado da coluna 2 da Grade – tornar pensável e depois pegar com pegadores de panela uma Realidade Última que queima e da qual é impossível se aproximar. "Graus diferentes e toleráveis de mentira" poderiam ser uma nova matéria de ensino na escola: mas prefere--se a arrogância, o consumismo, o berlusconismo no lugar do mais trabalhoso "pensar".

O mesmo livro também diz no capítulo 80: "[…] ninguém compreende realmente que não é imortal e o que significa morrer enquanto não for a sua vez".

Agora interrompo estas considerações de verão e volto a ler o meu livro de ação, usufruindo dos cenários visuais, que é capaz de evocar batimento cardíaco acelerado que provoca quando o protagonista corre atrás do Lobo, não sem recordar que no meu primeiro sonho como jovem paciente em analise, a primeira figura foi a de um terrível lobo de óculos atrás de mim que…

120 OLHANDO AO REDOR E INDO AO CINEMA

Um exercício útil para as férias poderia ser o de ver se em qualquer livro de ficção, o autor não acaba por exorcizar seus próprios fantasmas e se não acaba por exorcizar, ou pelo menos aliviar, os do leitor. Nesse sentido, todas as formas de criatividade e arte iriam na direção de uma melhora de *tools for dreaming* da nossa espécie.

Quando estou prestes a fechar o computador, me dizendo que hoje eu mereci um pouco de descanso, vem à minha mente uma lembrança da infância: as longas tardes nas quais meu pai, um cirurgião do exército (durante certo período), jogava cartas três vezes por semana com amigos generais e coronéis. Era uma guerra do *bridge*, onde eles se sentiam como em um campo de batalha – brados, exclamações, gritos, mas de qualquer forma era um jogo. Quando criança eu corria para abrir a porta quando os jogadores chegavam, por volta das 17h00, orgulhoso de anunciá-los em voz alta: o general Chinnici, o coronel Coniglio,[5] o major Rizzo, o engenheiro Fileti, e eu sabia que logo o campo de jogo iria se animar.

No fundo, a análise não é muito diferente: generais, coronéis, coelhos, lobos entram em cena e aguardam para dar vida a cenários que podem dar algum sentido compartilhado; muitas vezes erramos em jogar a carta certa, em fazer a ponte certa, o importante é que nos apaixonemos pelo jogo e que tentemos colocar a carta certa na hora certa. Se o fizermos com paixão, o nosso companheiro de jogo nos perdoa, mesmo as entradas em cena mais absurdas, e encontra uma maneira de continuar o jogo, ajustando-o o melhor possível, mesmo com os gritos da assim chamada transferência negativa, que é apenas a ira do coronel Coniglio quando aprontamos ao lançar a "semente" errada, e especialmente quando insistimos em fazê-lo.

---

5 Coniglio em italiano significa Coelho [N. T.].

Em minha opinião, é um milagre que a psicanálise tenha sobrevivido a determinadas leituras sobreinterpretativas que propunha, incapaz de captar o frescor e o imediatismo de uma comunicação. Creio que isto corresponde ao fato de que "conta-me uma história" e "ouça-me" são duas fontes de bem-estar inesgotáveis.

Como se sabe, o Homem dos Lobos (Freud, 1914) Grûsa, ajoelhado no chão, tinha uma pequena vassoura feita de gravetos amarrados e gozava da criança. O paciente havia demonstrado interesse por Giovanni Huss queimado na fogueira. O paciente liga o feixe de gravetos à fogueira. Depois Freud acrescenta que Huss era muitas vezes o herói das crianças que sofreram de enurese (como ele próprio quando criança); eis a "lógica" interpretação de Freud: olhando Grûsa a criança tinha se excitado e feito xixi, depois foi ridicularizada. Grûsa na sua posição tinha lembrado a posição da mãe no coito, e ela se comportou depois como seu pai, que segundo o paciente tinha emitido urina (não ejaculado).

Mas por que não pensar simplesmente que o paciente temia que Grûsa-Freud, agachada com o feixe aceso, o queimasse e por isso fazia xixi nas calças? Isto é, que o paciente se sentia em parte seduzido e em parte assustado com o que Freud dizia, e não sendo capaz de conter essas emoções fazia xixi nas calças, ou seja, era incontinente, a mesma incontinência de Freud em dar explicações precoces que assim pareciam mais evacuações do que palavras fertilizantes. Eis o que acontece quando nos prendemos a teorias (mesmo aquelas que acabamos de formular) em vez de ouvir de forma livre o que o paciente nos diz. Depois, outra questão é o que lhe responder.

Enquanto isso, seria útil que o analista (qualquer analista!) se lembrasse quão frequentemente sofre de enurese interpretativa.

4. Elogio da interrupção e da aparente estupidez

A *interrupção*

Penso que há muitas formas e muitas causas de interrupção. Geralmente a interrupção, e agora me refiro à interrupção da análise, é muito temida e vista de uma forma negativa, ou pelo menos como sinal de fracasso, de uma deficiência do paciente, do analista, da dupla analítica. Estando cada vez mais interessado no que não sabemos, no lugar de reiterar o que já sabemos, gostaria de tentar destacar o que há de positivo na interrupção. No meu trabalho como analista, tive um número muito baixo de interrupções, considerando que tratei com mais frequência de pacientes graves, em vez de pacientes neuróticos.

Antes de falar de reais interrupções, gostaria de mencionar a possibilidade de que análises finalizadas mascarem uma interrupção.

A embriaguez da formação

Um paciente em análise didática combina com seu analista o término da sua análise. Aliás, para dizer a verdade, é o analista que sugere que a análise pode ser já considerada concluída, após um sonho no qual o paciente via, de um barco, o mar claro e transparente e muitas espécies de peixes que nadavam em diferentes profundidades, reconhecendo muitos deles.

Depois de alguns dias, o paciente conta que comprou quatro puxadores em estilo *liberty*, em uma loja a poucos quarteirões do consultório do analista, por um preço considerável, e que pensou em construir um "cabide", usando os quatro preciosos puxadores. Então ele continua dizendo que a gerente da loja o procurou – através do banco no qual o cheque foi emitido – dizendo que ela havia se enganado, que o preço dos puxadores era dez vezes maior do que ele havia pago e pedia para que ele os devolvesse, caso contrário ela iria perder muito dinheiro. O paciente continua seu relato dizendo que, então, ele tinha devolvido os puxadores, e a gerente havia lhe dado de presente uma garrafa de uísque de marca.

Pouco tempo depois, a análise termina com o que o paciente sente como uma embriaguez: o acesso à formação. Nem o analista nem o paciente percebem quanto a comunicação da devolução dos "quatro puxadores/quatro sessões", na verdade, acontecesse antes de que a "função cabide" tivesse sido concluída e mais por uma necessidade do analista, para quem continuar a análise – em virtude de outros compromissos já assumidos – teria um alto custo.

É evidente que esta interrupção da análise foi de fato uma interrupção feita em boa fé – atuada por parte do analista, que não foi suficientemente capaz de ouvir os ruídos do campo e suas imagens.

O paciente foi "abusado" pela decisão do analista. Depois, terá necessidade de sucessivos períodos de análise para realizar um processo de conclusão, passando através de situações de grande perseguição e perda.

O quadro com as rosas

Outro paciente, que tinha sido acompanhado com relativo sucesso em uma psicoterapia *vis-à-vis,* que tinha lhe permitido uma suficiente integração e a aquisição de relativa capacidade para o trabalho, concorda com seu psicoterapeuta, que nesse meio tempo havia se tornado analista, a passagem para o divã e para quatro sessões. Após a primeira sessão de análise, relata um sonho no qual ele estava aterrorizado pelos chutes violentíssimos de um atacante extremamente forte. Durante várias semanas, traz sonhos de empreitadas impossíveis e em uma segunda-feira anuncia que quer interromper a análise, trazendo como presente um quadro no qual estão retratadas quatro rosas com muitos espinhos.

É evidente que, para este paciente, a análise era uma empreitada muito difícil e superior às suas forças. O analista, com sensibilidade, concorda em retomar a condição psicoterapêutica anterior.

A integração impossível

Marina realiza uma boa análise que lhe permite introjetar uma boa função analítica, testemunhada inclusive por uma série de sonhos. No entanto, Marina decide interromper a análise quando o campo, ao se expandir, inclui também a entrada do personagem da "prima psicótica".

Esta é descrita como aprisionada no porão de um antigo hospital psiquiátrico, presa com correntes e uivando. Naquele tempo, eu interpretava tudo e imediatamente na transferência, e depois da minha desajeitada aproximação de sua parte cindida, <u>ela</u> começou a me dizer que a partir de um determinado período, frequentemente se queimava passando roupa (com o ferro!) e que estava pensando em não passar mais.

A integração deste aspecto torna-se tão dolorosa que a paciente decide interromper/terminar.

O departamento de solventes de Luisa

Luisa, depois de uma psicoterapia, aceita a ideia de uma análise. A análise torna-se cada vez mais aquecida, até que o analista se encontra na dificuldade de enfrentar uma transferência erótica extremamente violenta que, na verdade, mascara uma dor e uma depressão que não podem ser elaborados.

A paciente, após uma internação, conta ter estado no departamento de "solventes" (e, portanto, o risco de explosão tinha sido realmente intenso!).

Em outro texto (Ferro, 2007), falei dos fins atípicos de algumas análises com pacientes que não sabem como terminar ou nas quais analista e paciente não conseguem encontrar outras maneiras de terminar.

Sabe-se que a interrupção é uma atuação em relação à angústia de uma análise interminável, isto é, como o paciente teme que um vínculo possa ser rompido, mas não desligado, porque o desligamento implicaria em uma dor intolerável.

A vacina e a aviária

Martino fez uma longa análise que lhe permitiu recorrer cada vez menos a mecanismos excitatórios com função antidepressiva. Aos poucos, foram saindo de cena os esportes radicais que praticava, tornam-se uma remota lembrança as noites passadas nos jogos de azar, assim como a promiscuidade sexual que ele havia usado como uma manobra antidepressiva. Ele consegue criar uma família, iniciar uma pequena, mas funcional, empresa farmacêutica (de vacinas!) e depois começa a contar – agora tem três filhos – uma série de abortos sofridos pela sua esposa. O analista não entende como o aborto aflora como a única possibilidade para o paciente conseguir interromper um vínculo extremamente importante para ele, e Martino, que tinha conseguido conter seu núcleo depressivo, sem ter que fazer uso de mecanismos excitatórios, e que tinha desenvolvido bem os aspectos criativos dos quais era dotado, realiza uma fuga maníaca investindo o capital que dispunha na vacina contra a temida gripe aviária; fica completamente descoberto economicamente, além de uma atividade frenética no mundo todo para os contatos necessários com as outras empresas produtoras da vacina.

Fica claro ao analista o quanto, para Martino, terminar a análise significa o risco de uma doença mortal e de como a interrupção seja a única vacina possível, mas é claro que Martino faz questão de reduzir drasticamente o tempo combinado e não aparece na última semana de análise, deixando esta verdade emocional indizível em depósito junto ao analista.

O tsunami de Lara

Lara havia sido adotada por um casal que tinha sido capaz de cuidar de todos os problemas que a menina apresentava logo ao sair do orfanato. Sabia-se que tinha sofrido uma série de abusos, inclusive sexuais, no país em que nascera e onde havia uma guerra endêmica. Ela faz uma boa análise que lhe permite integrar vários aspectos de si, análise esta que, no entanto, é interrompida assim que se abre a caixa de Pandora dos abusos. Assim que as forças do campo fazem – como costumo dizer – o "*casting*" da "personagem--abuso" a análise torna-se um tsunami contínuo.

Qualquer coisa que o analista faça, um cancelamento de sessão, uma interpretação que Lara sente não corresponder, uma resposta ao interfone que tocava sem parar, a descoberta de que uma conhecida estava em análise com o mesmo analista, a tomada de consciência de que o analista era pago "pelo trabalho que fazia", levam-na a ver o analista cada vez mais como alguém que a decepciona, a trai, usa de violência para com ela.

Também neste caso, o abuso, a violência, corresponde a qualquer coisa que o analista faça e que ative nela suas emoções, tão violentas que se sente (ou é) abusada. Qualquer emoção desencadeada pelo analista – qualquer que seja seu comportamento, qualquer coisa que faça ou diga – se apresenta como um furacão emocional que, na ausência de uma *revêrie* suficientemente introjetada, volta-se para ela fazendo-a viver a situação de uma Nova Orleans abusada pelo furacão Katrina, com a ideia de que o analista é o Senhor dos ventos.

Algumas dessas histórias são minhas, outras pertencem a colegas que generosamente as relataram para mim solicitando o anonimato. Mas o que eu acho importante ressaltar é que não pode/deve haver um furor terapêutico com a ideia de uma sacralidade do final da análise. Cada análise pode chegar até onde é possível e tolerável que chegue. Não é que chegar ao final santifique uma análise que, senão, permanece inacabada e pecaminosa.

A interrupção corresponde a um mecanismo semelhante ao do "disjuntor" no sistema elétrico, quando o excesso de tensão corre o risco de fazer explodir o sistema, o disjuntor é ativado, interrompendo o circuito, deixando o campo no escuro.

Outro ponto de vista poderia ser o do direito à eutanásia ou ao aborto da análise, no sentido de que quando a dor torna-se não gerenciável ou intolerável não vejo razão para não considerar a interrupção o mal menor nessa situação. Situação que é, no entanto, uma onerosa (e porque não honrosa) saída de situações emocionais não toleráveis.

Não é incomum que a interrupção aconteça por uma atuação do analista, e isso muitas vezes torna-se o lugar de fratura do campo que, numa outra linguagem, acaba sendo o ator de *enactements* codeterminados com o paciente; também é verdade que, às vezes, o analista não encontra a chave e o eixo interpretativo mais adequado com "aquele" paciente e que um analista brilhante pode ser intolerável para um determinado tipo de paciente, ou, talvez, um paciente extremamente narcisista pode fazer melhor análise com um analista, talvez menos estimulante, mas mais " doméstico".

Por outro lado, muitas vezes os pacientes nos pedem para ser como "Madame Xixí", isto é, aquela senhora que fica nos banheiros públicos, à qual se dá a gorjeta após usar o toalete – ou depois de usar os quatro banheiros, como no sonho de um paciente que não tolerava qualquer metáfora alimentar porque não podia admitir nenhuma forma de dependência e tolerava apenas empregadas domésticas, passadeiras (Ferro!), no máximo *baby sitter*, mas apenas por tempo limitado e sem contrato.

Pacientes com essas temáticas de impossível reconhecimento de um vínculo (ainda que profundo), por vezes reativam, em fase de término, as mesmas turbulências do início da análise, fomentando um problema totalmente marginal, para "gerar confusão" e assim esconder do analista e de si mesmo a verdadeira razão da interrupção, isto é, a hipersensibilidade à dor em relação a uma pessoa que foi amada muito, demais, mas da qual não podemos nos separar com gratidão e dor, e sim usando como propulsor para tirar da órbita da análise raiva, ressentimento, acusações e desprezo. E por que não?

Considero importantes as observações de Oliva (2010) em relação às análises em dois tempos, isto é, aquelas análises que necessitam de um fim/suspensão e de uma retomada. Escreve Oliva: "Num certo ponto da análise pode acontecer que o paciente não considere oportuno enfrentar o alto mar [...] por medo de uma dor excessiva [...] e peça ao analista para ser levado de volta para a praia", satisfeito pelo trabalho feito e à espera de, possivelmente, continuar a viagem posteriormente.

Um triste olhar para o passado

Encontro-me agora com um sentimento de inadequação, um pouco de dor e um pouco de nostalgia pelos anos passados, ao olhar um caso meu de interrupção de muito tempo atrás; vejo uma velha linguagem, uma velha maneira de fazer com que as coisas se encaixassem, sem ter captado que o ponto central que aterrorizava a paciente era exatamente o medo de afundar na depressão. Eu tinha deixado me distrair por todos os mecanismos de defesa excitatórios, perdendo de vista o quanto era absolutamente necessário colocar em campo uma função-salva-vidas que salvasse Loredana do terror de afundar nos redemoinhos depressivos. Mas voltemos a ver essa sequência como a transcrevi na época.

Loredana é de família pequeno-burguesa, a mãe tem uma atividade comercial bem encaminhada, o pai, funcionário dos correios, parece não ter qualquer significado no funcionamento da família. Formou-se em filosofia sem dificuldade.

É uma moça de uma beleza extraordinária, com uma gravíssima agorafobia que a impede de sair sem estar acompanhada, na maioria das vezes pela mãe, como uma menina pequena ou, mudando completamente de registro, por homens que, por razões variadas, frequentam a sua casa – homens aos quais se entrega a orgias eróticas e que já a viram, inclusive, se prostituir de forma degradante.

Há alguns anos tem um namorado libanês, extremamente ciumento, com quem vive uma espécie de frenesi erótico no limite do inverossímil, tendo relações sexuais nos lugares mais arriscados e excitantes; ao mesmo tempo tem uma "relação sexual casta" com um homem impotente, mas luxurioso; a isso se acrescentam as aventuras ocasionais, das quais não é fácil entender qual o grau de mitomania.

Fez uma psicoterapia que terminou com uma relação sexual com o terapeuta, enquanto sua mãe a aguardava na sala de espera.

É uma relação difícil de lidar, pela contínua excitação que Loredana traz para a sessão e por todas as estratégias que atua (incluindo várias faltas à sessão "por causa da neblina") para não ouvir e, basicamente, para dizer pouco sobre si mesma; no entanto, começa a esboçar uma relação de dependência: o intervalo entre uma sessão e outra, é sonhado como um longo percurso em um elevador, o fim de semana como o estar pendurado por um fio, em um longo teleférico, num clima frio.

132 ELOGIO DA INTERRUPÇÃO E DA APARENTE ESTUPIDEZ

A sua forma excitada e perversa pode se manifestar, dentro da análise, como diferentes modalidades de sentir o vínculo comigo: sente-me ora impotente diante de seus relatos, ora excitante ao se sentir tocada pelas interpretações de transferência. Parece uma menina que viveu o relacionamento com uma mãe mentalmente ausente, mas que extraía das suas manipulações uma excitação e uma contenção pela erotização da superfície corpórea.

O ciúme é, para Loredana, um sentimento terrível e insuportável (e ela encontra formas de fazê-lo viver nos seus parceiros). Sentimento que consigo trazer para dentro da análise após o relato da paciente sobre as atividades de agente secreto do namorado, de quem ela suspeitava que estivesse envolvido no massacre da família de um rico banqueiro judeu, aproveitando sua ausência durante o fim de semana: posso interpretar que é o que ela faz comigo – o que com esforço conseguimos construir nas sessões é literalmente feito em pedaços nos intervalos entre as sessões e durante as ausências: é uma fúria assassina que destrói tudo. Após esta interpretação, assume o ar da menina atônita e inocente. Tocar seus sentimentos começa a movimentar grandes ansiedades persecutórias, que estavam muradas atrás da cortina da excitação: o novo médico – me conta – é impopular junto às autoridades locais, obstaculizado, denegrido de todas as formas. As autoridades da sua região estão vinculadas a pactos de interesse, de poder de caráter mafioso, e "têm como objetivo final deixar a situação na região inalterada e sob controle". Naturalmente posso interpretar isso como o *establishment* que detém o poder dentro dela e que se sente ameaçado pela análise.

Parece que algumas frestas se abrem, mas justamente quando o trabalho feito na gang interna da paciente parece dar vida (e deixá-la viva durante as separações) a sentimentos novos (nova forma de pensar em si mesma que "muda de cabeça", como assinala mudando completamente de penteado; nova forma em relação a mim, quando se preocupa que eu cumpra o pacto de ajudá-la, e ao namorado – eu na transferência – parte de si mesma, agora apreciado, e reconhecido como não mais conivente com os serviços secretos, mas apreciado médico que aprendeu a linguagem da análise) o seu pai morre. Este fato irrompe dentro da análise com o aparecer na sessão, pouco tempo depois, da mãe no lugar da filha, comunicando que "a análise custa muito caro" e que "não vai mais acompanhar Loredana até Pavia para as sessões". Ao meu pedido de um tempo para poder conversar também com Loredana, responde com um telefonema no qual afirma que "não há interesse em que Loredana se cure, porque se ela for declarada invalida terá uma série de benefícios econômicos e uma pensão". Assim Loredana desaparece naquela névoa da qual havia tentado emergir.

Naturalmente, após esta interrupção, muitas foram as perguntas que eu me fiz, mas eu não fui capaz de dar uma única e satisfatória resposta para as minhas perguntas sobre como e por que Loredana interrompeu. Eis o que eu me disse:

1. Não ter sido capaz de dar uma resposta eficaz em relação à morte do pai, seja do ponto de vista da realidade externa da nova organização familiar muito perturbada no nível do funcionamento emocional "menos custoso", quanto, dentro da análise, como fantasma de assassinato do pai-analista por parte das forças contrárias à mudança. E, também, de não ter trabalhado o suficiente com a paciente a questão da perversão e da interrupção da relação terapêutica anterior.

2. Também do ponto de vista técnico, eu me critiquei: talvez uma excessiva atenção com Loredana à micrometria das sessões sem igual atenção à explicitação das linhas em movimento da análise e do que estas linhas gradualmente implicavam (também em

termos de contra-ataque e inveja assassina). Agora, reconheço que a paciente havia me avisado disso, falando de um professor de filologia, muito atento às diferentes passagens, mas pouco ao conjunto da obra, mas eu não fui capaz de extrair preciosas informações da comunicação da paciente: eu me limitei a interpretar sem, depois, trabalhar isso dentro de mim.

3. Outro ponto em que eu me disse de não ter trabalhado suficientemente, se referia ao problema "névoa na rua" que, muitas vezes, como já disse, tinha feito com que pulássemos sessões: eu tinha trabalhado com o medo da névoa, como medo de não ver, da falta de clareza, do se perder, mas pouco "sobre a necessidade da névoa" para não ver; não ver algo que seria doloroso de ser visto estando melhor; névoa procurada com todas as excitações masturbatórias às quais Loredana recorria para evitar o sofrimento mental de uma "análise que custa muito caro" (em termos emocionais). Portanto, não ter valorizado a "mudança catastrófica" e a dor do salto de um mundo feito de sensações, excitações, descarga, exaltação etc., para um mundo de sentimentos, emoções, responsabilidade. Talvez tenha sido justamente na dobradiça entre os dois mundos que a análise foi interrompida.

4. Além disso, talvez, ter forçado muito a paciente, estando ela ainda no início da análise, não respeitando suficientemente as cisões, as "personalizações antálgicas" das quais talvez ela necessitasse. E portanto ter, indiretamente, pedido à paciente para "se separar daquilo que estava dizendo e pensar sobre isso para entender seu significado", mas o significado para ela ainda era o concreto que me contava e não estava interessada em outras coisas, aliás, talvez me sentisse no meu pedido muito distante, e " sentiu-se sozinha e abandonada porque *eu não estava <u>ali</u> onde ela estava*." Como me disse Loredana após uma interpretação que senti como adequada, mas que, evidentemente, não tinha sido.

Naturalmente, hoje eu pensaria tudo muito diferentemente e trabalharia de forma completamente diferente (e me parece até mesmo pleonástico dizer como), mas também é verdade que o que Ogden sugere em seu *"On talking as dreaming"*, pressupõe uma longa experiência, e eu estou falando da minha terceira análise em absoluto.

Eu me consolo pensando que Chianese (1997) nos lembra que Maryse Choisy fugiu do consultório de Freud após apenas três sessões, em seguida a uma reconstrução selvagem de Freud que "jogava na cara dela" o segredo de seu nascimento ilegítimo. Naturalmente, o fato de que era verdade (como foi descoberto mais tarde) não acrescenta nem tira nada, no fundo estamos fora daquele espaço intermediário, daquela *tiercéité* (Green, 1989), daquele campo analítico fora do qual não temos fortes conhecimentos.

Collovà (2007) nos lembra que uma análise deve ser sustentável, e isto também se aplica à análise de Dora, que a interrompeu quando se tornou "insustentável". Obviamente que a sustentabilidade é um conceito relativo, e em oscilação com o da capacidade de pôr-se à prova (Ferro, 1996). Gostaria de acrescentar algo que pode soar desrespeitoso em relação ao primeiro sonho de Dora. Talvez Dora só quisesse dizer que estava tomada por um incêndio emocional, que era verdade que havia algumas coisas que ela sentia preciosas no trabalho analítico feito (as joias a serem salvas), mas, para citar um provérbio siciliano, "Fuiri è briogna ma è sarbamentoi vita" (Fugir é vergonha, mas salva a vida). Portanto, já preanunciava que seu próprio caminho de salvação era a suspensão do trabalho analítico através da fuga. No fundo, talvez, tivesse razão: fugindo, salvou-se de uma experiência emocionalmente intensa demais para ser vivida. E penso que Freud fosse também o incendiário, não consciente, que acendia na paciente emoções que a psicanálise, na época, ainda não possuía bombeiros e proteção civil suficiente para administrar.

Portanto, creio que um olhar para o que está cozinhando na panela é sempre útil e ajuda a ajustar o alimento analítico para fazer com que o paciente, nas palavras de Bion, tenha razões suficientes para voltar no dia seguinte (e não muito queimado!) como convém a qualquer bom restaurante (ou pelo menos suficientemente bom).

Sobre a estupidez aparente

Decidi tratar a estupidez neste mesmo capítulo, porque ela é um mecanismo de defesa salva-vidas que se baseia de alguma forma na interrupção da relação entre áreas de si mesmo e, consequentemente, com o outro. A minha tendência é, portanto, fazer o elogio de todos os mecanismos de defesa, porque, de forma tautológica, eu poderia dizer que, enquanto servem, eles são necessários! Não creio que devam ser, como muitas vezes acontece, criminalizados, visto que têm o valor de permitir uma sobrevivência psíquica tanto quanto possível. Naturalmente, quando não são mais necessários vão se dissolver como neve ao sol.

Ser bobo, poderíamos dizer a estupidez – mas seria menos preciso – é uma defesa muito forte e "bem-sucedida" em relação a aspectos primitivos da mente que não podem ser administrados de outra forma. Depois, uma combinação específica é a "bela e burra", que é um personagem que se tornou quase uma "máscara", como acontece na Itália com Polichinelo e Arlequim – uma espécie de protótipo. Ser "boba" é uma espécie de barreira intransponível entre estados protoemocionais não metabolizados, não digeridos, não transformados e outros aspectos da mente. Esta barreira é também, de certo ponto de vista, uma espécie de "segunda pele" no sentido de Bick (1968). Ser bobo protege de contatos com estados fragmentados, dilacerados, cheios de dor e fúrias inexprimíveis.

Na estupidez, a situação é mais como a de um abcesso cheio de pus que estruturou ao seu redor uma faixa de proteção. Muitas vezes, o ser "bobo" se conjuga com um narcisismo baseado na beleza, esta como um território, ou melhor, como um espaço extraterritorial, em relação às favelas da dor e do sofrimento inexprimíveis.

A caixa de Pandora de Stella

Stella é uma menina de 7 anos de idade, cujos pais desapareceram tragicamente em um acidente de carro. Ela tem um irmão mais velho e uma irmã mais nova.

Não foi dito nada sobre o acidente aos filhos: os avós simplesmente se mudaram para a casa onde as crianças vivem, como se nada tivesse acontecido, dizendo que os pais estão viajando. Todos sabem que é mentira, mas ninguém se atreve a dizê-lo: na casa o tempo parou como naqueles contos de fadas em que a bruxa má lança um feitiço, bloqueando o fluxo dos fatos e o alternar-se das estações. Stella é trazida para a terapia porque não quer mais ir à escola. A cultura familiar é aquela que pensa que uma "dor" tão grande como aquela sofrida, não pode e nunca poderá ser enfrentada e metabolizada.

Na primeira sessão Stella coloca todos os jogos em perfeita ordem, em seguida faz chegar uma tempestade que revira tudo e depois coloca novamente todos os personagens em uma ordem perfeita. Terminada a sessão dirá que não quer mais vir, porque prefere ver os "desenhos animados que tem em casa".

À tempestade emocional que o encontro com o analista, ou melhor, a possibilidade de encontro consigo mesma, ela prefere o papelão[1] que os avós colocam em casa todos os dias. Assim fazendo, a cultura da evitação fóbica torna-se a cultura emocional dominante para Stella.

Abrir a caixa de Pandora do desespero, raiva, fúria, sentimentos de abandono, significa abrir um tsunami emocional que desorganiza tudo. Então é melhor manter a tampa da caixa de Pandora bem fechada. Mas que fim irá levar esta caixa de Pandora? Naturalmente não podemos saber, mas poderia ter um número infinito de diferentes maneiras de ser administrada: a evitação fóbica, o controle obsessivo, a ruptura periódica com ataques de pânico, a doença psicossomática. Neste ponto, o analista sente que o trabalho com a criança não pode continuar se antes não houver uma mudança na cultura familiar, o que se revela um percurso impossível de ser transitado.

Stella irá retornar para pedir ajuda 20 anos depois, com a idade de 27 anos. É uma moça muito bonita, que desenvolveu uma grave doença de pele que todos os dermatologistas diagnosticaram como sendo de natureza psicossomática: periodicamente se enche de bolhas que depois se infeccionam. Ao mesmo tempo, no encontro, aparece logo como totalmente "boba", incapaz de qualquer mínimo contato com seu próprio mundo emocional. Parece que as duas modalidades que é capaz de utilizar – retornando à metáfora da caixa de Pandora – sejam ou a evacuação dos conteúdos através da doença psicossomática, ou ficar sentada em cima da tampa da caixa de Pandora, não se atrevendo minimamente a olhar para dentro dela.

---

1   Jogo de palavras entre *cartone animato* (desenho animado) e *cartone* (papelão) [N. T.].

Ser boba, ou melhor, "fazer-se de boba", mantendo-se sempre em uma relação apenas superficial consigo mesma, parece ser uma defesa bem sucedida, não fosse pela infelicidade que lhe causa, porque não consegue ter qualquer relação minimamente significativa. Pede uma análise lembrando-se da menina de vinte anos antes, e é aceita como paciente. Imediatamente a doença de pele sai de cena, enquanto a estupidez ou o embotamento emocional ganham cada vez mais espaço e se tornam a forma de se relacionar (ou melhor, de não se relacionar) consigo mesma e com o analista. Frequenta ambientes de pessoas muito ricas e, especialmente, entra em contato com o mundo da moda e casa-se com um empresário de uma multinacional da moda. No começo é tudo uma vida de "aparências", que logo dá lugar a violentas turbulências emocionais quando Stella coloca em cheque toda a sua vida, ao se apaixonar perdidamente por um imigrante negro com o qual, em pouco tempo, vai morar; a partir deste ponto ganha corpo tanto a análise quanto a sua "segunda vida", como ela gosta de repetir.

O bobo alegre: Lallo

Mas a "bela boba" tem como seu equivalente o bobo alegre, ainda que por razões de escolha cultural, o sintoma seja menos frequente ou talvez menos reconhecido.

Trata-se de pessoas que vivem de forma totalmente superficial, que só podem ficar na superfície, eu diria na superfície da água, porque as profundezas são habitadas por monstros.

Na primeira sessão Lallo se apresenta, no mês de abril, vestido como um surfista, o esporte que ele afirma representar o centro da sua vida. Decidiu procurar uma terapia por causa de ataques de pânico que teve enquanto surfava colocando-o em sério perigo.

Chama atenção pelos seus enormes dentes, dos quais fala imediatamente. Em seguida, descreve os seus próprios interesses: a academia, andar pelas lojas para fazer compras, as sessões nos salões de beleza.

E assim também são as sessões na sala de análise: "conversas na superfície". O surf realmente torna-se a metáfora para o seu modo de viver e seu modo de "não viver as emoções", tem muitos relacionamentos, mas nenhum deles profundo ou significativo. As sessões seguem como encontros no salão de beleza, sem ligação entre uma e outra, lugares nos quais tomar algo, ir às compras.

Isto até que, em um sonho, ele está "surfando" feliz em um paraíso dos surfistas, quando uma onda inesperada o derruba e ele vai para o fundo onde vê, horrorizado, tubarões com dentes terríveis, polvos gigantescos, tubarões-martelo e sombras que lembram monstros marinhos. Eis que uma onda emocional mais forte o desestabiliza da possibilidade de surfar na superfície da água e o leva, pela primeira vez, a olhar para as profundezas de si mesmo, onde ganham vida aquelas emoções (ou melhor, estados protoemocionais) que lhe causam os ataques de pânico. O seu ser alegre, bobo, superficial aparece como a sua incapacidade de fazer de forma diferente, para sobreviver em um mar tão cheio de "monstros" e de emoções pelos quais teme ser devorado.

Deste ponto em diante começa um *casting* de personagens que falam de sofrimento, de perturbações psíquicas, de amigos dependentes de drogas e de amigos que pensam em cometer suicídio. A estupidez e a superficialidade aparecem cada vez mais como defesas necessárias em relação a aspectos de si mesmo, ou emoções pelas quais teme ser submerso. Após dois anos de análise, nos quais essas defesas se tornam menos estruturadas e não são mais necessárias, comunica ter começado um curso de "mergulho", pois gostaria de ver o que se encontra abaixo da superfície do mar.

Rina e o *trompe-l'oeil*

Rina me falava dos desfiles de moda nos quais ela era o centro das atenções. Ela leva uma vida baseada no culto da própria beleza e da própria riqueza, que provém do seu pai, rico industrial que fabrica helicópteros. A análise com um analista conhecido é para ela uma espécie de inscrição em um clube exclusivo. A sua beleza encanta muitos homens. Mas o que é que encanta?

Acho que dois aspectos: um é o grau de excitação que transmite; a beleza é vivida como um poderoso antidepressivo em relação às zonas de vazio, de "nada", nas quais haveria o risco de desabar; o outro, ainda maior, a percepção sem se dar conta do território das favelas, e o acender-se daquele impulso do tipo "Eu vou te salvar", que está presente em muitas pessoas que funcionam bem, mas que cindiram para o exterior aspectos seus do mesmo gênero, portanto o "Eu vou te salvar" significa "Eu vou poder reencontrar o contato com os aspectos mais miseráveis e sofridos de mim mesmo". No entanto, Rina pediu para fazer uma análise e eu me vi aceitando o seu pedido. Rina chega na sessão com decotes ou fendas incríveis, falando de como sabe que excita os homens. Essa beleza assim exibida é o resultado de uma série de procedimentos cirúrgicos muito dolorosos, feitos no exterior, que fizeram com que ganhasse 10 centímetros de altura. Para Rina, a beleza é um artefato, um *trompe-l'oeil* em relação a uma verdade mais profunda, a da menina anã, disforme, cheia de pelos, que vaga em um espaço congelado de um sonho, tipo "filha do Yeti."

A história da infância de Rina começa a ser narrada (construída? reconstruída?) depois que a paciente encontra Luca, um sexagenário, no exclusivo clube hípico que ela frequenta, que representa para ela uma "pessoa que quer seu bem", mesmo que ela não goste de ter relações sexuais com ele (as minhas interpretações).

Quando pequena, relata, ela era uma criança infeliz, negligenciada, que apanhava com frequência dos irmãos mais velhos. Antes das férias de verão tem um sonho no qual "uma *poodle* (em italiano uma raça de cachorro, mas também *little bag lady)* era abandonada e afastada de todos". Na volta das férias, fala dos abusos e humilhações sofridas por parte da mãe, especialmente os constrangimentos que tinha que sofrer. Visto que qualquer interpretação no *aqui e agora* gera perseguição (logo fala de crianças vítimas de abuso ou de violência sexual) escolho usar como léxico interpretativo aquele relativo à infância (sem explicitar o significado atual). Isto permite aliviar a perseguição e colocar em palavras uma sensorialidade que nunca foi alfabetizada.

As conexões de Daniela

Daniela, depois de me contar sobre os novos tipos de conexão do seu computador (onde, apesar de ter a conexão de fibra óptica, deixou operativa uma conexão ADSL e também a velha com uma velocidade muito baixa), relata um sonho no qual era operada sem anestesia para fazer algumas conexões entre os vários nervos para recuperar a sensibilidade. A operação era extremamente dolorosa. No sonho o namorado a traía com uma amiga, com quem ela mesma não conseguia se comunicar.

É evidente como Daniela está reestabelecendo, graças à dolorosa operação da análise, algumas conexões consigo mesma, ainda que com diferentes velocidades. Há muito tempo havia cortado essas conexões, porque estar conectada era, para ela, muito doloroso.

Durante uma sessão queixa-se de ter dado à luz sem anestesia (de ter gerado sofrendo emoções vivas), mas logo depois faz sessões totalmente "fúteis" e superficiais que funcionam como anestesia em relação a um "sentir" ainda muito intenso.

Mariella e seu duplo

Os pais levam Mariella para uma psicoterapia. É uma menina que foi adotada com 3 anos de idade, com graves dificuldades escolares, e depois, tendo feito um teste de QI, resulta como gravemente deficiente do ponto de vista intelectual. Ao mesmo tempo, falam do outro filho, inteligente, com grande potencial, que, no entanto, tem uma alergia alimentar muito grave que o expõe ao risco de choques anafiláticos, ao passo que Mariella come muito. Depois relatam um pesadelo recorrente de Mariella no qual militares a obrigam a dormir.

Fica imediatamente clara a presença de um duplo, de um lado, a menina que precisou adormecer uma parte da sua mente (tornar-se boba, o dormir imposto pelos militares) e do outro, uma inteligência totalmente sem pele, a ponto de responder a qualquer estímulo com um choque anafilático. Ou ser bobos ou ser tão sensíveis a ponto de poder morrer. Os primeiros dois anos de vida passados no completo abandono pesam uma tonelada.

As duas configurações psíquicas podem ser figuradas como:

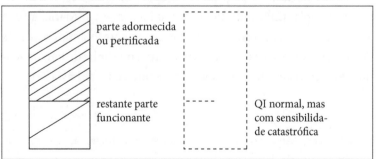

Mariella apresenta uma sexualização precoce como ulterior mecanismo de defesa. No primeiro encontro diz à terapeuta que ela decidiu cuidar disso: sol, coração, amor, a partir dessas palavras parece dar a receita que pode curá-la.

No início da sessão, depois de dois meses de trabalho, começa dizendo que tem "uma doença grave na cabeça... tenho piolhos".

A "parte adormecida" da mente, eu diria a parte fossilizada, volta à vida, o que era uma massa desidratada que tinha o nome de "insuficiência mental" volta a viver. Pensamentos parasitas a inundam.

Depois de alguns dias conta que está ouvindo vozes que falam dentro dela... começa assim a terapia para um sofrimento "psicótico" que havia sido murada, fossilizada, até chegar um reidratador que coloca em funcionamento os "piolhos", ainda que agora seja preciso lidar com eles.

A mente da terapeuta funcionou desde o início como um "*lithotripter*"[2] capaz de sonhar o sintoma da paciente, de pensar que uma terapia seria possível e de realizar a transformação a partir de "fósseis" (experiências protoemocionais fossilizadas) em um amontoado de piolhos, o que implica também em uma invasão parasita de vozes, quer que estas se revelem alucinações ou simples *flash* auditivos.

O que havia feito com que a terapeuta tivesse aceito a menina em terapia, tinha sido uma *rêverie* logo que viu Mariella (que apresentava uma mistura de aspectos fortemente infantis e aspectos adolescentes/sexualizados): a visão de uma mudinha de tomate sem qualquer cuidado, em um clima totalmente seco, que havia se trans-

---

2   *Lithotripter* – Aparelho usado pelos urologistas para triturar as pedras no rim permitindo sua expulsão sem cirurgia [N. T.].

formado em "cactus", capaz de sobreviver no deserto (afetivo), mas mantinha alguns pontinhos vermelhos – protobrotos de tomates.

Sol, coração, amor eram, portanto, a indicação do tipo de cuidados que a plantinha necessitava para se "des-cacturizar e se tomatizar" (na medida do possível).

A função alfa é uma espécie de *lithotripter* que permite a desconstrução de um sintoma, a dissolução do mesmo em massas, por vezes, invasivas mas vivas, e depois uma nova retessitura narrativa. Até que ponto estas operações podem chegar, não podemos saber, depende inclusive do tipo de recursos do paciente e terapeuta.

A sexualidade inibida: Clara e o sono

A análise funciona por meio da projeção do inconsciente do paciente no analista. Depois o paciente deverá contatar, na pessoa do analista, seu próprio inconsciente (que não será de uma forma pura, mas irá receber alguns enxertos por parte dos brotos inconscientes do próprio analista). O sintoma de Clara é não tolerar ter relações sexuais com o marido, que por outro lado ela ama.

Clara não consegue ter um relacionamento "sexual" íntimo e profundo com a mente do analista, como lugar de projeção de seus aspectos inconscientes. Com o marido se faz de tonta e surda em relação às expectativas deste de poder ter, após um bom dia juntos, relações sexuais. Clara coloca em ato todas as estratégias defensivas, o sono, a evitação (fóbica), a ritualização (sim, se for avisada antes ou o ato for planejado com antecedência).

A mesma situação ocorre com o "marido analista": um convívio agradável, mas sem qualquer possibilidade de uma relação profunda ou envolvente.

Clara precisa adormecer todas as emoções intensas, deve literalmente "colocá-las para dormir", além de que sua defesa predominante é o de "bancar a boba", de banalizar, de falar por frases feitas ou então citando – sem mencionar a fonte – sábias opiniões de outros ou, em viagem, frases tiradas dos guias que apaixonadamente coleciona.

Para Clara é impossível se embrenhar na "selva escura" das emoções, evita qualquer contato sexual consigo mesma e com suas emoções: "nisso eu não penso", "vou pensar mais tarde", "apago isso". Nova Scarlett O'Hara, faz do "amanhã é outro dia" o seu lema. Mas o amanhã é igual a hoje, e Clara age como as crianças com fobia escolar: "amanhã eu vou com certeza para a escola" – se não há transformação nada de novo pode chegar por magia. A compulsão à repetição, ou melhor, "a impossibilidade de ser diferente", mantém firmemente a cena.

Clara necessita colocar seu próprio drama constantemente em cartaz: não pode entrar em contato com as profundezas do seu sentir, porque ainda há um emaranhado não desembaraçado de protoemoções com as quais tem terror de entrar em contato: ser tola ou superficial lhe permite nadar na superfície da água, evitar relações que a envolvam, lhe permite olhar os peixinhos vermelhos em aquários emocionais evitando os tubarões, os polvos, os monstros marinhos que percorrem as profundezas do seu ser.

O seu inconsciente não foi suficientemente alfabetizado, cardumes de elementos β ou Balfa, passeiam inquietos prontos para agarrar uma função alfa que, no entanto, se retrai sentindo que seria dilacerada. Caberá à capacidade de contenção do analista, à sua receptividade, poder dar início aos processos de pesca, de reconhecimento e captura destes protoelementos em emoções com as quais seja agradável conviver como poderia ser o mergulhar em um cardume de golfinhos.

Mas Clara utiliza suas estratégias também na sessão, fala de outras coisas, no sentido de que a sua conversa – para além dos conteúdos – é um derivado narrativo do pictograma "muro" ou "rede de aço" que necessita colocar entre si mesma e seus estados protoemocionais. Às vezes, na sessão, o analista, como os mergulhadores dos filmes de submarinos, consegue abrir uma brecha e algo passa. Mas é visto por Clara como um "perturbador" que precisa ser adormecido como faz com suas emoções profundas.

Para Clara, a rede de metal ou o muro são também os de um objeto não transitável e impermeável a qualquer identificação projetiva que lançada – por exemplo – como atum, retorna como tubarão.

Após se separar do marido, não consegue encontrar outro parceiro, embora – para a sua idade – ainda seja atraente; cerca-se de amigas com as quais tem relações de educada convivência ou com amigos gays que tenham o mesmo medo de se deparar com emoções Genghis Khan, como irá sonhar, após o encontro com um atraente professor de zoologia marinha que havia se interessado por ela. O analista que conhece os mundos submersos é visto também como um potencial devastador das fazendas por enquanto habitadas por "animais de pequeno porte", ainda que em uma dessas fazendas há um lago que, em um outro sonho, parecia estar povoado por presenças perturbadoras.

5. Ação terapêutica e personagens do campo

Desenvolvimento de instrumentos

Naturalmente, em diferentes modelos há vários fatores de cura. Recentemente, sobre este tema, apareceu um riquíssimo número do *Quarterly* e para os interessados em aprofundar o tema sugiro também Gabbard e Westen (2003) e Bolognini (2008). Em síntese, vai-se desde a reconstrução histórica ao desvelamento do recalcado e do trauma. Do caminho em direção à posição depressiva à integração das partes cindidas ao redimensionamento do instinto de morte e de seus componentes. No modelo para o qual eu olho (Ferro, 2009) há ulteriores fatores de cura que irei apontar em seguida.

O desenvolvimento do continente

O desenvolvimento do continente passa através da capacidade de uníssono. Estar em uníssono cria laços emocionais que irão desenvolver a trama emocional do continente.

Estar em uníssono tem um amplo espectro de oscilações: vai desde o paciente que necessita o compartilhar total da sua linguagem (através de interpretações insaturadas que compartilham o léxico do paciente), a pacientes que vivem uma situação de uníssono em faixas oscilatórias mais amplas e que permitem interpretações cada vez mais saturadas (ou menos insaturadas), que rompem com a linguagem, o léxico, o gênero narrativo.

Eis como poderíamos resumir esse conceito graficamente:

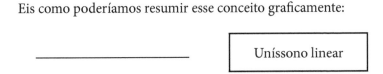
Uníssono linear

Nesta situação, o analista é percebido em contato se ele se coloca exatamente no mesmo comprimento da onda emocional, temática, do paciente. Qualquer afastamento do "texto" do paciente, é vivido como uma traição (tradutor = traidor), abandono, falta de compreensão, falta de sintonia. Se um paciente fala da crise nos mercados de ações, é neles que deveremos permanecer por um longo tempo (pelo menos aparentemente, porque a cozinha analítica não pode deixar de estar constantemente trabalhando).

Nesta outra situação:

Pequena faixa de oscilação

O analista é percebido em contato dentro de uma estreita faixa de oscilação. Pode haver um certo grau de alteridade na intervenção do analista. Se o paciente fala da sessão que o analista desmarcou, de uma criança que chegou no Pronto Socorro porque é hiperativo e desinibido e depois de alguém que chegaria da OPG[1] porque havia matado a esposa, será possível introduzir temas gerais, como os da incontinência da criança ou o do ciúme desesperado do assassino, para de alguma forma "rechear" a comunicação. É o reino das interpretações na transferência ou no campo, com o compartilhar do tempo e o evidenciar dos estados emocionais.

Na seguinte terceira possibilidade:

Ampla faixa de oscilação

O analista é percebido em contato também dentro de uma larga faixa de oscilação. Pode haver uma interpretação de transferência e, se necessário, de conteúdo, sem que o paciente sinta uma interrupção do fluxo comunicativo.

Muitas vezes é necessário um longo caminho para ampliar o espectro dessa capacidade de uníssono. Portanto, podemos estar em uníssono seja através de "transformações narrativas" seja através de interpretações saturadas de transferência. (Estas colocações precisariam ser recolocadas também em termos de campo).

O desenvolvimento da função α

O desenvolvimento da função α e de todo o *dreaming ensemble* passa através das operações que incluem:

- Atividades de *rêverie* de base inconscientes, subliminares e contínuas;

---
1 OPG (Ospedale Psiquiatrico Giudiziario) – Hospital Psiquiátrico Penal [N. T.].

152   AÇÃO TERAPÊUTICA E PERSONAGENS DO CAMPO

- Atividades de *rêverie* de *flash* ou *rêverie* de curta-metragem;
- Atividades de *rêverie*/construção ou de longa-metragem;
- Atividades de *talking as dreaming*;
- Atividades de transformações em sonho.

Estas últimas pressupõem um treinamento especial por parte do analista de uma escuta sonhante capaz de desconstruir, desconcretizar, re-sonhar as comunicações do paciente. Não há nada que não possa ser ouvido através desta modalidade de *transformações em sonho*: nela, qualquer comunicação do paciente é ouvida como se fosse precedida por um filtro mágico (*"tive um sonho"*) que leva a uma onirização da escuta e portanto, repito, a uma des-concretização, des-construção e a um re-sonhar a comunicação do paciente. Esta é uma tomada de posição, fruto da experiência e paciência, um vértice em direção ao qual se orienta o analista em sua escuta.

O outro aspecto imprescindível é o desenvolvimento do onírico como é classicamente entendido, no qual eu consideraria:

- os sonhos do paciente;
- os sonhos de contratransferência do analista;
- a dança de sonhos entre paciente e analista.

Associações livres e *rêverie*

Na minha opinião, há uma grande diferença entre as "associações livres" e as *rêverie*: estas últimas se caracterizam pelo contato direto com uma imagem (que, naturalmente, não será comunicável – a não ser excepcionalmente – ao paciente e nesse caso cairia na *self-disclosure*). As associações livres acontecem entre os que eu chamei de "derivativos narrativos" (Ferro, 2002a, 2006b), ao passo que as *rêverie* têm a ver com um contato direto com os pictogramas que constituem o pensamento onírico de vigília.

Capacidades negativas

No início da análise, no início de cada sessão, deveríamos ser capazes de recorrer às nossas "capacidades negativas" (um "PS" sem persecutoriedade), à nossa capacidade de aguardar a definição de um sentido. O sintoma frequentemente se coloca como uma "rolha" em relação ao emergir de algo que nem o paciente nem nós sabemos, mas que deveríamos ser capazes de, em algum momento, poder "sonhar juntos".

Qualquer hipótese de sentido que formulamos, qualquer metáfora que usamos, devem ser rapidamente abandonadas para nos colocar em um estado mental aberto ao novo e ao imprevisível.

O trauma

O trauma, ou o trauma cumulativo, pode ser pensado como decorrente da -R (*rêverie* negativa) que determina um acúmulo de elementos β.

Os conceitos de -R ou de R insuficiente são relativos: em particular a segunda, porque deve ser relacionada à quantidade de β; eu reservaria a –R àquelas situações em que há inversão da função de *rêverie* com evacuação de elementos β e não somente uma incapacidade de acolhê-los.

Fatores terapêuticos

Considero, pois, hoje, na psicanálise, fatores terapêuticos: o *desenvolvimento de continente*, de *função α* e de "*dreaming ensemble*" (Grotstein, 2007). Isso pode passar através de quaisquer que sejam os conteúdos manifestos, mesmo que compartilhar o conteúdo seja o primeiro passo para as operações de desenvolvimento de ♀. Este meu ponto de vista não tira a veracidade aos outros fatores terapêuticos, mas enriquece e focaliza ainda mais o objetivo do nosso trabalho, que, repito mais uma vez, em minha opinião, está em um momento de virada, dado pela passagem do interesse pelos conteúdos para um interesse ainda maior para os instrumentos que permitem sonhar, sentir, pensar. Ogden (2009) afirma que:

> *A ideia de que o desenvolvimento de um aparelho para pensar abra lugar, como resposta, para pensamentos perturbadores contribui também para uma teoria do processo terapêutico: o fato do analista ser receptivo, e fazer trabalho psicológico com os pensamentos impensáveis do paciente não serve para substituir nem tomar o lugar da capacidade de pensar do paciente, e sim como experiência de pensar com o paciente de modo que sirva para criar as condições para que o paciente seja capaz de desenvolver posteriormente sua própria capacidade rudimentar inata de pensar [sua capacidade inata própria de função alfa] [...] Para Freud o propósito do sonhar e da psicanálise é tornar consciente o inconsciente – isto é, tornar os derivados da experiência inconsciente disponíveis para o pensamento consciente (processo secundário).*

> *Em contraposição, para Bion, o inconsciente é a sede da função psicanalítica da personalidade e, consequentemente, para fazer trabalho psicanalítico é preciso tornar inconsciente o consciente – isto é, tornar a experiência consciente vivida disponível para o trabalho inconsciente do sonho.[2]*

---

2   Livre tradução do italiano feita por Tânia Mara Zalcberg.

Se toda patologia é uma patologia por:

- insuficiência do continente;
- insuficiência da função α/*dreaming ensemble*;
- excesso de β,

podemos considerar que a *alfabetização* é aquele processo que partindo de sensorialidades difusas e fragmentadas leva a micro-sememas → sememas → narremas → narrações.

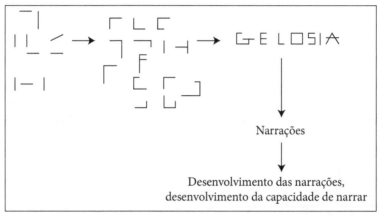

Podemos também considerar ações terapêuticas ativas e ações terapêuticas receptivas, ilustradas na página seguinte, que levam à reconstrução histórica; ao papel da sexualidade infantil; aos movimentos K → O e PS → D.

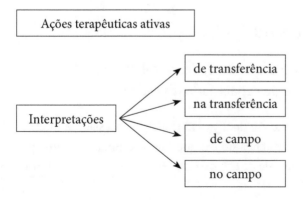

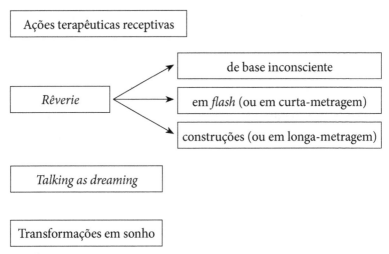

Transformações em sonho

É claro que, em relação a estas últimas operações vale uma espécie de prova ao contrário, isto é, todas aquelas situações que levam a:

- R;
- ♀;
- ♀♂;
- função α e *"dreaming ensemble"*.

Alguns exemplos clínicos talvez possam nos ajudar.

Exemplos clínicos

Como se separar? Isto é, desenvolvimento de continente e de capacidade digestiva

Um paciente em análise avançada por ocasião da interrupção das férias de Natal fala do pai que "detona minas" em uma pedreira, em seguida, fala de um tio que deu a ele e à sua esposa uma viagem de cinco dias em Barcelona e, em seguida, um sonho no qual seu pai ainda detonava uma mina, o que causava um desmoronamento que parava porque era contido, segurado, em uma cavidade. Depois relata que, para prosseguir nos estudos, deve digerir bem o que ele estudou, para iniciar o volume seguinte.

O mesmo paciente, anos antes, durante as férias de Natal, tinha ido com um amigo em uma exposição em Paris, onde tinha entrado em contato com uma prostituta que traficava drogas e havia dividido seu tempo entre museus e orgias desenfreadas com a prostituta em locais ambíguos.

O mesmo paciente, no segundo ano de análise, nas férias de Natal havia pedido voluntariamente para ser admitido em uma clínica que abrigava pacientes com transtornos psiquiátricos graves.

Vemos a evolução do paciente na ausência do objeto, em relação ao vazio, em relação à separação.

No início, é necessária a "internação", isto é, que haja alguém que cuide do seu sofrimento e das suas angústias.

Alguns anos mais tarde, o tempo da ausência do analista e do vazio das férias é preenchido com uma atividade criativa, podemos dizer por uma sublimação, entra em conflito com as memórias, as evidências do trabalho feito, leva consigo o amigo, mas, ao mesmo tempo, é necessária uma atividade de excitação turva, de masturbação anal, teria dito Meltzer.

Depois de alguns anos, as férias de Natal, o tempo livre, são um presente do tio que lhe permite ver coisas novas; é verdade que a comunicação das férias soa como uma explosão, mas agora possui uma cavidade, um espaço para conter as emoções que são ativadas dentro dele, emoções que depois também é capaz de metabolizar, digerir.

Parece evidente que a análise desenvolveu no paciente funções (de continência e de digestão) que antes eram deficientes. Na ausência ou deficiência das funções tinha de recorrer a outras "defesas".

Os personagens como mediadores culturais entre a linguagem do paciente e a linguagem do analista

Um paciente fala que quer ir para Lisboa com sua mulher, por isso irá perder algumas sessões de análise. Em seguida, fala do ódio que às vezes sente e de distúrbios na próstata, que o obrigam a fazer repetidas análises para descobrir imediatamente possíveis patologias proliferativas.

Outra paciente faz uma longa viagem de férias a Cuba, onde descobre um tipo de humanidade completamente diferente daquela na qual vivera. Encontra a pobreza e, com ela, a simplicidade e a autenticidade.

O primeiro paciente, em seguida, fala de seu sobrinho, que quer vingar-se de uma afronta vivida. A segunda paciente fala de Juan, conhecido em Cuba, com o qual nasceram emoções muito envolventes.

Embora seja claro que "o sobrinho que quer se vingar" ou o "Juan" são (além de pessoas reais, ou objetos internos eventualmente projetados) "personagens da sessão", que evidenciam nós narrativos da rede de emoções e afetos presentes na sessão, ponto de cruzamento de vários fios emocionais (o conceito de "holograma afetivo" ou "agregado funcional" de Bezoari-Ferro), não é igualmente e imediatamente claro que também "Lisboa", a "próstata", "Cuba" sejam personagens da sessão que, nos colocando em direção aos níveis máximos de desconstrução/desconcretização, poderiam, por exemplo, estar por:

- o personagem "Lisboa" pelo desejo de ter algumas sessões com um bom clima, caminhar por lugares da mente e do campo não conflitivos e isto "não fazendo por alguns dias sessões muito exigentes";
- O personagem "próstata" por aquelas protuberâncias de ódio com os quais ele entrou em contato e dos quais teme a proliferação;
- Cuba por aquela zona da mente ou do campo ou da relação que permite encontrar um mundo de emoções autênticas, sem falsificação.

Trabalhar no campo, então, significa entrar neste mundo, que tem diferentes níveis de concretude/abstração/virtualidade, escolhendo a cada momento o nível que nos parece mais útil, ou mais em contato com o sentir do paciente, ou do qual somos capazes.

A próstata será: (a) a próstata, (b) um objeto interno, (c) um holograma afetivo/personagem do campo: lugar possível do emergir de turbulências de elementos β.

O mesmo vale para todos os outros personagens antropomorfos e não antropomorfos que entrem na sessão por uma via qualquer.

Os mundos virtuais como realidade psíquica

Um paciente vem para a análise dizendo que se ocupa de antropologia urbana e que tem se ocupado disso por anos, mas que quer passar a fazer pesquisas no campo de outras culturas primitivas, e que é estimulado a seguir nessa direção por seu irmão psiquiatra, que decidiu se dedicar, pelo menos parcialmente, à etnopsiquiatria.

No fundo, os dois irmãos querem passar de um trabalho "urbano" para outro que urbano não é: isto é, a exploração de seus próprios mundos virtuais com os quais não houve contato até então. Contato para o qual há medo, mas ao mesmo tempo urgência. Mundos virtuais que serão explorados nas viagens que gradualmente serão feitas junto às últimas tribos que praticam o canibalismo, outras que praticam mutilações rituais, ou outras ainda onde é frequente o apedrejamento. Trata-se obviamente – enquanto relatado na sessão – de lugares da mente pelos quais o paciente sente que precisa transitar e, na medida do possível, integrar.

Os outros universos, os alienígenas que por um certo período entrarão na análise, remetem à mesma temática; o importante é encontrar um analista que não tenha medo de entrar em *Apocalypto* e que participe com paixão das missões do *Enterprise* de *Star Trek*. Especialmente, um analista que não sature estes campos de exploração com respostas pré-fabricadas.

Cada um de nós tem mundos paralelos orbitando ao redor, e penso que deveríamos ficar fascinados com a construção de pontes, de veículos, de buracos negros, de túneis que permitam estas explorações, das quais sempre voltamos enriquecidos.

Isto é o mesmo que dizer que o desenvolvimento do instrumento anda de mãos dadas com a expansão da viagem possível, se na aldeia próxima se vai de carreta, em outro continente se vai com o jato.

São deste paciente algumas fantasias que eu havia citado em um livrinho meu pouco conhecido (Ferro, 2008b), nas quais explora outras maneiras de ser que antes eram impensáveis e alienígenas.

Pacientes com esquema rígido, pacientes em leque

Há pacientes que desde o início apresentam um "problema" que retorna com variações, mas que no fundo é sempre o mesmo. Com eles, é como se nos movimentássemos em um mapa, mas sempre voltássemos ao mesmo ponto do próprio mapa. Para Annalisa essa estrutura que termina por sugar todos os outros pontos conhecidos e desconhecidos é: "Eu amava você, você me deixou. Só a minha vingança vai me fazer sossegar".

Será possível enriquecer essa estrutura com nuances, facetas, mas a base permanecerá: "Sofri tanto com a sua crueldade que só uma crueldade igual para com você poderá me apaziguar"; "Se eu perdoasse, isso seria equivalente a negar, não reconhecer, não ver reconhecido todo o mal que você me fez sofrer".

Essa história, num certo ponto, ganha a forma do relato das histórias de Máfia, as únicas que parecem dar lugar a este código de conduta. Olho por olho, dente por dente. As histórias de *Cosa Nostra*, a vingança da criança dissolvida em ácido. Outras cenografias são impossíveis, o perdão seria negar a natureza irreparável da afronta sofrida.

O bastardo, o traidor, o infame torna-se o protagonista desta história. Obviamente, toda vez que eu "não estou" (tanto no sentido físico como mental) eis que aparece o bastardo. Parece uma daquelas cenas em que um mágico tira da manga uma sequência de lenços que parece interminável e o espectador fica atônito: será que vão acabar? O cenário deve permanecer insaturado, porque caso contrário irá se formar a vivência que o "dano sofrido" do abandono manifesto (o bastardo de sempre / Marcello) não é levado em conta.

Diferentes são outros pacientes que se movem constantemente em diferentes pontos do mapa e para os quais há uma ductilidade e uma condição de transformação da trama muito mais viva.

Martina começa com o medo que os Smurfs têm de Gargamel, pelo qual temem serem cozidos, continua falando de diferentes formas de perseguição, constrangimentos, expectativas, esperanças, prossegue referindo-se à vida afetiva com o namorado, e assim por diante.

Função desconstrutiva do litotritor

A própria sequência das quatro/cinco sessões coloca-se como um tempo-espaço que, mesmo sem o conhecimento do analista e do paciente, abre para espaços oníricos que colapsam a realidade e levam a desconstruir as comunicações do paciente. Desta forma o "sintoma" petrificado tende a se desconstruir.

Poderíamos dizer que o próprio *setting* e a sua atmosfera funcionam como um litotritor em relação à "rocha de sintomas" que poderíamos pensar como sendo constituída por agregados desidratados, agregados calcários de elementos β.

A ação litotrícia leva a uma desconstrução desse aglomerado.

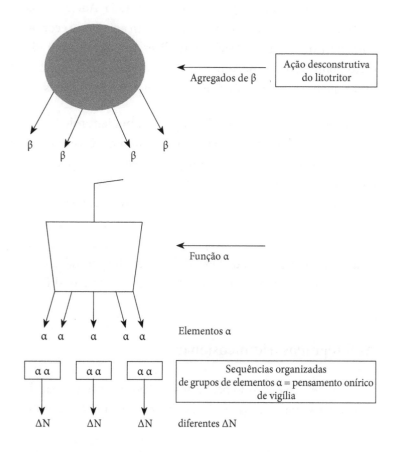

Podemos considerar alguns pacientes com ΔN (derivados narrativos) fixos ou relativamente fixos, outros com ΔN variáveis.

A nova namorada de Cosimo

Cosimo faz toda uma longa parte da sua análise através de um ΔN que tem a ver com os mercados financeiros, a economia, a crise e necessita que seu texto seja compartilhado.

Anos mais tarde, chega uma nova namorada, Adele, a qual (ao contrário das outras que sempre pertenciam ao mundo econômico e financeiro) é uma "artista". Inútil dizer que a tal namorada, de certo ponto de vista, nada mais é que a função exercida pelo analista e quanto desta função Cosimo introjetou ao longo dos anos.

Neste ponto, acontece o "milagre" ou mudança de "derivado narrativo": do mundo das finanças e da economia Cosimo vai para um mundo de sentimentos e emoções. Desta forma, ganham vida emoções e sentimentos que depois encontram lugar em narrativas de encontros, separações, incompreensões, todas vividas dentro de relações afetivas. No início, de uma forma mais distanciada (encontros no Facebook), e, aos poucos, cada vez mais próxima. Isto leva Cosimo a um grau de flexibilidade que lhe permite a escolha, dia após dia ou na mesma sessão, de gêneros narrativos diferentes.

As fotografias tridimensionais

Um menino é trazido para a análise "porque não é capaz de expressar seus sentimentos". Aliás, este parece ser também o problema dos pais.

Matteo, desde o início, se interessa pelo que há na sala ao lado, que pode ser acessada através de uma porta que está na sala de análise. Ele pede para ter a chave certa para entrar no quarto. O analista muitas vezes fica como hipnotizado, ou desligando o fio do pensamento, ou com um caos de mal-estar.

Fica claro desde o início que o quarto no qual Matteo pede para ter acesso é o quarto das emoções, que é preciso ter a chave interpretativa certa para poder acessá-lo.

Temos também informações de três estados mentais possíveis:

- um deles é o caos ou tsunami;
- outro é o desligar o fio ou salva-vidas;
- o terceiro é hipnotizar as emoções que turbinam.

O caminho será inevitavelmente longo e trabalhoso. Mas é possível iniciar o trabalho imediatamente.

Matteo brinca com animais e depois, quando estes criam muita confusão, chega um robô que hipnotiza e que mata todos eles. Imediatamente mostra como as emoções que superam um determinado limiar de intensidade, são eliminadas (e acabam na sala ao lado).

Depois, no início da semana, apaga a luz e diz: "O que aconteceu, é preciso acender a luz", é preciso ativar o gerador de luz. À cautelosa interpretação do analista feita sobre o permanecer no escuro no final de semana, interpretação feita usando os animais do estábulo, responde introduzindo um novo personagem, Aurora, que tira fotos que, em seguida, é capaz de se transformar em presenças tridimensionais que se tornam novos personagens da sessão. Se Aurora excede nesta função, intervém o Robô que apaga qualquer excesso de tensão.

É claro que o analista precisa encontrar uma tensão interpretativa adequada para iluminar o campo e tridimensionalizar as emoções sem que surja o Robô ou o salva-vidas diante de emoções com uma voltagem não tolerável.

O analista estrangeiro

Uma paciente permanece totalmente em silêncio por sessões intermináveis. Após uma série de boas intervenções do analista, que retoma na atualidade um fato histórico significativo – ter atropelado e matado uma mulher na rua – no sentido de um medo de atropelar o analista, se tirasse o freio que a paralisa, relata uma sequência – fato totalmente inusitado – de sonhos:

- no primeiro estava na casa de sua mãe, infestada por um "mofo branco", a mãe não se importava com ela e beijava o marido;
- no segundo, sempre na casa da mãe, havia uma "substância gelatinosa" sobre os vidros;
- no terceiro dentro de um móvel havia uma carne cheia de pequenos animais: eram coisas que invadiam tudo.

Depois, acrescenta a esta sequência que ela sabe que são seus vizinhos que a invadem. Esta comunicação torna-se um dos organizadores do vetor que pode ter a comunicação do analista, que pode tentar des-concretizar a comunicação e captar "a qualidade" de como ela é percebida pela paciente.

É um vizinho que a invade, um vizinho estrangeiro que diz coisas velhas, mofadas, obsoletas, repetitivas (mofo branco), ou que fala coisas inconsistentes (substância gelatinosa) e irritantes, pungentes (os animaizinhos).

O cenário tornou-se o de um filme de ficção científica, que permite captar as perseguições em relação à análise, o que significa o tornar-se relacional da angústia ligada aos próprios aspectos satélites expulsos, em órbita, e não minimamente possíveis de serem reconhecidos como próprios. (A *rêverie* do analista das caravanas dos *cowboys*.)

Amantes como comida

Uma colega com experiência me traz para supervisão Riccardo, que pediu uma análise após a separação de sua esposa, que ocorreu por causa das traições dele. Agora a história se repete: ele tem uma nova parceira, Luisa, mas também duas novas amantes. Ao descrevê-lo, a colega diz várias vezes que ela o vê como um "jacaré". O paciente na primeira entrevista dirá que ele se vê como um monstro, e que também vê Luisa como um monstro. (Enquanto isso, me vem à mente uma *rêverie* sobre o Alligatore, o conhecido personagem de Massimo Carlotto que se move nos limites da lei e não está totalmente errado no que faz.) Depois relata o acidente no qual sua irmã morreu há alguns anos em uma colisão frontal. Conta ainda que não é capaz de expressar o que sente com Luisa e a analista acrescenta que ele lhe parece infinitamente distante da sua raiva. Também conta quanto ele parece muito complacente e fala do problema de nunca ser capaz de dizer "não".

Nesse ponto, me parece saber o suficiente para permitir que um sonho se forme na minha mente a respeito da história que me é contada.

Penso que o problema da raiva de Riccardo encubra um outro, isto é, ser a crosta sobre uma ferida que não cicatriza: o problema parece-me ser o intolerável conjunto de dor, desilusão e desespero que a relação com o Outro provoca nele. Fica terrivelmente ferido pelas frustrações, pelo atraso ou pela incompreensão que o Outro (como tal) lhe causa. É neste ponto que se forma o jacaré, ao qual dar para comer a amante como um sedativo, e ao mesmo tempo realizando a vingança que empate com uma dor insuportável. A relação com qualquer ser humano é um acidente no qual se morre, no qual se fragmenta a "irmã": isto é, o continente se fragmenta e para os hi-

168 AÇÃO TERAPÊUTICA E PERSONAGENS DO CAMPO

perconteúdos – o jacaré – é preciso encontrar uma outra forma de administrá-los que não seja a contenção.

Riccardo se vê como um monstro porque ele vê, como em uma ecografia, a configuração "Jacaré"; é monstruosa também Luisa, que o frustra ativando o monstro dentro dele. Obviamente não pode dizer "não", porque é isso, sob qualquer formato (atraso, rejeição, incompreensão, separação), que desencadeia emoções para ele impossíveis de serem contidas.

Uma vez que chegou à sessão com cinco minutos de atraso – me conta a colega – telefonou duas vezes para tranquilizá-la da sua chegada. Eis que o atraso (um pequeno "não"?) é temido como algo que poderia despertar o Jacaré na analista que se supõe não ser capaz de conter sua decepção ou frustração.

Após a comunicação das férias de Páscoa tem um sonho no qual o analista – sob a forma de um guarda florestal – deve ajudá-lo a digerir um "urso pardo". No final da sessão, já no corredor (testemunhando a impossibilidade de conter) conta um sonho: está na praia quando vê chegar um tritão, depois aparecem ondas, mas ele é capaz de surfar na crista das ondas. A separação é um "não" em relação à necessidade de continuidade ativa de emoções aparentemente não perigosas (o *trit-one*) ou talvez explosivas (o *trit-olo*?).[3] Mas depois ele encontra uma maneira de não se deixar submergir pelas "ondas emocionais/urso pardo" nas superfícies das quais consegue deslizar.

---

3   Jogo de palavras entre tritone (tritão), trit-one e trit-olo (TNT – substância explosiva) [N. T.].

Sonhar a história

Em geral, muitos pacientes e muitas supervisões no primeiro encontro contam sua própria história ou a do paciente. Mas, como pode ser ouvida essa história? Penso que em diferentes níveis: quero focar meu modelo de escuta prevalente no qual anteponho à narração, ou melhor, à escuta, o que eu chamei de filtro mágico: "Eu tive um sonho em que ... ". Vamos vê-lo concretamente.

Uma supervisionanda apresenta a história da sua paciente desta forma: tem uma relação de casal que não funciona; seu pai é um alcoólatra violento, a mãe muito ligada ao marido está sempre tentando acalmá-lo. A paciente com 12 anos de idade foi violentada nas margens de um rio e forçada a fazer sexo oral. Ela também foi assediada pelo pároco, que tinha de masturbar após ter tirado a roupa. Agora é casada e tem 5 filhos, e sofre de anorgasmia, devido ao fato de que é obrigada por seu marido a ter 5 relações por semana. Foi internada imediatamente antes da análise porque tinha cortado os braços e as pernas com um bisturi.

Como podemos des-concretizar, des-construir e finalmente re-sonhar esta primeira comunicação, isto é, como poderíamos torná-la um sonho com o qual a analista apresenta seu paciente e si mesma?

Estamos na presença de hiperconteúdos que violentam continuamente a paciente. Trata-se de estados protoemocionais indiferenciados que ela tenta apaziguar, mas que a devastam como tsunamis. O que acontece intrapsiquicamente, depois se torna relacional a cada encontro. O "Outro" é esse monstro que a abusa e a violenta.

O encontro com suas emoções a dilacera e a deixa sangrando: ou a violência impossível de conter chamada pai ou a mansidão chamada mãe. A onda de emoções sempre chega como um rio transbordando para submergi-la. Ela não pode sentir nenhum prazer em viver estas emoções porque elas a dilaceram.

O *plot*[4] é o abuso praticado por ♂ em relação a um ♀ inadequado. Este "*plot*" que tem correspondências com o pensamento onírico do estado de vigília, depois terá infinitas modalidades narrativas, uma das quais é aquela encarnada pela paciente.

Mas o fato central é um TRAUMA:

que produziu uma enorme quantidade de elementos beta. Como analistas, há alguma outra coisa que podemos fazer além do desenvolvimento da capacidade de *rêverie* e de função alfa? Neste ponto, não nos interessa qual seja a encarnação do *plot*, mas qual é o possível desenvolvimento do "dreaming ensemble". Na verdade, a paciente é também constantemente abusada pelos seus próprios estados protoemocionais.

Apêndice

A síndrome da falta de presépio

Na religião católica o nascimento do Menino Jesus ocorre em um estábulo paupérrimo. É costume, para muitas famílias de

---

4   *Plot* = cenário [N. T.].

católicos e em muitas igrejas repropor este acontecimento através da montagem do presépio. A parte invariante de qualquer presépio é a gruta ou estábulo, um berço com o recém-nascido, ao lado Maria e José e atrás o boi e o burro que, com seu hálito aquecem o bebê. Quanto maior for o presépio quanto mais haverá personagens, alguns dos quais testemunham o *continuar da vida cotidiana*, quem lava a roupa, quem dá alimento às galinhas, quem cuida do rebanho e outros que testemunham o interesse pelos que chegam com presentes para o recém-nascido.

Esta poderia ser uma boa metáfora para o clima emocional--afetivo que seria desejável diante da chegada de todo recém--nascido, que pelo menos por um tempo deve ter o direito de ser acolhido com os festejos do presépio. Uma parte da atividade doméstica continua na sua rotina, uma parte da atenção e da festa é toda dirigida a ele.

Tenho observado como em muitos pacientes a ausência ou a insuficiência desse "acolhimento" originário é causa de graves perturbações, de condutas aparentemente inexplicáveis. Especialmente, tenho observado que este é um nível difícil de alcançar, uma vez que, muitas vezes, é coberto por uma capa de narcisismo, de caracteropatia, de raiva e de dor. Embaixo de tudo isso, há uma laceração original que não admite remissão e que é curável somente com a vingança e o mal infinito ao Outro, muitas vezes inocente, que é lançado em uma espécie de combate, no qual apenas mais sangue pode, por um pouco, abrandar a laceração.

Lupo[5] é um menino que nasce sem presépio. A mãe sabe que ele foi concebido com um homem que não é o seu marido, enquanto este está na guerra. Os tempos, porém, permitem a hipótese de

---

5   *Lupo* = lobo [N. T.].

que ele tenha sido concebido logo que voltou para casa. A mãe, que está infestada por sentimentos de culpa, não tem nenhuma *rêverie* para o bebê, aliás está angustiadíssima que o marido possa infectar o bebê com as doenças mais estranhas contraídas na guerra, e assim o afasta dele. O pai natural é o reitor de uma universidade vizinha da cidade na qual reside a família do recém-nascido. Este cresce com uma patologia obsessiva, muito tímido, mas consegue de qualquer forma sobreviver. No aniversário de 18 anos – como um presente! – sua mãe lhe conta a verdade sobre o seu nascimento. Lupo parece absorver bem o golpe, mas tem uma progressão forçada na dedicação ao estudo. Diploma, livre docência, carreira acadêmica, reitor de faculdade, não tem um segundo de trégua, precisa publicar um livro por ano, precisa rever todas as traduções, não tem tempo para se dedicar à família que de qualquer forma conseguiu construir. Vem para a análise quando é, estupefato, deixado pela esposa por um "mero vendedor de seguros". A vida toda havia se tornado, para Lupo, uma vida profissional, como o queloide de um vazio, de uma ausência do "pai que falta" (e da mãe mentalmente ausente) a quem demonstrar o que ele havia perdido (o pai natural, reitor da universidade) em não reconhecê-lo. (Inútil dizer que, se a mãe não tivesse dado o "presente" dos seus 18 anos, uma outra forma narrativa teria surgido para falar do mesmo trauma com um outro cenário). No caso de Lupo as vítimas foram os vários colegas (ex-amigos), mordidos pela sua necessidade de fazer carreira, os familiares e, por último, ele mesmo, para quem se dirigiu uma parte desta vingança.

Liborio foi marcado por aquilo que ele considera a culpa original imperdoável de seus pais de tê-lo entregue aos cuidados afetivos de uma tia viúva (que morava no mesmo prédio que seus pais) por ocasião do nascimento de seus irmãos gêmeos. Os pais, sem saber como lidar com a situação, acreditaram que esta seria uma boa solução. Liborio desenvolve um "silêncio complacente" (no sentido de que ele nunca dá voz, nunca pode expressar discordância, raiva, emoções diferentes daquelas consideradas adequadas ao seu contexto). Com espanto, em uma longa análise, irá descobrir como no Berço do Menino Jesus (na ausência das funções materna e paterna) tenha se desenvolvido, como dirá em uma sessão, "Nosferatu". A história deste último irá se entrelaçar com a de Frankenstein e da sua Criatura que, não amada, mata. No caso de Liborio, o que é morto é a sua própria criatividade. Em uma sessão conta que sua esposa guarda em casa as lâmpadas[6] melhores e joga fora as outras, as "lâmpadas de série B", ou o "b-lâmpadas".[7] A sintomatologia pela qual procura a análise é uma súbita e total queda de todo o cabelo e de todos os pelos do corpo. No início é incrível a quantidade de metáforas usadas por Liborio para expressar sua raiva e fúria: "Tenho um diabo em cada fio de cabelo"[8] é a expressão mais frequente. O gorila furioso é todo cuidadosamente depilado para retornar mais tarde em um sonho no qual o paciente é perseguido por um macaco gigantesco. Depois sente um fardo do qual não consegue se livrar, tem uma série de doenças psicossomáticas evacuativas, até que ele diz: "Sinto no peito o peso de um lutador de sumô." Serão necessários muitos anos antes que o lutador de sumô seja desconstruído em vários animais, antes com penas e depois com vários mantos que entrarão com várias vicissitudes na análise: gatos, cães, burros, grandes felinos, elefantes e rinocerontes. Isto irá permitir uma progressiva alfabetização, mas não antes que muitos deles – antes de serem alfabetizados – causem devastações na vida social e profissional de Liborio, com as várias crises de incontinência que fazem com que ele perca vínculos e ocasiões importantes. "Eis como vocês me reduziram", é a acusação

---

6   Em italiano, *bulbo* [N. T.].
7   No original, B-bulbo [N. T.].
8   Tradução literal da expressão italiana "*Ho un diavolo per capello*" que significa "Estou furioso" [N. T.].

que lança aos pais. Anos de análise irão reconstituir a capacidade de reconhecer as emoções antes condensadas e negadas no glabro lutador de sumô. Crescerão os cabelos, os pelos, irá até se enfeitar com uma abundante "barba", à qual, em seguida, será capaz de dar espaço e cuidados.

A espada de Dâmocles

Somos uma espécie que vive constantemente sob a ameaça da espada de Dâmocles. O significado mais simples é o da consciência da morte natural por velhice, mas outras espadas de Dâmocles são todas as possíveis doenças, infortúnios e assim por diante. Isso cria nuvens de angústia que são, por vezes, tsunamis que precisam ser negados, cindidos, anestesiados, frequentemente através de mecanismos de defesa muito fortes, desde os que negam aos que opõem certezas delirantes. Uma idade mais avançada inevitavelmente torna a espada de Dâmocles cada vez mais pesada ou a lâmina mais fina (se preferimos). Mas o que acontece quando nos é comunicada a existência de uma espada de Dâmocles adicional como uma doença a longo, médio, curto prazo pouco auspiciosa?

Nós vivemos sob uma espada de Dâmocles cuja queda está relacionada ao tempo, ao passar do tempo, mas normalmente não sabemos qual é o momento no qual está fixado o *timer* que governa a queda da espada. O que acontece quando temos sinais do tempo que nos resta? Substancialmente, se concretiza, se define, se temporaliza algo que sabemos. Somos todos "condenados à morte", apenas (e não é pouco) não sabemos quando será executada a sentença.

Com certas doenças (e por que não, com o tempo que avança) se define cada vez mais a hora da sentença. Mas, enquanto no caso do envelhecimento, mesmo se aproximando a hora da sentença, esta permanece "indefinida", em algumas patologias ela pode ser definida com pequena margem de erro. É claro que nada impediria que a sentença fosse executada antes por um fato acidental ou por outra doença súbita ou inesperada, ter uma "data" normalmente atua como algo que concentra as angústias (como o velho papel mata-moscas que recolhe todas as moscas de passagem). Normalmente, da nossa "espada de Dâmocles" não conhecemos o *timer*; conhecê-lo acende uma quantidade imprecisa de angústias que serão administradas nas mais diferentes formas.

A torta psicanalítica

Creio que a psicanálise pode ser considerada como uma torta feita a partir de diferentes ingredientes, ingredientes que são diferentes nos diferentes modelos e cuja prevalência define o modelo. Estes ingredientes são (ver Figura 5.1):

- aspecto artístico;
- aspecto artesanal;
- aspecto religioso;
- aspecto científico.

O vértice religioso é o que mais leva à ortodoxia, portanto à invariância e à temática do "isto Freud já disse". Encontramos esse vértice também em todos os grupos fanáticos que se consideram detentores da "verdadeira psicanálise."

O vértice artístico é o da criatividade, tanto na sessão quanto pelo desenvolvimento de novos pontos de vista e de novos modelos. Ogden é, do meu ponto de vista, o maior expoente deste vértice.

O vértice artesanal é o daquele que, embora sem alcançar níveis de criação transmissíveis, faz todos os dias o seu trabalho segundo o pressuposto de Bion "*making the best of a bad job*", construindo, inventando a cada dia o melhor que pode com o bom senso e confiabilidade.

O vértice científico é o daquele que considera a psicanálise uma ciência em evolução, às vezes com o risco de buscar validações com uma objetividade excessiva.

Uma reflexão a parte refere-se a todos aqueles contornos (*infant research, infant observation*, semiótica, narratologia, neurociência), que na minha opinião podem ser ativadores de pensamento desde que seja acordado que são completamente "outra coisa" em relação à psicanálise.

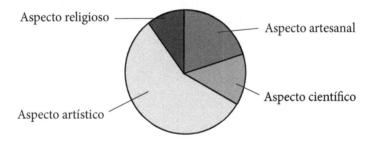

Figura 5.1 Os ingredientes da psicanálise.

6. *Casting* e sofrimento mental

Amor como casting

Um tema sobre o qual refletir seria – através de romances ou histórias clínicas – o do se apaixonar por mulheres ou homens para os quais se tem irresistível atração e desprezo. Amor e incapacidade de compreender as razões deste amor. Mulheres que parecem bobas, superficiais, sem espessura, gananciosas, movidas por um interesse imediato, são amadas loucamente, mesmo sabendo que se trata de escolhas completamente falidas. Ou, vice-versa, homens com aspectos delinquenciais ou de qualquer forma transgressivos parecem arrebatar delicadas pombas.

Os exemplos literários são infinitos: desde Mildred de *Servidão Humana (Of Human Bondage)* de Maugham até Nina de *Travessuras da menina má* de Vargas Llosa, para não falar de uma infinidade de outros personagens do cinema e da literatura de todos os tempos. O máximo divisor comum dessas histórias parece ser o fato de reencontrar aspectos de si mesmo "criança" que permaneceram tais, não evoluídos, não integrados e que são sentidos como uma peça importante de um quebra-cabeça que, sem eles, permanece cheio de lacunas. No fundo, esses amores são tipos de *casting* de aspectos não tratados, não transformados, que tinham ficado cindidos e distantes. Uma espécie de função integradora da mente, que funciona como um radar, até encontrar aquela pessoa (por vezes, aquela situação) que pode novamente dar vida e expressão a aspectos que, de qualquer forma, urgem para serem trazidos à possibilidade de serem pensados.

O pânico de Silvia

Silvia procura uma análise por causa de ataques de pânico. Relata, na primeira sessão, um conjunto de tragédias devastadoras: a morte de sua mãe quando a paciente tinha cinco anos por um infarto; a morte do pai em um acidente.

Ela se casou com um homem por quem, segundo diz, nunca foi apaixonada, um homem surdo, com síndrome de Menière, com uma retinopatia grave que o levava a ter uma visão cada vez mais estreita (uma diminuição do campo visual!). Depois, com os anos, o marido tem sintomas de demência, com lapsos de memória que correspondem aos buracos que se veem pela ressonância magnética.

Depois relata uma série de condutas obsessivas dela mesma, como "pentear as franjas do tapete", e de ter iniciado uma relação extraconjugal com um representante do "Folletto"[1] (nome de um aspirador).

A colega com a qual ela trabalha foi diagnosticada com uma doença do esôfago que faz com que tenha vômitos constantes.

---

1   *Folletto*, em italiano, significa duende [N. T.].

Parecem imediatamente claros os temas trazidos pela paciente: para representar o seu drama fez o *"casting"* de uma série de personagens: o marido surdo/deficiente visual/com déficit de memória, a colega com o vômito, o representante do "Folletto".

Estão claras as defesas que põe em prática com relação a estados protoemocionais dilacerantes: ou não vê-los / não ouvi-los / ou tentar esquecê-los ou então evacuá-los (vomitá-los) nas crises de ataques de pânico.

Os elementos protoemocionais não digeridos, que chegam a parar no esôfago, podem somente ser evacuados, e aí provocam o que eu que já tinha denominado de "síndrome Kracatoa", isto é, a fuga aterrorizada em relação a estados protoemocionais vulcânicos que são expelidos.

A chegada da relação extraconjugal com o analista – pensado como um representante do mundo da loucura[2] – abre uma fresta de novas possibilidades. Aqui eu me lembro de uma observação importante de Baranger, de como um analista sempre paternal e acolhedor, pode ser, sim, tranquilizador mas desta forma impede ao paciente de fazer com que ele represente todos os papéis de que o paciente necessita, incluindo exatamente o depositário da loucura.

O barítono e o passarinho

Matteo é um fazendeiro que sofre de ataques de pânico. É um colecionador de facas e de todo tipo de armas. Apresenta-se tipo "Rambo", ainda que, de repente, cheguem os ataques de medo que

---

2 Jogo de palavras associando "representante da loucura (em italiano, *follia*)" com o "representante do Folletto" [N. T.].

o paralisam. Estes cessam, ou pelo menos diminuem significativamente, quando a agência matrimonial à qual se dirigiu, o coloca em contato com uma mulher, deprimida e sofrida, que tem feito repetidas tentativas de suicídio. Depois, durante a sessão, Matteo alterna momentos em que fala com sua habitual voz de barítono, com momentos em que quase pia com uma voz débil, quase de contralto.

A análise está funcionando como "agência matrimonial" que realiza uma espécie de *casting* de partes cindidas que por enquanto aparecem no encontro com a parte de si mesmo frágil e desesperada. De alguma forma, a análise é responsável pelas suas retomadas de contato com emoções desesperadoras que lhe causam sofrimento, em vez de ter necessidade de evacuar estes aspectos que depois o aterrorizam devido ao seu incontrolável caráter explosivo.

Martino às voltas com os pugilistas

Faz tempo que Martino termina cada sessão enfatizando o quanto se sente "rejeitado" por alguém (várias podem ser as narrativas e os cenários aos quais se refere).

O fato é tão evidente que o próprio Martino o aponta, com a ajuda de alguma intervenção minha. Um dia, faz referência explícita à namorada e de como ele se sente rejeitado se ela se afasta por qualquer motivo, mesmo que ela vá beber um copo de água. Em um sonho ele aparece formando uma espécie de "quadrúpede" junto com a sua namorada, e depois, quando o quadrúpede se transforma em dois bípedes, Martino fica aflito pela parte que falta. Ser dois bípedes relativamente independentes é muito doloroso para Martino. Mas ele imagina que aos outros também acontece o que acontece com ele, e que os outros sofram terrivelmente se ele se afasta. Assim, ele elaborou todo um conjunto de estratégias para que cada "outro" com quem ele tem um relacionamento, sempre esteja satisfeito com ele, nunca ferido pelo seu comportamento ou por um afastamento seu, mesmo que seja através da divergência. Ao fazer isso, há a intenção, não é plenamente consciente, de ensinar ao outro como lidar com ele, para evitar que ele seja exposto ao abandono. Mas por quê, ele se pergunta. O que acontece se ele sente que o outro se afasta e o deixa sozinho?

Na sessão seguinte começa dizendo que, quando está sozinho, imagina que começam a bater na sua porta pacientes psiquiátricos graves que não o deixam em paz. Depois, relata um sonho no qual a sua namorada está com ele em um ônibus: ela desce em um ponto, e nesse mesmo ponto sobe uma série de homens robustos, com grandes luvas, que ele imediatamente entende serem lutadores de Box profissionais que começam a esmurrá-lo sistematicamente, até ele ser jogado para fora do ônibus todo cheio de hematomas; depois percebe que nas camisetas eles tinham algumas letras que ele não tinha conseguido identificar bem.

Em seguida conta que fez um exame de sangue no qual aparece uma diminuição da gamaglobulina, portanto o médico havia prescrito "análises mais detalhadas".

Neste ponto está claro o que acontece com Martino quando sua namorada desce na parada, ou para dizer melhor, quando a sessão para, quando a sessão termina (ou mesmo quando o contato emocional dentro da sessão é perdido): boxeadores/emoções violentas chegam e o "trituram". São as emoções que ele não pode conter ou se opor, mas das quais é vítima. Não tem suficientes defesas, gamaglobulinas, para contê-las. É verdade que são emoções das quais começa a vislumbrar a possibilidade de que sejam "nomeadas". Não sabemos ainda o nome que têm "na camiseta", mas poderíamos imaginar que se chamam dor, desespero, decepção, raiva, vingan-

182   *CASTING* E SOFRIMENTO MENTAL

ça, todos estados mentais pelos quais Martino ainda se sente oprimido, mesmo que esteja trabalhando muito sobre isso. Ser bípede ainda significa, para ele, estar exposto às emoções que a ausência/a distância do outro ativa dentro dele. Deverá ainda se fortalecer no ringue/*setting* analítico, para poder enfrentar seus estados protoemocionais alfabetizando-os até que ele possa se sentir – na ausência do outro – só, mas não rejeitado e abandonado.

Luisa e os lobos

Luisa teve um tumor que foi removido com sucesso e precisa fazer avaliações periódicas. O objeto da sua fala é "o marido", que alternativamente só pode ser considerado, ou como um modo de funcionamento do terapeuta, ou como uma forma de funcionar inconsciente da própria paciente.

O marido nunca quer ouvir falar do "tumor", "ele joga de várias formas, muitas vezes perdendo muito dinheiro". Depois Luisa conta que tem medo de perder o controle com relação à comida e de se reduzir a não ter nada em casa para evitar os saques que poderia fazer à noite, toda vez que perde o controle. Em seguida, conta um sonho no qual ela é perseguida por uma manada de lobos. As emoções são, para ela, um bando de animais ferozes que podem dilacerá-la, precisa fugir, procurar o controle.

Marcella e os zumbis

Eis o cenário apresentado por Marcella, já no limiar dos sessenta anos.

Sofre de insônia, com pesadelos assustadores. Conta imediatamente o tipo de relacionamento que havia entre seus pais: o pai alcoólatra espancava violentamente a mãe que depois era abusada de mil outras maneiras.

Em seguida, conta uma série de infortúnios e de lutos que a atingiram: a morte ainda jovem da filha Carla, em virtude de um câncer de mama; a traição do marido, pego em flagrante adultério; a morte dele por causa de um câncer de pulmão; a morte de um irmão por causa de um câncer de próstata; a morte de seu sogro por causa de câncer de pleura.

Fala do alívio que encontrou na sua vida graças ao encontro de um novo namorado, Maurizio (isto, logo depois que começou a terapia); mas o que parecia um alívio, tornou-se logo outro terrível problema: está sempre espiando continuamente se ele a ama ou não, e quando ele se afasta, quando vira as costas, eis que os monstros proliferam.

É claro que este relato pode ser ouvido a partir de diferentes vértices: o mais congenial para mim é o de que, na ausência de uma função alfa suficientemente adequada, cada estado protoemocinal desencadeia um proliferar de monstros. Isto é, o "máximo divisor comum" de todas as narrações me parece que é justamente esta proliferação de estados (proto) emocionais tumorais que se tornam incontroláveis, impossíveis de serem contidos e matam qualquer possibilidade de vida. Por último, também o encontro descontínuo com o analista torna-se mais uma causa de sofrimento e de proliferação de emoções incontroláveis: quando a luz da relação com o outro obscurece, como no filme *I Am Legend* [Eu Sou Lenda] chegam os incontroláveis monstros da solidão

184   *CASTING E SOFRIMENTO MENTAL*

Eis diferentes histórias que nos contam do drama da nossa espécie: isto é, aquele longo cuidado que necessitamos para internalizar os instrumentos, os aparatos para conter os monstros e transformá-los em emoções, pensamentos, sonhos.

A antecipação de Martina

Martina chega, em uma sessão de segunda-feira, aproximadamente 8 minutos antes de seu horário, e eu me pergunto o que fazer. Decido fazê-la esperar na sala de espera. (O meu *setting* habitual é que os pacientes cheguem na hora certa, sem o uso da sala de espera). Depois, a sessão flui normalmente. Na sessão seguinte Martina chega com 20 minutos de atraso. No dia seguinte, com 15 minutos de atraso. Toda tentativa minha de ligar este atraso ao fato de eu tê-la feito esperar 8 minutos é inútil.

Neste ponto, coloca-se para mim a questão de como ultrapassar a barreira de negação que Martina colocou. No dia seguinte e no depois, esquece o cheque do pagamento (estamos no final do mês). Todas as minhas tentativas de interpretar a sua raiva em relação a mim por causa do que havia acontecido são negadas.

Neste ponto me comunica que não poderá fazer as quatro sessões já programadas para a semana seguinte, porque "custa muito caro". Qualquer tentativa de interpretação é nula. Há a interrupção do fim de semana e Martina conta ter tido muitos sonhos. No primeiro matava seus pais. Neste ponto, eu lhe digo que é evidente que está muito brava e, talvez, não só com os pais, mas também comigo e que "para começar" matou a quarta sessão. Ela ri. "E você não sabe que sonho eu tive depois", acrescenta, "eu estava me queixando com uma amiga de ter casado com uma pessoa de pouco valor e eu queria deixá-la, talvez não imediatamente, mas o projeto era esse." Ao que eu lhe digo: "Eis o porquê do meu "para começar" de antes, na verdade está tão brava comigo que lhe pareço de pouco valor e que o projeto é de me deixar, de interromper a análise. A frustração de ter sido deixada na sala de espera feriu-a tanto, angustiou-a tanto, que somente a raiva e a vingança podem acertar as contas." Continua dizendo que teve um outro sonho em que havia uma criança bonita que ela gostava e queria adotar, e depois uma amiga em relação à qual ela estava triste que se afastasse.

Eu lhe digo que agora o que eu disse a convenceu e que está triste de ter de afastar o projeto da quarta sessão, e que, talvez, o que a preocupa é que uma maior frequência nossa possa representar um maior sofrimento. Termina a sessão dizendo que "assim que tiver me perdoado" faremos a quarta sessão.

De todas essas sequências gostaria de destacar dois aspectos: por um lado, interpretações aparentemente negadas deixam sementes que depois irão desabrochar em sonhos, por outro lado, os sonhos são realmente a poesia da mente, com uma capacidade de comunicar, instante a instante, o que acontece na relação atual e, além disso, são narrados na sequência que testemunha o desenvolvimento do estado afetivo do instante relacional no qual são narrados, como acontece com o sonho da criança e da amiga que aparecem quando a fratura comunicativa foi reparada.

Laura e o anão

Laura logo relata seus problemas de comunicação com o marido. Depois, conta ter sido abusada por um "anão defeituoso" dos 5 aos 14 anos, um vizinho de casa onde ela era enviada para levar comida. Em seguida, passa a falar de sua irmã com "hidrocefalia". Naturalmente, estes personagens poderiam ser vistos de maneiras muito diferentes. Se eu olhar para eles da forma que me é mais própria, eu os pensaria da seguinte forma: há uma dificuldade de Laura para entrar em contato consigo mesma e, desta forma, aspectos cindidos e defeituosos da sua mente abusam dela; isto causa um excesso de hiperconteúdos que causam uma dilatação do continente (hidrocefalia). Desta forma, dispomos desde o início de personagens e intérpretes para dar início a uma história que seja transformadora dos instrumentos para pensar, elaborar, que até agora têm sido insuficientes.

Gianni e a dislexia

O cenário narrativo proposto por Gianni é logo específico: fala de bancos, de ações, de títulos, da bolsa. Depois acrescenta ser disléxico. Logo se apresenta uma espécie de Asperger bem administrado: de um lado, há a transformação em números, em matemáticas que eliminam o afeto, de outro, há um "tsunami emocional" que permanece cindido, isto é, um grumo de estados protoemocionais que não é capaz de decodificar, de ler. Suas ações, suas obrigações, os ganhos e as perdas afetivas são desconhecidos para ele. Violentas, porém, chegam as crises de pânico a lembrá-lo da existência do "tsunami emocional".

O trabalho de análise só poderá consistir em aulas de leitura emocional: o tsunami precisa ser decomposto em todos os ventos/ emoções do qual é composto para, em seguida, dar um nome a cada um deles. Passaremos assim da tramontana, do siroco,[3] e dos tornados, à raiva, à desilusão, aos ciúmes. Somente este trabalho irá permitir também o desenvolvimento daquelas funções mentais que tinham permanecido atrofiadas.

---

3   Tramontana e Siroco – dois ventos característicos da Itália [N. T.].

O chamado da savana

Benedetta pede uma análise porque, após um percurso escolar impecável, ela se "travou" no quarto ano de Veterinária, repetindo o mesmo exame seis ou sete vezes, sempre sem sucesso. Há algum tempo mudou seu estilo de vida, sai muito à noite, não se reconhece mais "na menina boazinha e gentil" que sempre foi. Quando chega, anda com passos aveludados e usa óculos escuros. Conta da morte da sua melhor amiga em um acidente de moto.

Ela teria desejado fazer uma faculdade diferente, talvez o DAMS,[4] talvez uma escola de teatro. Ela diz que lhe contaram que, desde bem pequena, em vez de sugar leite da mamadeira, parecia "soprar". Depois, fala de uma fobia que foi crescendo cada vez mais com o passar do tempo, não pode tocar e agora nem mesmo ver a alface. Pensando bem, percebe-se cada vez mais mudada – acrescenta: "Opositiva, rebelde, com desejo de fazer tatuagens e *piercings*".

Para mim, já neste ponto se delineiam duas histórias: a de uma "ovelha" (herbívora), e a de uma "tigresa" (carnívora). Ao lado da ovelha-bendita há uma tigresa-maldita que sempre foi exorcizada, até que esta, justamente diante do exame na universidade sobre os "grandes herbívoros", disse "chega" e pediu para ser reconhecida no grande felino que assopra. A ideia é a de uma tigresa que foi "ovelhizada" e que pede para poder voltar a se "desovelhizar" e reencontrar aquela si-mesma que não pôde se tornar. Morreu a que era a sua melhor amiga, a sua "domesticidade", e o seu ser "selvagem" pede para ser reconhecido e aceito. A fobia da alface é muito significativa e nos fala da "filia" pela carne, uma espécie de Bosch

---

4 DAMS – Disciplinas da Arte, da Música e do Espetáculo [N. T.].

188   *CASTING* E SOFRIMENTO MENTAL

que se rebela diante da pintura do Beato Angélico![5] Chega a ser acometida por uma alergia à lã. Ou então outra metáfora poderia ser a da que começou a se rebelar ao ver no cinema *Marcelino, pão e vinho* quando gostaria de poder ver, em cinemascope e colorido, *Genghis Khan e o lobo da estepe.*

O polvo lenhificado

Um colega muito experiente traz em supervisão um caso fornecendo algumas poucas pinceladas da sua paciente: teve duas patologias proliferativas bloqueadas pela quimioterapia, tem também uma irmã com síndrome de Asperger. Depois, ela teve um surto psicótico e um período com uma depressão grave até uma parada psicomotora. No entanto, conseguiu sair dessa situação.

Já neste ponto, forma-se dentro de mim um percurso associativo: de um lado, uma proliferação incontrolável de emoções, do outro, uma miniaturização delas através da aspergerização ou da parada. Enquanto esses pensamentos iam se formando dentro de mim, o colega continua me contando dois sonhos:

– O primeiro da paciente: estava na Bolívia, em La Paz, uma amiga lhe dizia que ela não era culpada como, ao contrário, muitas vezes ela se sentia, depois tinha crostas de sangue em suas mãos que quando removidas, as mãos começavam a escorrer sangue; associa depois com a própria agressividade.

---

5   Bosch – pintor holandês do século XV que pintava quadros assustadores; Fra Angélico pintor renascentista italiano do século XV cuja pintura retratava Santos e Madonas [N. T.].

– O segundo havia sido feito pela mãe da paciente (mas, obviamente, relatado pela paciente na sessão): tinha plantado no jardim um tamarindo, em seguida, havia tentado erradicá-lo, quando tinha conseguido, o tamarindo havia se transformado em um "polvo malvado, melhor, em um polvo que invade a casa".

As minhas hipóteses se confirmam: há um funcionamento cindido "La Paz", mas também uma voz amiga. Se as crostas são removidas, as mãos escorrem sangue, sangue de uma incontrolável fúria assassina, mas também o sangue de uma pobre "Crista". As emoções, portanto, ou são lenhificadas no tamarindo ou, voltam a ser vivas, tornam-se povos ruins, ou melhor, polvos invasivos, loucos aspectos simbióticos que fazem sangrar de fúria e sofrimento. Portanto, a paciente oscila entre o transbordamento de emoções incontroláveis e sua lenhificação.

A mãe, o empregado e o filhote

Lena é uma jovem empresária. Tinha havido uma boa sessão na qual tinha emergido a dificuldade de me falar das suas emoções mais íntimas por medo que eu a julgasse e a criticasse.

Durante a sessão do dia seguinte conta que sua mãe, voltando de uma viagem, havia trazido uns sapatos, como ela havia pedido, mas não exatamente do tipo que ela queria. Depois ela a convidara para almoçar, fato pouco habitual, mas ela não sabia se iria.

Creio poder dizer-lhe que na sessão anterior ela sentira que eu tinha dito algo que era como um presente, mas eu não tinha dito as coisas como ela realmente teria desejado, mas de qualquer forma havia sentido compartilhar um momento de proximidade. Em seguida, dou um exemplo com o qual tento colocar em imagem um outro conceito que havia sido tratado na última sessão, mas um pensamento que vem bagunçar minha mente não me permite ser realmente claro, simples e eficaz, como eu pretendia.

"Há um funcionário meu – retoma Lena – que trabalha mal, que não encaixa bem o que tem que fazer, eu estou me perguntando se devo demiti-lo. Não escuta as minhas sugestões, faz as práticas do seu jeito e não com a precisão e pontualidade que lhe peço". Parece-me que recolher de forma explícita a sua insatisfação pela minha falta de clareza pode ser útil e lhe digo que, de um certo ponto de vista, talvez esteja se queixando que a minha colocação anterior na parte do exemplo foi realmente pouco precisa.

Em casa – continua Lena – o cachorrinho é realmente bonzinho, não suja, é bem comportado, parece mesmo entender o que você quer dele. Neste ponto não interpreto, "brinco" sobre/com o tema filhote de cachorro que trouxe uma nova vitalidade na família.

Penso que é possível ver bem as transformações dos personagens: a mãe $\rightarrow$ o funcionário inadequado $\rightarrow$ o filhote de cachorro, transformações que desenham as transformações emocionais presentes no campo, incluindo aquela onda emocional que havia tumultuado a minha mente e que eu tinha conseguido conter. Onda que era também o "ir ao ar"[6] de estados afetivos mais profundos que estavam se descongelando em Lena.

O sonho de Carlo

Carlo é um paciente adulto que chegou se autodiagnosticando com síndrome de Asperger.

---

6   Em italiano, "*andare in onda*" [N. T.].

Vou relatar apenas um sonho que traz após alguns meses de análise: vai pôr gasolina que é colocada no seu carro por uma mulher, depois a gasolina começa a vazar do tanque; a gasolina é necessária para fazer funcionar o carro, mas está aterrorizado que possa pegar fogo. Na segunda parte do sonho faz sexo oral com a mulher do posto de gasolina, em seguida descobre que ela tem um pênis, e isso o alivia porque se sente seguro.

Ele parece dizer que está ciente de que as emoções são um combustível necessário para viver a vida, mas está aterrorizado que possam pegar fogo e tornarem-se incontroláveis (isto o levara a estudar matemática renunciando à paixão pela profissão de médico); ao mesmo tempo, sente a intimidade do novo relacionamento analítico (relação oral), mas vive sua analista como uma mulher "pintuda" (com os testículos), na qual pode confiar: um continente capaz de acolhimento e intimidade, mas também capaz de paredes espessas (a função paterna da impossibilidade de extensão para além de um certo limite das paredes do continente).

Portanto, é um recipiente receptivo, elástico, mas também não extensível além de um certo ponto, a fórmula que pode levar a poder viver as emoções sem medo de incêndios e inundações; isto é, o exercício de uma função de modulação dada pela capacidade de oscilação da mente do analista entre elasticidade e rigor.

Um último ponto que eu gostaria de mencionar é que a mesma angústia ou conjunto de angústias podem encontrar as mais diversas expressões sintomáticas. Isto irá depender dos mecanismos de defesa aos quais um paciente mais facilmente terá acesso pela cultura das defesas familiares (em um longo período de tempo, isto vale em relação à cultura do grupo; por exemplo histeria → ataques de pânico).

Objeto autistizante

O objeto autistizante é um objeto excitante (do momento que evacua elementos beta em ondas sucessivas), mas que depois não está disponível (não há espaço para acolher). A metáfora poderia ser a de uma mulher bonita reluzente que não só é frígida, mas sofre de vaginismo. É um objeto que desperta desejo, luxúria, mas depois decepciona, não acolhe, rejeita. Isto porque o seu reluzir não está relacionado a sinalizar um campo de pouso, mas é uma luz resultante de raios luminosos que dispara para ser encontrada. É uma espécie de bailarina de cancã que esconde uma pequena vendedora de fósforos que acende os fósforos para se aquecer, é um objeto que, com suas sinalizações, acende emoções (que são as da excitação antidepressiva que sente, que depois não está em condições de acolher, de administrar, de transformar).

Após ter feito a experiência desta relação, "a criança" aprende a se defender (do excesso de decepção que sente), a se autistizar: não responde mais à chamada, não recebe mais a mensagem da chamada e se fecha defensivamente.

Este fechamento é um meio para não ser ainda mais dilacerado por emoções fortes demais para poderem ser suportadas. O objeto é um objeto reluzente, mas que é ativado com o objetivo de descarregar um excesso de tensão, com certeza não atrai para se colocar à disposição. Você o vê... ele o excita... você fica excitado, neste ponto você o procura, ele se afasta, você fica frustrado, sente raiva, decepção, humilhação, então você aprende a ficar indiferente. É um objeto-pulsar que evacua sem ter "lugar" para receber, porque já está cheio de turbulência beta, que necessita usar como uma chamada para novas evacuações. A história deste objeto é a de um objeto que não desenvolveu uma cavidade própria porque, por sua vez, foi pouco acolhido. Diante destes objetos, a autistização é, no fundo, uma saudável política defensiva que permite manter alguns retalhos de função alfa. Talvez este tipo de objeto é ainda mais psicotizante do que um objeto deprimido ausente. A fim de evitar mal-entendidos, é evidente que estou falando de torrões autistas presentes na mente e não do autismo no sentido estrito, que é algo totalmente diferente.

Rêverie *positiva* e rêverie *negativa*

A mente do outro deveria ser receptiva, capaz de absorver, conter e fornecer o método, depois transformar estados protosensoriais e protoemocionais em imagens e, portanto, em pensamento.

Nem sempre as coisas acontecem desta forma: às vezes nós temos diferentes graus de *rêverie* negativa (-R), desde *rêverie* parcial ou totalmente obstruída até situações limítrofes, em que há uma inversão do funcionamento e a mente que deveria acolher e transformar projeta na mente que desejaria e necessitaria evacuar e encontrar espaço e método para administrar protoemoções. Estes funcionamentos mentais, esses fatos traumáticos (e, essencialmente, o trauma consiste em estar na presença de mais elementos β dos que, por si só ou com a ajuda do outro, podem ser aceitos e transformados), depois são relatados em infinitos cenários possíveis. O que eu estou dizendo é que qualquer narrativa, até mesmo a mais aparentemente realista, enquanto analistas (*e apenas enquanto analistas*), sempre nos fala de uma outra coisa: nos fala do mundo interno do paciente e especialmente – se soubermos ouvir – nos fala da adequação/inadequação dos instrumentos (para sentir, sonhar, pensar), de que dispõe. (Faimberg, 1996).

194 *CASTING* E SOFRIMENTO MENTAL

Basicamente, para mim a análise tem a ver com todos os métodos através dos quais estes instrumentos (e aparatos) podem ser desenvolvidos (por vezes, criados).

Nando e os monstros

Nando, 9 anos, sofre de enurese, tem dificuldade em adormecer, tem medo de fantasmas e monstros. Ele passa o tempo jogando no computador e quase parou de falar.

Imediatamente vem à minha mente o tema incontinência /hipercontinência. Há um excesso de "monstros" que Nando tenta "computadorizar", hiperconter, também através do quase-mutismo, e depois há a incontinência (a enurese, a incapacidade de dormir). Esses monstros (agregados de elementos β) tornam sua vida impossível. A mãe diz, em uma das entrevistas, que quando ele era pequeno não o aguentava e, assim, muitas vezes o entregava aos avós, que lhe impunham muitas regras. Eis portanto o que pode acontecer na presença de uma capacidade de *rêverie* insuficiente ou intermitente (se pensarmos nos avós como seu próprio endurecer impondo regras).

Em um dos primeiros encontros, pegando um elefante escreve (ele tende mais a escrever do que falar na sessão) que o elefante tem um espinho na pata há 6000 anos. Em seguida, escreve que um outro personagem, o "Puffo", tem sempre pesadelos: é perseguido por todos os animais ferozes do zoológico que querem comê-lo. Em outras palavras, ele se sente perseguido por estados protoemocionais ferozes que poderiam dilacerá-lo. É claro que Nando não tem qualquer lugar para manter eventuais interpretações, portanto estas terão de ser "brincadas" indiretamente através dos personagens.

A gagueira de Cosimo

Cosimo, 18 anos, sofre de gagueira, ao falar bloqueia-se periodicamente e, depois, com esforço, recomeça. Ele também sofre de enurese e incapacidade de ejacular. Especialmente, conta a mãe, não consegue pronunciar o som "GRRR".

A ideia que surge imediatamente é a de um pitbull segurado pelo rabo, que periodicamente foge, morde, e depois é segurado novamente pelo rabo. Portanto, teríamos esta alternância de hipercontinencia/incontinência. Logo após essa minha fantasia, Cosimo me diz que ele adoraria pegar os lagartos pela cauda, mas que a cauda deles se destaca e ele ficaria apenas com a cauda. Conta que tem um cachorro chamado KIRA, do qual eu não tinha conhecimento (para mim se transforma imediatamente em K-IRA). Ou seja, parece-me que o GRRR que não pode ser verbalizado aparece com esta "IRA", que por enquanto ainda não pode ser expressa.

Fabiana e a hipercontinência

Outro exemplo no qual se pode ver claramente a ligação "incontinência temida"/"hipercontinência" com consequente mutismo é o de Fabiana. Se os freios que travam a comunicação não fossem tão eficazes, teríamos provavelmente uma gagueira, ou o alternar-se de constipação/diarreia. Nos casos de mutismo, uma imagem que muitas vezes se forma na minha mente é a do *Grito de Munch* (ver Figura 6.1).

Com uma "focinheira", que o transforma – como já foi dito anteriormente – em Hannibal Lecter.

Figura 6.1

Mas voltemos à Fabiana. Contam-me que, além do mutismo sofre de enurese e prisão de ventre (Lurani, 2009). Mostra então claramente a temática da incontinência/hipercontinência. Em um cenário é incontinente, em outro hipercontinente. Apresenta também uma zona de inflamação peri-oral pela qual fica constantemente lambendo os lábios: isso me faz pensar no cachorro que eu tinha quando criança, que se a focinheira estivesse muito apertada, depois ficava lambendo a boca por horas.

O primeiro desenho que faz (Figura 6.2) me chama atenção pela maneira pela qual a menina mantém seus pés, com as pontas viradas para dentro, em um claro sinal de fechamento.

Depois, chama a minha atenção a janelinha com a barra central que tem na saia, e da casa/míssil com incêndio/fumaça na parte alta. No desenho-fumaça parece ser possível distinguir uma espécie de monstro com a boca cerrada.

A mãe de Fabiana conta, nas primeiras sessões, de três abortos espontâneos que teve antes do nascimento da filha, e das frequentes crises de fúria do marido. Eis uma outra narração sobre o registo da incontinência. Os abortos teriam ocorrido – no relato da mãe – por causa de uma "pequena parede" (um septo?) que ela teria tido no útero (outra variação da hipercontinência que bloqueia?).

Na primeira sessão, Fabiana entra facilmente na sala e depois parece "de repente" desembestar, pega alguns personagens com os quais tenta destruir tudo furiosamente. Após algumas intervenções continentes se acalma e depois pega um porquinho dizendo que ele tinha muito cocô para fazer e que agora precisava limpar sua bundinha.

Depois continua desenhando: no desenho 2 (Figura 6.3) em vez da casa há uma menina com garras e uma boca vermelha (a inflamação?) e, em cima, no lugar da fumaça-monstro aparece uma espécie de animal-grande inseto voador (a parte impossível de ser contida?).

No desenho seguinte (Figura 6.4), aparece no canto inferior esquerdo uma espécie de Hulk todo verde, algumas espécies de lesmas sem concha e, em seguida, alguns quadrados-claustros que encerram novamente turbulências que começam a surgir.

Neste ponto, os personagens começam novamente – é hora de terminar a sessão – a fazer cocô em toda parte.

Na sessão seguinte aparece uma "menina no elevador" (Figura 6.5), que na verdade, é uma espécie de claustro-gaiola. É quando ouve a interpretação que "para" aquela menina deve ser terrível ficar em uma gaiola ou fazer cocô em todos os lugares, que Fabiana começa a falar dizendo (e, enquanto isso desenha os óculos) que, porém, há um médico que parece ter visto.

Depois de anos de terapia relata um sonho: tinha enormes luvas, de um buraco pulava para fora um puma. Ela conseguia se defender graças às luvas. O puma fugia. Em seguida, chegavam alguns homens que eram caçadores que aprisionavam o puma em uma rede, e assim ele não dava mais medo.

Figura 6.2

Figura 6.3

Figura 6.4

Figura 6.5

7. Quem o viu?

O espectro do onírico

No início da sessão com Luigi estou tomado por uma enorme raiva e decepção por um fato que aconteceu na minha vida fora da sala de análise. Um fato – em si não grave – mas que no momento ativa em mim emoções muito violentas.

Luigi, no início, continua o assunto do dia anterior para depois mudar de relato e me dizer que no hospital (onde ele trabalha), chegou a esposa de seu ex-médico chefe (já falecido, e do qual ele era muito próximo) por causa de uma ferida na cabeça, na realidade superficial, mas que sangrava muitíssimo. Ele havia cuidado dela e em pouco tempo a hemorragia havia cessado.

O que pensar desta comunicação?

Penso que é provável que o paciente tenha captado o meu estado mental (a minha hemorragia psíquica, a minha ausência mental, o meu sofrimento) e estivesse cuidando de mim, enviando-me não só um sinal de "mensagem recebida", mas também uma ajuda ativa ao reorganizar visualmente o que estava acontecendo comigo. Depois ele me fala de um seminário sobre Bion no qual dizia como era difícil ser analista e o preço que se paga por isso. Nesse ponto, eu lhe digo que eu teria duas possíveis interpretações psicanalíticas: uma, que ele havia retomado a velha modalidade de colocar as pilhas "Duracell" e fazer tudo sozinho; a outra, que ele estava se exercitando em fazer uma autoanálise na minha presença, com a aproximação do término de sua análise. Mas, na minha opinião, a verdade era especialmente outra, ou seja, que ele havia captado o meu estado psíquico, estava descrevendo-o e cuidando do mesmo. Algo havia me atingido antes da sessão e ele estava cuidando disso.

Anos de trabalho analítico, nos quais tinha sido principalmente eu a funcionar como organizador de seus estados emocionais, haviam-lhe permitido agora o desenvolvimento e a organização desta função.

Eu poderia, nesse ponto, contar o caminho desta análise e os momentos importantes de encontro não verbal que levaram o paciente à capacidade de *sonhar* por mim, mas prefiro me deter sobre os instrumentos, sobre o conjunto de ferramentas que tornam possíveis essas operações mentais. Creio que o uso de diferentes formas de comunicação inconsciente tem suas raízes nos diferentes níveis do onírico. É por isso que vou falar do "espectro do onírico", que, em suas diversas manifestações, nos permite compreender estas situações tão complexas. Mas vejamos em detalhe.

O onírico foi por longo tempo relegado à investigação dos sonhos feitos pelo paciente: verdadeira *via regia* em direção ao Inconsciente a ser desvelado. James Grotstein (2007), em seu extraordinário livro *A Beam of Intense darkness* [Um raio de intensa escuridão] fala de *"dreaming ensemble"*, isto é, todos os aspectos do onírico presentes na mente, mas esta formulação pode ser lida também como uma atividade de *"dreaming ensemble"* de analista e paciente. Deste modo, o espectro do onírico se expande de um modo que nunca havia acontecido antes. Por outro lado, a psicanálise nos últimos anos tem gradualmente caminhado cada vez mais na direção de dar um peso igual à vida mental do analista na sessão e à do paciente, a ponto que alguns modelos, como aquele do "campo psicanalítico" (Baranger, 1961-1962; Baranger, 1993; Bezoari, Ferro, 1992; Gaburri, 1997; Kancyper, 2002; Lewkowicz, Flechner, 2005; Ferro, 1999; Eizirik, 2005; Ferro, Basile, 2009), levam em conta a formação de uma nova identidade, a do campo, comum a ambos e resultado da vida mental de ambos.

Sem querer aprofundar este conceito radical, no qual eu vejo um instrumento dos futuros desenvolvimentos da psicanálise, vou tentar olhar a vida mental do paciente e do analista, separadas embora fortemente interdependentes. Uma rica discussão sobre a objetividade e a subjetividade é desenvolvida nos artigos de Hanly (1990), de Renik (1993) e de Smith (1999).

Eu gostaria de acrescentar, de forma mais geral, que um movimento que se vê na psicanálise é a passagem de uma psicanálise das memórias e dos conteúdos para uma psicanálise que leve ao desenvolvimento dos instrumentos e dos aparatos para sentir, pensar, sonhar.

A partir de Bion (1962, 1963, 1965), a formação do Inconsciente é vista como fruto do encontro da rêvrie com as identificações projetivas (Ferro, 2002, 2009; Ferro et al., 2007; Ogden, 2007, 2009; Grotstein, 2007, 2009). A sensorialidade é transformada em imagens (pictogramas), dando assim origem a pensamentos que

204   QUEM O VIU?

poderão ser lembrados, esquecidos, e que, de qualquer forma, irão formar o Inconsciente que seria, nessa acepção, secundário respeito à relação com o outro, ou com a mente do outro. Mas não é tanto o aspecto teórico que me interessa quanto a descrição dos fatos clínicos significativos de forma compartilhável e clara. Neste ponto poderíamos fazer distinções nas trocas comunicativas entre paciente e analista, o que irei examinar aqui em seguida.

Contínua atividade de rêverie *de base*

Em uma *contínua atividade de rêverie de base ou subliminar,* sensorialidade e estados protoemocionais se transformariam continuamente de forma subliminar em pictogramas; isto também implicaria na transmissão do método para fazê-lo.

Isto é o que encontramos naqueles pacientes que estão mais atentos à receptividade do analista do que à comunicação verbal; uma destas pacientes me disse, depois de um certo número de anos de análise: "Quando o meu namorado fala comigo, não me importa o que ele me diz, eu somente procuro saber, pelo tom de sua voz, se ele me ama ou se ele está bravo comigo."

Em outras palavras, o paciente se pergunta se a mente do analista é côncava-receptiva ou convexa-repelente (ou mesmo ausente).

Liliana e as férias de verão

Liliana está em seu quarto ano de análise e, por longo tempo, fez uso de mecanismos de negação em relação ao uso que faz do trabalho analítico e da necessidade que sente dele, bem como da sua utilidade.

Ao retornar em setembro, após a pausa de verão, conta das férias em uma grande cidade do Oriente, onde não se podia jogar o papel higiênico usado após as próprias necessidades no banheiro, porque havia o risco dos esgotos entupirem. Então era preciso colocar o papel higiênico usado e sujo dentro de cestinhas higiênicas aguardando a chegada do encarregado da limpeza para retirá-los.

Esta me parece uma clara comunicação do que acontece se os esgotos correm o risco de entupir, se não há mais a mente receptiva (e com *rêverie*) do Outro capaz de assumir e transformar as identificações projetivas de elementos beta que permanecem não alfabetizados e que precisam esperar a chegada do analista/encarregado para retirar aquilo que, de qualquer forma, ainda é possível de ser contido pelo paciente. Paciente que, porém, está toda entupida com isso, obstruída, de fato aparece com um terrível resfriado, tosse, cheia de muco.

Na noite seguinte, tenho três sonhos: no primeiro, vou fazer xixi e emito urina vermelha, mista com sangue (no meu dialeto nativo – siciliano – isto indica algo que dá muito trabalho, é equivalente a um grande esforço); depois tenho outro breve sonho no qual sou atacado por uma espécie de pequeno animal pré-histórico, verde, uma espécie de lagarto verde, e isso me remete a um claro sentido de perseguição; por último, um terceiro fragmento onírico no qual eu digo que está tudo bem, mas eu mesmo não acredito muito nisso, no fundo reconheço que há problemas.

Associo imediatamente estes sonhos a Liliana e me digo que com os meus sonhos eu alfabetizei seus estados protoemocionais de esforço/ perseguição/fraca negação sofridos durante e por causa das férias em virtude da forçada interrupção dos esgotos (o canal identificações projetivas ⟷ *rêverie*).

206 QUEM O VIU?

No dia seguinte, quando encontro Liliana, fico espantado ao constatar que não está mais entupida, não tem mais tosse nem resfriado. A reabertura do canal IP ⟷ R desentupiu Liliana dos seus entulhos que até agora tinha conseguido conter.

Verdadeiros fenômenos de rêverie

Temos depois os *verdadeiros fenômenos de rêverie*, aqueles em que estamos conscientes da imagem que se forma na nossa mente em resposta à evacuação da sensorialidade por parte do paciente. Este fenômeno foi muito bem descrito por Ogden (2005) e pelos Botella (2001), dos quais recordamos belíssimos exemplos. Esta "imagem" que se forma na nossa mente é preciosa, porque é a forma pela qual algo ainda não pensado/pensável entra na análise, ou no campo analítico, através da nossa mente. Naturalmente, podemos ter *rêveries* visuais, acústicas, sensoriais e assim por diante, para cada órgão dos sentidos.

Rêverie *em* flash

Considerarei agora as que eu chamaria *rêverie em flash* ou *em curta-metragem* pela sua instantaneidade.

Uma *rêverie* visual: Francesco/Francesca

Abro a porta para Francesco, um belo rapaz de aproximadamente trinta anos, e tenho um instante de desorientação ao ver diante de mim uma moça alta, de cabelo encaracolado, com aparência angelical. Procuro focalizar a imagem e, após alguns instantes, reencontro o Francesco de sempre. Fico espantado, diria atônito, por esta minha des-percepção sensorial, tento me dizer que deve ser uma espécie de *rêverie*, mas não encontro nada ao qual poder conectá-la.

Durante a sessão do dia anterior eu havia feito algumas interpretações fortes a respeito de aspectos da sua vida sexual. Ou melhor, sobre certas fantasias relacionadas com a sexualidade de Francesco, que em um sonho estava na direção de um F14 e, em um outro, era Briatore[1] na direção de um *off-shore*.

Imagens que, mesmo que com um colorido um pouco maníaco, davam a Francesco o sentido de novas descobertas, ele que sempre havia se visto como um rapaz respeitoso, e às vezes obsequioso. Francesco é um rapaz profundamente bom mas, como todos, não é só isso. A sessão continua e Francesco relata um primeiro sonho no qual há um videogame, depois vem ao meu consultório, que é o quarto 360. Digo-lhe que parece que vive a análise como um jogo, sem cantos proibidos ou sem cantos que não podem ser explorados, justamente um *game* de 360 graus.

Ele ri, dizendo que percebe com espanto quantas coisas há dentro dele, mas que ele não sabia que existiam. Neste ponto acrescenta que teve outro sonho: havia um enfermeiro que se aproximava de uma moça meiga e delicada e suas intenções pareciam ruins, talvez quisesse violentá-la.

Somente neste momento eu me lembro da minha *rêverie* inicial – a moça meiga e de cabelos encaracolados – e posso lhe dizer que, talvez, meus comentários de ontem, sobre as fantasias sexuais, de um certo ponto de vista, abriam cantos ainda inacessíveis, mas

---

1   Briatore – Personagem do *jet set* italiano um pouco cafona mas riquíssimo [N. T.].

por outro lado um pouco o haviam escandalizado. Confirma isto plenamente, dizendo que não é fácil se redescobrir mais parecido com um Depardieu do que com um dos sete anões, como ele havia sempre pensado. Eu respondo dizendo que era possível que até mesmo algum dos sete anões tivesse fantasias sexuais sobre Branca de Neve. Explode em uma sonora e libertadora risada.

Mas, se o espaço "de transformação" que passa através de um estilo coloquial é um dos principais motores da análise, é também verdade que, às vezes, a interpretação é o que abre novos horizontes.

Rêverie/*construção*

Depois temos o que eu definiria *rêverie/construção* ou *em longa metragem*: nela não se trata de uma única imagem, mas de uma série de imagens, que depois unimos em um conjunto até formar uma espécie de construção interpretativa

A senhorita meia porção: loira e com o cabelo liso

Amanda está em seu terceiro ano de analise, na realidade, após ter combinado uma análise de quatro sessões, alegando os mais diversos motivos, faz somente duas sessões. É uma pessoa inteligente, atenta, mas que parece viver sem entusiasmo, sem expectativas, sem paixões. Uma história sentimental na qual ela havia investido muito deu errado e ela pensa não poder ter outras histórias; tem um trabalho qualificado no hospital, porém sem um estímulo de carreira ou de começar uma atividade particular. As férias são sempre passadas em uma fazenda na Toscana.

Então, dentro de mim, eu começo a chamá-la "senhorita meia porção", porque me parece viver com meia cilindrada. Num certo momento, torna-se um personagem da sessão "um cachinho preto" que ela encontra nas escadas e que ela pensa ser um outro paciente meu. No início, não dou importância, mas a história se repete até o seu relato de que nas escadas cumprimenta o "cachinho preto" e depois lhe diz: "Aposto que vamos para o mesmo lugar".

Neste ponto, de repente, aparece para mim um cenário: a "senhorita meia porção", com o cabelo loiro e liso (é ela que descreve seu próprio cabelo) começou a encontrar "o cachinho preto" (Yolanda, a filha do Corsário Negro). Surge em minha mente um quadro do por que me ocorreu chamá-la "senhorita meia porção": a parte que começa a encontrar é a outra meia porção. Para mim, coloca-se a questão de como usar esta minha fantasia. Decido propor a ela, contando-lhe o apelido que eu lhe dera, da meia porção de sua análise, da ausência de vivacidade e de planos para o futuro (tem 35 anos!), da ausência de projetos de trabalho, e acrescento que "o cachinho preto" me parece estar no lugar do potencial inexplorado de si mesma: isto é, a outra "meia porção" desconhecida, preta, que, talvez, poderia turbiná-la. Ela me pergunta: "Mas porque poderia ter acontecido isso comigo, o senhor fala como se eu tivesse 1000 de cilindrada e na garagem eu tivesse as peças para outras 1000 e assim eu teria uma cilindrada de 2000?".

"Exatamente – eu digo – mas eu não me preocuparia muito do por que, e sim de como fazer para interpretar as peças do motor que faltam".

Silêncio.

"Segunda-feira não tem sessão, eu vou a uma festa organizada pelos meus tios que veem da Alemanha, sabe, eles moram na Floresta Negra e comem salsichas e javali".

Somente neste momento me dou conta que o nome da paciente é a metade do título de um livro famoso (sem a outra metade).

Na sessão seguinte, depois de se queixar de muito trabalho e de como a mãe coloca muita coisa no carrinho de compras e cabe a ela arrumar tudo, relata três sonhos.

Eis como ela ajeitou as coisas: no primeiro sonho estava em uma praça tipo San Babila.[2] Chegavam muitos ônibus com muita gente; depois havia uma explosão, inicialmente parecia uma bomba perigosíssima, depois somente uma explosão. Ela decide continuar pelo Corso Venezia, que mudou e se torna Veneza, dois amigos, um tipo mendigo, outro tipo toxicômano, não querem se mexer e permanecem mendigando.

No segundo sonho, o médico-chefe tentava "dar em cima" de uma enfermeira colocando em volta dela um cobertor elétrico e até queria colocar a tomada.

No terceiro sonho, ela viajava para a Calábria, onde tinha que ir encontrar pessoas ou talvez parentes que tinham duplos sobrenomes unidos.

A paciente não sabe o que dizer, então eu proponho que aquilo que eu havia lhe dito a respeito do cabelo loiro e do cachinho preto, no início parecera uma bomba, depois resultara em uma explosão de emoções e, se por um lado havia uma nova perspectiva (Corso Venezia → Veneza), por outro lado, havia também uma inércia para caminhar nessa direção; mas havia também outras emoções: o medo que eu quisesse "dar em cima" dela, que eu quisesse mani-

---

2   San Babila – Grande praça em Milão, muito central [N.T.].

pulá-la, embora por último partia em busca dos duplos sobrenomes: família Biondillo-Brunetta ou família Biondi-La Bruna.[3]

A sessão termina, ela se levanta, há o barulho de uma terrível tempestade. Somente neste ponto percebo que ela tem duas bolsas, uma clara e a outra escura. Com ar esperto diz, abrindo a bolsa escura; "Ainda bem que a Brunetta trouxe o guarda-chuva".

Transformações em sonho

Além deste tipo de *rêveries*, que eu chamaria de "naturais", gostaria de acrescentar um outro tipo, fruto de experiência e de trabalho analítico que denominei (Ferro, 2009) *"transformações em sonho"* (que se acrescentam a todo o conjunto das transformações descrito por Bion, 1965).

As transformações em sonho consistem em uma atitude – filha de exercício e de capacidade negativa – que nos permite antepor a qualquer comunicação feita por um paciente aquilo que eu defini "um filtro mágico", isto é, as palavras "tive um sonho no qual...": isto implica em uma desconstrução narrativa e uma desconcretização da comunicação do paciente, que perde qualquer estatuto de realidade externa para assumir um estatuto de realidade psicanalítica.

A motocicleta e a neurologista

Comunico ao Federico que teremos que cancelar duas sessões dali a um mês e outras duas na semana seguinte àquela na qual cancelamos as duas.

---

3 Jogo de palavras com variações de bionda (loira) e bruna (morena) [N. T.].

212 QUEM O VIU?

Ele responde dizendo que quer comprar uma motocicleta: imediatamente penso que a motocicleta é o aprender a andar sobre duas rodas/sessões em vez de nas costumeiras quatro (carro/análise). Digo-lhe apenas que dirigir uma moto é aprender a manter o equilíbrio. Responde dizendo que, na semana seguinte, a esposa irá para Paris, onde vai fazer um Master em um departamento neurológico para distúrbios vestibulares. Aqui também, digo somente que sua esposa parece interessada nos estudos mais aprofundados sobre vertigem e equilíbrio. Responde que sim, e que ela gostaria de trazer para Pavia o que irá aprender em Paris.

Considero todos esses personagens como pertencentes aos mundos possíveis e, portanto, virtuais abertos pela análise. Análise equiparada a uma espécie de *Truman Show*[4] do qual se sai apenas no fim de cada sessão e da própria análise.

A mesma modalidade de escuta, sempre com a adição do "filtro mágico na escuta", vale também para situações mais complexas, isto é, aquelas de supervisão, nas quais, de qualquer forma, se estabelece um campo afetivo expandido no qual se realizam os mesmos fenômenos da análise a dois (na realidade, de dois agrupamentos internos).

As noites de Estocolmo

Fabrizio, um paciente em análise avançada, inicia uma sessão perguntando se há sociedades de psicanálise na Suécia.

Está lendo – ele me diz – dois livros *Homens que odeiam as mulheres* e *A moça que brinca com fogo* de Stieg Larsson, que mos-

---

4 *Truman Show* – Filme no qual o personagem principal, sem saber, vive em um programa de TV [N. T.].

tram aspectos impensáveis da Suécia, onde violência, prostituição, corrupção, abusos, perversões, estão inesperadamente presentes.

Digo-lhe que existem várias sociedades de psicanálise na Suécia, e fazendo uma interpretação-*acting* que implica em uma micro *self-disclosure*, depois que ele menciona a pracinha do Palácio do Nobel em Estocolmo, digo-lhe que justamente descendo reto a pequena rua e virando à esquerda chega-se na sede de uma das sociedades suecas. Acrescento que há muitos analistas capazes, como Salomonsson, *Ferro-n-son* e outros. Não capta o sentido da minha comunicação (que a mim parecia bastante evidente), até que ele a integra sozinho, rindo e dizendo: "Charles Bron-son" – ele também ficaria bem como analista dos meus bairros com luzes vermelhas, marginais, violentas, mas creio que o "son" do Ferro possa conseguir se virar até nessas zonas de fronteira.

No fundo, temos nesta sequência uma série de fatos: uma demonstração minha de que conheço a zona onde a inteligência (os Nobel), a violência (as noites de Estocolmo) e antídotos a esta (sociedade de psicanálise) coabitam e, especialmente, que confio nas funções psicanalíticas (os analistas presentes) que sabem lidar também com estes aspectos. Tudo isso acontece sem cesuras interpretativas e com o compartilhar do significado aparentemente manifesto da comunicação de Fabrizio. Isto leva a um desenvolvimento narrativo, isto é, uma *transformação narrativa*, na ausência de uma minha interpretação explícita.

Pensamento onírico do estado de vigília e sonho

Outro aspecto é representado pelo considerar as relações que existem entre *o pensamento onírico do estado de vigília* e *o próprio sonho da noite*.

214   QUEM O VIU?

Nesta forma de ver, o sonho da noite seria uma espécie poesia visual da mente. Uma comunicação que precisaria mais ser intuída do que decifrada. No fundo, não há nada que coloque mais em contato as duas vidas mentais de analista e paciente, quanto o relato de um sonho: primeiro, porque indica uma disponibilidade em abrir as próprias gavetas, sem que o analista precise usar um pé-de-cabra, além disso é também uma referência de imagens vivas entre a vida mental e emocional de ambos, desde que eles não sejam "marmorizados" em busca de um hipotético outro significado, para além daquele que abre para a possibilidade de alfabetizar estados emocionais e de comunicar estados afetivos sem excessivas defesas ou inibições.

O arroz[5] e o gato

Uma paciente sonha com uma tigela cheia de arroz, mas logo percebe que contém fragmentos picados de pequenos insetos repugnantes. Este sonho chega depois de meses em que a paciente era tomada por incontroláveis risadas após toda e qualquer tosse ocasional na sessão. Isto acontecia, segundo Elena, pela lembrança da agonia de sua avó que havia ocorrido entre ataques de tosse, que a impressionara muito. Fragmentos de sensorialidade não metabolizados e não alfabetizáveis estavam então cobertos e escondidos sob o arroz (riso).

Após quase dois anos de trabalho, por ocasião da chegada das férias de verão, Elena tem um sonho longo e complexo que vou resumir: ela bebia algumas gotas de orvalho tiradas de algumas folhas, não havia fontes de água em nenhum lugar, em seguida diz

---

5   Em italiano *riso*, que significa tanto arroz quanto riso [N. T.].

que gostaria de ver morto um rapaz que ela gosta, assim não ficaria atormentada pelo pensamento de que ele possa ficar com outras pessoas e não com ela; depois está em um pântano e de baixo sai um leão que poderia mordê-la, dilacerá-la. Pensa novamente no sonho captando a carestia da primeira parte, o ciúme da parte central e, finalmente, a raiva pela qual pode ser dilacerada. Pensativa, acrescenta: "Não sei porque eu pensei que os gatos 'quando arrancam seus bigodes' ficam desorientados".

A análise funcionou ao permitir que, após dois anos de trabalho, pudesse haver o precipitado de significados em, e através deste, sonho. Os fragmentos de sensorialidade, de protoemoções, tornaram-se "carestia, ciúmes, raiva e desorientação". A proposito deste último, inútil dizer que eu tenho bigode e que, agora, a agonia da perda pode ser elaborada, descrita, vivida. Mas nem sempre é possível ficar em contato direto com estados emocionais profundos e dolorosos e, no final da sessão, diz: "Eu estou indo de férias para Cuba e lá tenho certeza que vou comer muito arroz (riso); aqui no trabalho, às vezes, é como se houvesse a criptonita [substância que tirava as forças de um herói das histórias em quadrinhos: Superman]; mas, acima de tudo, eu me consolo com o fato de que em setembro eu vou receber a bolsa do doutorado".

Portanto, Elena é capaz de oscilar entre o contato com as emoções relacionadas à perda e defesa (o riso), e é capaz de viver a desorientação de me perder (do meu bigode) e de considerar o fato de que em setembro – após as férias – vai me encontrar novamente.

O fato de que a mente do analista tenha suas próprias turbulências (ou, pelo menos, em sua maioria próprias) ou participe das turbulências do campo, não é necessariamente uma desvantagem, desde que o analista tenha consciência de que o que acontece no campo (do qual ele participa) é codeterminado.

O depósito de lixo e a menina

Segunda-feira pensei ter feito uma boa sessão com Lucilla.

Na sessão seguinte Lucilla diz ter tido um sonho: ela estava em um lugar ermo, uma espécie de aterro cheio de lixo, anda neste espaço cheio de dejetos quando vê três mulheres, feias, sujas, tipo bruxas que estão judiando de um gatinho.

Prosseguindo na escuridão do lixão as bruxas se multiplicam e tornam-se cada vez mais assustadoras. Tem muito medo, quando chega um carro de "Virgili urbani" (lapsus para "vigili urbani"),[6] que fazem ela entrar no carro. O carro é dirigido por uma "policial feminina gordona", que parece não levar a sério o relato que a paciente faz, a ponto de que ela teme ser jogada para fora também do carro, mas eles a mantêm dentro.

No segundo sonho, para seu espanto, um casal bem constituído entra em crise, ela pega nos braços a menina, filha do casal, que porém escorrega dos seus braços, cai no chão, ainda que pareça não ser um golpe mortal.

Indago a mim mesmo a respeito desses sonhos, penso em quando eu comuniquei o período das férias, mas já tinham passado várias sessões, e só então percebo que durante a sessão anterior eu tinha sido invadido por uma preocupação "pessoal" que me fizera perder algumas frases da paciente, ainda que, logo em seguida, pareceu-me estar novamente sintonizado. Neste ponto, eu pergunto se, durante a última sessão, algo tinha lhe chamado a atenção. Responde imediatamente: num certo ponto tive a impressão que você não me escutava.

---

6   *Vigili urbani* = policiais civis [N. T.].

Posso então mostrar-lhe o que acontece quando ela vive o sentimento de uma redução da minha presença: tem a vivência de ser "despejada", pensa não ter valor, ser para mim lixo do qual eu quero me livrar. Depois se sente progressivamente invadida por sentimentos de raiva, dor, desespero, pelos quais teme ser dominada (as bruxas), mas depois sentiu novamente que eu estava perto dela, mas não tinha certeza da minha confiabilidade, temia ser novamente despejada e quando tudo isso acontece, um bom casal – o nosso – entra em crise e a confiança (a menina) cai, ainda que não de forma irreparável.

"Você não poderia ter dito de uma forma melhor o que eu senti – acrescenta – é impecável!". Não é à toa que eu me chamo "ferro", acrescento (subentendendo um léxico nosso, o ferro de passar que tira as dobras).[7] Neste ponto começa um trabalho sobre as raízes "do medo e da vivência de não ser ouvida", desta vez em outro cenário, ou seja, o infantil e o histórico.

Mas como considerar este último cenário? Depende do tipo de modelo. Em um modelo, o trabalho na atualidade permitiu o acesso ao mundo da infância, da reconstrução histórica. Em outro modelo, o problema de não ser ouvido que pulsava em um ponto central do campo agora foi "resfriado" e quase marginalizado em um local menos presente, mas que serve como deposito das transformações. Uma terceira possibilidade é a de não nos colocarmos essa questão e considerar somente os vários orbitais do campo: uns mais centrais, outros mais periféricos, com movimentos contínuos para lá e para cá, com roteiros e cenários em constante mudança.

---

7   Jogo de palavras entre *non fa una piega* (impecável) e *pieghe* (dobras) [N. T.].

218 QUEM O VIU?

A todos esses pontos, no entanto, eu gostaria de acrescentar os fenômenos opostos, e sem me estender na descrição das *rêveries* negativas, ou das –*rêveries*/construções, gostaria de dizer apenas algumas palavras sobre o máximo divisor comum dessas operações, isto é, as *transformações em alucinose*, descritas por Bion (1965) como um dos funcionamentos que mais distorcem a realidade que a nossa mente é, por vezes, capaz de fazer.

Nelas, tudo o que acontece a partir da sensorialidade $\rightarrow$ imagem funciona ao contrário: sirva para todos o exemplo de uma interpretação que, em vez de nascer do encontro emocional com o paciente, nasce a partir de uma nossa teoria. Neste sentido, projetaríamos dentro dele algo pré-formado que não lhe pertence e do qual se sente invadido. O analista, portanto, vê falsas ligações que impõe ao paciente: evacua algo dele mesmo que bloqueia qualquer criatividade e qualquer possível abertura de significado.

Espero ter conseguido testemunhar como, na visão pós-bioniana, é levada em conta a formação do Inconsciente que se torna um Inconsciente extremamente móvel, em constante transformação e que ganha vida a partir da soma de pictogramas, que depois serão utilizados para lembrar, para esquecer, para criar, para inventar com uma espécie de poço de São Patrício[8] que sempre poderá gerar infinitos novos significados.

---

8 Um poço muito profundo em uma cidadezinha da região do Lazio dentro do qual parece ser possível descer sem fim [N.T.].

8. Histórias de vida, histórias de análise: publicação e transmissão da psicanálise

Reconstrução? Sim, obrigado

O conceito de reconstrução tem sido, ainda que dentro do halo semântico que implica, um conceito forte da psicanálise. Naturalmente, no sentido de reconstrução da cena infantil ou do romance familiar diz respeito principalmente àqueles pacientes com os quais uma teoria da repressão, das memórias de cobertura, da sexualidade infantil pode ser o eixo central do trabalho. Bob Pyles (2007) conclui seu trabalho dizendo que "a reconstrução é um dispositivo técnico através do qual o paciente é *reconduzido junto* (*reunido*) ao seu passado [...] experimentalmente através da relação analítica".

Estamos falando de uma forma de pensar a análise que olha legitimamente para os conteúdos. Esta forma, este modelo, é pouco aplicável aos pacientes mais graves (ou, aos aspectos mais patológicos de cada mente) e às crianças, especialmente as menores, ou até mesmo aos bebês, como nas recentes experiências extraordinárias de autores suecos (J. Norman e B. Salomonsson).

Quero dizer que há uma maneira diferente de pensar a análise em base à qual "os conteúdos" são um precipitado de operações realizadas anteriormente. O que interessa é a reconstrução (às vezes, a construção) dos *instrumentos* que permitem tais operações. Portanto, as deficiências de tais instrumentos são a fonte da patologia: uma vez que estes são "reconstruídos" e em condições de funcionar farão brotar conteúdos apropriados. Nessa ótica, o gênero narrativo dos conteúdos é relativamente pouco importante: quer se trate de memórias da infância, quer se trate de relatos de sexualidade, quer se trate de relatos da vida cotidiana, muda pouco. É como se uma editora produzisse livros, e fosse, portanto, legítimo olhar para o conteúdo desses livros. Mas é como se, antes de tudo, houvesse o problema do funcionamento, ou não funcionamento, do que serve para imprimir e encadernar os textos, e ainda anterior a isso, o problema dos computadores que organizam os textos e do papel necessário, e ainda mais anterior o problema dos autores do texto.

Uma análise dos estados mais primitivos da mente – que de Klein em diante sabemos que constantemente subjazem aos estados mais desenvolvidos – olha, portanto, para o desenvolvimento dos instrumentos que permitem a transformação do protossensorial e protoemocional em elementos figurados coloridos de afetividade e dos instrumentos que permitem sua contenção e seriação. Na linguagem de Bion, poderíamos dizer que o interesse se deslocou para o *desenvolvimento da função* α e *desenvolvimento do* ♀.

Quando estes instrumentos (para pensar os pensamentos, sentir as emoções, sonhar os sonhos) são inadequados, chegam em socorro defesas muito primitivas, tais como:

- a cisão;
- a letargização;

- a evacuação;
- o esfomear;
- assim por diante.

Gostaria agora de prosseguir na linha C da Grade contando por imagens, através de vinhetas clínicas, a teoria subjacente, que de outra forma soaria árida e repetitiva.

Onde está o tubarão de Dina

Dina é uma moça anoréxica que conta logo que nasceu na Sardenha, portanto eu me pego pensando-a na minha mente como sar-dina[1] e me pergunto se a estratégia não é a de tentar deixar com fome "o tubarão", que certamente não cabe na pele de uma sardinha. O problema é como desconstruir o tubarão (feito de estados protoemocionais e protossensoriais condensados) em narrações.

Por um longo tempo, Dina irá substituir a estratégia do esfomear com longos rituais evacuativos, com os quais tentará afastar de si todos os mínimos traços de "tubaronice", que voltarão imediatamente a se formar como conglomerado indistinguível de emoções impossíveis de serem pensadas. Em seguida, irá substituir com rituais de limpeza que a farão permanecer horas e horas em chuveiros e banheiras; até que possa encontrar uma primeira forma narrativa através de personagens dos quais faz "o *casting*", isto é, companheiras extracomunitárias,[2] em particular, uma turca e uma iraniana da qual não compreende a língua. O tubarão se torna algo menos dilacerante e começa a se desconstruir nos

---

1   *Sardina* = sardinha [N. T.].
2   De fora da União Europeia [N. T.].

HISTÓRIAS DE VIDA, HISTÓRIAS DE ANÁLISE

personagens *Turca* mais *Ira-niana*... a história continua à espera de novos personagens que tornem a história ainda mais narrável.

Mas tudo isso pode acontecer graças à função digestivo-enzimática da mente do analista.

Arcangelo e o irmão ladrão

Arcangelo é proprietário de um posto de gasolina; poderia estar contente com a sua vida e com a família que construiu, não fossem os tormentos que lhe dá Claudio, seu irmão mais novo, que entra e sai da cadeia entre um roubo e uma rixa. É claro que o trabalho será integrar, costurar juntas essas partes cindidas, mas para isso é preciso desconstruir o irmão nos fios emocionais – alguns dos quais, no início, inexprimíveis – pelos quais o irmão é tecido.

Tancredi e o irmão Ruggero

Tancredi é o filho mais velho de uma família de tabeliões. Ele estuda medicina como o irmão Ruggero, dois anos mais novo. Tanto Tancredi é honesto em sua profissão, à qual se dedica com paixão e dedicação, quanto Ruggero é desprovido de escrúpulos seja no trabalho seja na vida privada. Ruggero tem, em rápida sucessão, cinco esposas, as quatro primeiras mortas de doenças diversas. A quinta se separa, sentindo que milagrosamente escapou da morte. O que não é dito, mas circula na família, é que Ruggero – novo Barba Azul – pode ter eliminado as quatro esposas. Nunca será processado, mas a polícia verificou se as mortes das quatro esposas, uma de parto, uma de câncer, duas de doenças circulatórias, foram completamente normais.

Tancredi considera indispensável tornar-se reconhecível do seu irmão, de forma que faz crescer uma longa barba (!). Ruggero está sempre no limite da legalidade em sua profissão, enquanto Tancredi conquista a estima de todos. De vez em quando, na casa de Tancredi, aparece alguém enganado por Ruggero que vem pedir satisfação, mas Tancredi com sua longa barba demonstra não ser Ruggero.

Tancredi se casa com uma jovem burguesa que, após alguns anos de casamento, não conseguindo engravidar, tem uma relação extraconjugal com o único propósito de gerar um filho, ao qual parece não poder renunciar.

Tancredi que sabia – sem tê-lo revelado – de sua esterilidade, fica transtornado. Ele não sabe como lidar com isso. Ele teria desejado muito ter um filho, mas seu "Ruggero" interno o havia impedido de mostrar suas cartas. Decide fingir que não sabe de nada e aceitar com alegria esta paternidade. Mas, nesse meio tempo, "o seu Ruggero" despertou como um vulcão, é tomado por crises de ciúmes, de fúria: Ruggero provavelmente desejaria mais uma vítima.

Tancredi não encontra outra solução se não trancafiar Ruggero dentro de si mesmo e mantê-lo em um regime carcerário de segurança máxima, a ponto que "falta o ar" para Ruggero. Tancredi adoece gravemente de asma e de claustrofobia. Portanto é ele mesmo que sofre com o aprisionamento de Ruggero.

É neste ponto que Tancredi procura uma análise, que lhe permitirá desenterrar o "Ruggero ladrão e talvez homicida" das masmorras onde havia sido preso. O trabalho da análise será todo focado (aparentemente) sobre o "irmão Ruggero", que aos poucos poderá ser desconstruído nas subunidades de base, que após um trabalho de metabolização poderá ser integrado em Tancredi, cuja doença psicossomática sairá de cena, que decidirá se separar da esposa e acolher plenamente o filho como seu. Filho que nunca irá saber dessa tragédia, da qual foi, sem saber, protagonista.

O trabalho de Tancredi na análise é realizado, principalmente, através do trabalho do sonho e dos relatos da "sala de cirurgia" – de fato, é um cirurgião. A especialização em cirurgia cardíaca torna-se a forma através da qual Tancredi narra todo o trabalho que precisa fazer no centro de seus afetos para recuperar o contato com suas dilacerantes emoções ligadas a uma mãe "morta" – no sentido de André Green – e a um pai deprimido que sempre exorcizou sua depressão através de uma vida brilhante e do sucesso nos negócios.

Além do duplo na sala de análise, que é a "sala de cirurgia cardíaca", a cenografia vê Tancredi colecionar, na nova casa na colina onde vai morar, uma série de animais de tamanho cada vez maior: vão desde a gaiola do Pintassilgo ao viveiro de pássaros exóticos, do primeiro Labrador, aos Dobermann, aos mastins napolitanos. Da vaca ao burro. Toda uma fazenda ganha vida em plena sintonia com Tancredi, que encontra sua plena fertilidade nas emoções que vive com o filho e com todas as pessoas que o circundam no seu "trabalho".

O sonho da "Arca de Noé", no qual Tancredi se salva do dilúvio universal resultante da irrupção/aprisionamento de Ruggero conclui sua análise com o presságio de que uma nova e viva existência é possível.

Laura e o maldito Cristiano[3]

Laura é gêmea heterozigota de Alberto. Tanto Laura é extrovertida, quanto Alberto é fechado em si mesmo. Laura é filha de um coronel que trabalha na NATO que se transfere com a família

---

3   Além de ser um nome próprio, Cristiano significa cristão [N. T.].

em uma zona de operações militares. Alberto se transfere para Israel, onde obtém o diploma de engenharia, vivendo sozinho; não tolera nenhuma emoção sendo que de fato se "autistiza" no funcionamento afetivo, sem possibilidade de qualquer envolvimento passional. Ou melhor, se apaixona pela filha de um outro coronel, mas quando descobre que ela, durante as férias verão, foi dançar no clube dos oficiais, o novo Otelo mata seu namoro, retornando à sua vida de solteiro.

Laura, nesse meio tempo, namora na sua pátria um magistrado com o qual projeta se casar. Voltando onde estão seus pais para umas curtas férias, apaixona-se por um alto oficial americano. É uma paixão ardente, mas Jim volta para os Estados Unidos sem dar mais notícias de si. O namoro com Lucio, nesse meio tempo, acaba e depois Laura se apaixona por um engenheiro muito inteligente, Cristiano, que depois se revela uma pessoa totalmente não confiável.

Eles estão em uma zona de operações militares, onde Cristiano faz brincadeiras que poderiam levá-lo à Corte Marcial: às vezes imita perfeitamente as sirenes que anunciam a chegada de mísseis, e todos no meio da noite fogem procurando refúgio nos *bunkers* indicados. Faz ainda pior: às vezes imita o som das sirenes do fim do ataque, fazendo com que as pessoas voltem para casa antes que o ataque dos mísseis tenha terminado, fazendo com que as pessoas corram riscos gravíssimos. Em seguida, monta um comércio secreto de material eletrônico, roubando os galpões dos depósitos e fazendo trapaças de todos os tipos. Por fim, de volta à Itália, Cristiano parece colocar a cabeça no lugar. Mas por pouco tempo.

Engenheiro químico brilhante com uma alta graduação na Guardia di Finanza,[4] monta uma enorme fraude contra o Tesouro,

---

4 Guardia di Finanza – Grupo da Polícia Federal que se ocupa das fraudes financeiras [N. T.].

enriquecendo de forma indescritível até o momento em que, junto com o "sócio", é descoberto e ambos acabam atrás das grades.

Laura, arrasada, decide nesse momento procurar uma análise, que no início será mantida pelo pai, que, após voltar para a Itália, havia se tornado um respeitado consultor de uma indústria.

É fácil intuir quais serão os personagens que logo entrarão no *casting*: Alberto, ou a impossibilidade de viver as emoções, e Cristiano, ou a fraude contínua, o disfarce da realidade, a mania, a negação de qualquer contato emocional verdadeiro.

Após um período inicial de mutismo (Alberto), Cristiano entra em ação na sessão tentando continuamente trapacear em tudo o que é possível. Manter o *setting* suficientemente estável é a primeira dificuldade. Cristiano é uma espécie de rio transbordante. É um funcionamento incontinente que se alterna com um funcionamento hipercontinente (Alberto).

Estes dois aspectos são continuamente narrados em múltiplos cenários: a incontinência na escola do seu primeiro filho, Luigi, e a extrema timidez, que às vezes beira a incapacidade de se comunicar, da segunda filha; a alternância de constipação e diarreia por um longo período de Luigi e episódios de enurese da filha, a fobia das facas desta e os rituais obsessivos Luigi.

À medida que isso tudo vai sendo narrado, vão se dissolvendo os coágulos de impossibilidade de pensar e Laura consegue cada vez mais "mentalizar" e se reapropriar destas narrações como uma forma de exprimir seus funcionamentos. Decisivo é o encontro, na escola onde Laura começa a trabalhar, com o diretor, homem por sua vez divorciado, como há tempos também Laura o é de Cristiano. Entre os dois nasce uma terna amizade que aos poucos se transforma em uma relação intensa que irá levá-los a se casar e ter um filho: Ettore.

Lucilla e os vaga-lumes

Antes das férias de verão Lucilla fala das férias maravilhosas que vai ter em lugares de sonho... por outro lado fala de pessoas que lhe viraram as costas.

Embora não seja fácil fazer interpretações de transferência, decido explicitar o que eu penso ser seu momento emocional: tenta ser uma Princesa dos contos de fadas, mas talvez para não se sentir a Pequena Vendedora de Fósforos que possivelmente está dolorida ao pensar que eu vou me afastar.

Após um momento de silêncio, Lucilla me responde dizendo que ela tinha ido para o campo onde estava tudo escuro, mas de repente chegou um grupo de vaga-lumes que tinham feito uma luz maravilhosa e que haviam lhe dado paz e tranquilidade. Portanto, não é verdade que interpretações de transferência não devam ser feitas: há momentos na análise que são imprescindíveis e os pacientes nos mostram toda sua utilidade.

Viviana e mastectomia

Com Viviana me vejo na necessidade de cancelar uma sessão de forma inesperada.

Inicia a sessão seguinte dizendo que testemunhou um furto: estava no bar tomando um aperitivo com uma amiga quando um homem gordo, sul-americano, acompanhado por uma mulher vistosa, roubou a bolsa da sua vizinha e fugiu. Acrescenta que não vale a pena que eu perca tempo com interpretações, já que o significado é claro: hoje é o dia do pagamento e eu sou o ladrão que lhe tiro o dinheiro. Depois continua o relato falando da amiga com quem estava no bar, que foi submetida a uma mastectomia.

Neste ponto, eu pergunto a ela se o furto que eu faço não seria mais o da sessão que lhe roubo, e talvez existam separações tão violentas e abruptas que causam uma dor indescritível. Começa a chorar e soluçar pelo resto da sessão. Saindo seu rosto está sereno e doce como acontece em certos dias de verão após a tempestade.

Minha interpretação foi deliberadamente "insaturada", mas na minha mente era pelo menos trivalente: separação de mim (o ponto mais quente); separação do namorado que havia acontecido recentemente (o ponto mais correspondente, o vértice mais visível, para a paciente); o afastamento do pai da sua casa quando ela era pequena (o ponto de dor mais profundo e negado até mesmo em relação a mim/pai).

Maddalena e as tartaruguinhas

Antes das férias Maddalena, paciente adulta e em análise avançada, tem um sonho: duas tartaruguinhas saem da gaiola e vão para o mar, depois, quando o alcançam param um pouco e depois voltam para a gaiola. Maddalena percebe, então, que uma miríade de microtartaruguinhas saiu da gaiola e vai em direção ao mar, e ela fica muito preocupada que pássaros possam comê-las, então as recolhe e as coloca em um pote para protegê-las até a volta do "encarregado" das tartaruguinhas. Creio que não é necessário nenhum comentário.

Alfio, Margherita e as novas emoções

Um paciente que está prestes a iniciar um novo relacionamento envolvente (e que está mudando a forma de estar na sessão, no sentido de uma maior disponibilidade emocional) tem um sonho: ele está dormindo com um bebê em um quarto no terceiro andar (andar do meu consultório) quando percebe que alguém está se preparando para invadir este quarto.

Neste momento, vê alguém que vai arrombar a porta e entrar violentamente: ele pula da cama e enquanto "aquele alguém", seguido por outros, irrompe no quarto imediatamente adjacente; Alfio consegue pegar a criança nos braços e descer as escadas; depois sobe em um carro, colocando em segurança ele e a criança. A irrupção de novas emoções em sua vida é percebida inicialmente como algo perigoso, ameaçador, do qual precisa, no momento, se colocar em segurança.

Margherita, uma paciente no quarto ano de análise, no momento em que está dando início a novos relacionamentos no trabalho e na vida, e também na análise está sendo capaz de se abrir para novos sentimentos, sonha que está em uma praia e vê o mar no qual há ondas cada vez mais fortes, uma em especial adquire uma forma gigantesca e chegam até elas alguns respingos. "São todas as emoções – dirá comentando o sonho – que brotam dentro de mim, neste momento, no qual tantas coisas estão mudando na minha vida, emoções positivas: estes homens que estão atrás de mim e que despertam em mim muitas sensações novas que, embora positivas – o que eu sempre busquei – são também como uma estimulação contínua. Isso, como o xixi que nos últimos tempos eu perco: isso, não sou capaz de segurar xixi e emoções."

Geralmente pensamos que são difíceis de conter, de administrar, de viver, as emoções associadas com o que chamamos de "negativo": raiva, ciúme, tristeza, decepção etc... Mas é importante entender que não é absolutamente assim. Não importa o sinal (além de tudo arbitrário) que damos às emoções, + para positivo ou – para negativo, o que importa é a relação entre sua intensidade e a nossa capacidade de contê-las, administrá-las e metabolizá-las. Algo semelhante vemos acontecer nos processos de luto: um luto, uma ausência poderíamos compará-los com um buraco que permanece em uma estrutura pastosa, que mais cedo ou mais tarde será fechado. Às vezes, isto não acontece, o buraco permanece, não se inicia o processo de cicatrização do luto: é a "não coisa" de Bion (1965). Onde costumava haver algo ou alguém, há um buraco que se torna uma presença persecutória insanável. A não coisa só poderá ser "tampada" pelos vários mecanismos de defesa, geralmente de natureza excitatória. O mesmo se aplica a todas aquelas emoções que não conseguimos trazer para um nível de pensabilidade, de figurabilidade, de continência. A alternativa a vivê-las é evacuá-las.

Marzia e o fogo

Uma paciente oscila entre formas de relacionamentos extremamente passionais que a queimam e fechamentos de tipo autístico.

Um dia Marzia conta um sonho no qual toda a sua casa havia sido destruída pelas chamas, assim como no livro *Jane Eyre*. Em seguida, a casa foi reconstruída com um detalhe especial: em cada quarto havia uma lareira. Depois ela fala de um antigo relacionamento que havia interrompido porque o parceiro tinha um ciúme insano, e de um outro relacionamento que também fora interrompido porque ela e as relações sexuais com ela tinham-se tornado, para este segundo namorado, como uma droga.

Neste ponto, eu lhe digo que graças ao trabalho feito parece que não há mais o risco que as chamas ou a paixão possam devorar toda a casa, há uma lareira em cada quarto, justamente a situação da análise, que permite conter o fogo. "Sim – acrescenta –, mas é melhor manter tudo apagado". "Talvez porque teme que o 'ciúme' e a 'dependência' não possam, de forma alguma, serem contidos", eu comento. "Quero colocá-los no fogo". "O ponto é – eu acrescento – se colocá-los no fogo para destruí-los ou para cozinhá-los tornando-os de alguma forma possíveis de serem digeridos".

Mudança catastrófica e emoções

Somos bastante equipados para lidar com cisões (ou seja, aspectos ou funcionamentos "separados"), para lidar com pacientes heterogêneos como bem descritos por Danielle Quinodoz (2003) e até mesmo para ter acesso a pacientes com "duplo funcionamento alternado", nos quais temos *uma* forma de funcionamento ou *outra*, o sol e a lua sem que nunca entrem em contato, ou seja, pacientes que mudam na configuração alostérica de si mesmos.

Enquanto a cisão implica em um trabalho de desconstrução da parte cindida, do desenvolvimento de continente, de re-implantação de fragmentos cindidos, os pacientes heterogêneos necessitam da descrição contemporânea de dois funcionamentos muito diferentes, mas co-presentes; o trabalho com pacientes com "duplo funcionamento alternado" é muito mais difícil, porque se houver um não há o outro. Podemos tentar fotos interpretativas que captem no tempo aquilo que é difícil captar deslocado no espaço.

Mas o que eu disse até agora é uma simples introdução ao tema da "mudança catastrófica". Eu creio que na maioria das análises bem sucedidas há progressivos desenvolvimentos de K; talvez possamos ter alguns micro O em algumas sessões, mas na maioria dos casos, temos micro e macrotrasformações bastante lineares ou de qualquer forma de um modo reproduzível e investigável. Temos também a possibilidade de tornar mais leves estruturas do tipo – (♀♂) e momentos de maior contato, de aproximação, de proximidade com aspectos de O.

Outra coisa é a verdadeira mudança catastrófica, que só pode acontecer quando se abre um buraco negro entre o nosso campo emocional e os outros campos possíveis das galáxias emocionais que giram em volta. Este buraco negro pode, então, ser atravessado por um outro campo com energias maiores que toma de forma estável o lugar do outro campo habitual: um excelente exemplo poderia ser a "fulguração no caminho para Damasco de São Paulo". É algo que tem muito a ver com aquelas raríssimas experiências "místicas", nas quais entramos em contato com outros mundos emocionais-afetivos, experiências que, por outro lado, são muito raras na nossa espécie. É um tipo de "transplante" de mente, "pensamentos sem pensador / UFO" se apropriam do nosso funcionamento antes costumeiro.

A minha questão é quem cria, quem criou, estes campos potenciais que giram à nossa volta. Por enquanto, não tenho dúvidas: não tendo nenhuma propensão mística, mas sendo altamente pragmático, eu penso que estes universos paralelos de pensamentos sem um pensador são possibilidades fantasmáticas ou protofantasmáticas de se organizar por nós mesmos constantemente evacuadas. Assim como para o corpo uma atividade de evacuação é necessária para a vida, assim acontece com a mente. Desde o início ela se alivia de muitas formas, certamente também evacuando.

O que não é acolhido e transformado por uma outra mente, vaga no espaço, mas sempre com uma espécie de força gravitacional, portanto nos acompanhando constantemente em nossos campos potenciais.

Então, a mudança catastrófica é a chegada tumultuada de um desses "campos". Deste ponto em diante começa uma outra história.

Plot e *narrações*

Neste ponto, podemos observar que cada história clínica pode ser resumida em uma espécie de "*plot*"[5] que depois pode assumir diversas formas de narração. Por exemplo, este conjunto de gráficos:

poderia ser as estruturas de base da seguinte narração clínica.

Giuseppina começa contando a respeito de todos os tumores que sempre atingiram sua família (poderíamos pensar pelo nosso vértice – e somente por ele – em um proliferar ♂♂♂♂ de protoconteúdos emocionais).

Em seguida, fala da sua mãe abusada pelo seu próprio pai (e aqui também o gráfico poderia se referir a hipo ♀ na presença de hiper ♂♂♂).

---

5 Em inglês, *plot* é usado para designar todos os eventos de uma história para se obter um efeito emocional e artístico. É o que acontece na história, o enredo [N. T.].

Depois, ela conta que seu pai tinha episódios de raiva violenta, a menos que tudo ocorresse como previsto. Ele lembra mesmo – acrescenta – o personagem "Furio" do filme de Verdone, que planejava até em quais postos de conveniência as crianças poderiam fazer xixi durante a viagem. Portanto, mostra ou uma defesa obsessiva que funciona ou o seu explodir em fúria.

A mãe também tem uma fobia com relação a todas as pessoas de outros grupos étnicos; o gráfico poderia ser:

Isto é, todos os estados emocionais que não são imediatamente reconhecíveis são mantidos à distância através da "barreira fóbica defensiva".

Em seguida, ela fala da sua primeira relação sexual: com 24 anos sofre quase uma violência do namorado [♀♂] que quase abusa dela "como – acrescenta – acontece com Bakita no seriado televisivo *Incantesimo*".[6] O namorado, excitadíssimo, a invade. Ela fica em um estado entre a perplexidade e a vivência de um estupro.

No fundo, vemos nesse início de narração um conjunto de variações sobre o tema, referindo-se a um continente de qualquer forma inadequado em relação a estados protoemocionais abusivos pela sua intensidade.

---

6   Encantamento [N. T.].

Um aspecto favorável me parece o fato de que, já na primeira sessão, Giuseppina proponha extensões no campo do mito toda vez que remete associativamente a um filme ou a outros contextos, como quando remete a "Furio" ou a "Bakita".

Um exemplo como isso conduz imediatamente ao tema do que é central, se é a reconstrução histórica ou se é a ampliação dos instrumentos para conter e transformar as emoções.

A crise e as transformações

Gostaria de salientar que o conceito de "crise" relacionada com a meia-idade, ou com a adolescência, ou com outros acontecimentos específicos da vida, atualmente já está diluído em uma série de "minicrises" permanentes que são como as escadas que existem entre um patamar e o outro. Campos de base podem ser montados em cada "patamar" existencial, prontos para serem desmontados para acessar o patamar seguinte.

O filme *Apocalypto,* de Mel Gibson, pode ser visto também deste ponto de vista. Garra de Jaguar encontra, indo caçar, os poucos membros de uma tribo, que haviam sobrevivido a um ataque, se reorganizando para dar início a "um novo começo" (o fim da crise); em seguida, a mesma tribo do protagonista é atacada e quase destruída por membros de um outro grupo étnico (estados protoemocionais) até que Garra de Jaguar consegue, enfrentando os inimigos um de cada vez (depois de atingir o ponto negro da eclipse do sol que marca o ponto culminante de depressão), ressurgir e reorganizar "um novo começo", isso não diferentemente de um paciente que iniciava e concluía cada ciclo (ou microciclo existencial) na praça da Vittoria. Lugar alcançado após um longo esforço, que também se tornava o ponto de partida para novas aventuras e vicissitudes.

A crise também pode ser evitada (pelo menos durante um certo período) através de vários mecanismos: um paciente sonha matar um pitbull perfurando-o com um crucifixo: as emoções violentas podem ser exorcizadas, como por outro lado sonha um outro paciente, "de um imigrante que no meio de uma crise violenta é curado por um exorcista que afasta o diabo".

Naturalmente, nem tudo pode ser transformado e integrado: um sucesso pode ser que emaranhados emocionais possam ser desembaraçados e que parte deles possam ser colocados em orbitais cada vez mais distantes do centro da vida psíquica consciente do paciente e, portanto, deslocados em órbitas chamadas "meu tio", "meu irmão", "meu amigo Andrea", "um personagem de um filme".

Assim faz Martina, que tendo elaborado o suficiente um seu núcleo depressivo, depois o afasta, agora que a sua força gravitacional diminuiu, introduzindo personagens que rodam em orbitais cada vez mais distantes, como "a minha amiga Giulia deprimida" e depois "um conhecido do meu marido deprimido".

Mario entre dobradiças e fossos

Cerca de dez anos mais tarde, encontramos nosso engenheiro (Ferro, 2002c) em outra dobradiça existencial, desta vez trata-se da soleira dos 60 anos.

Sentindo estar se aproximando desta soleira, Mario começa uma espécie de programa de rejuvenescimento, muda radicalmente a maneira de se vestir, sempre elegante, na moda, muitas vezes com cores brilhantes, emagrece vinte e cinco quilos, realiza pequenos procedimentos de *lifting* que removem as bolsas sob os olhos e faz reposição no cabelo. Desta forma, sente-se mais jovem.

A este momento estão vinculados alguns acontecimentos da vida: os dois filhos e a filha casam e estão prestes a terem filhos, a mãe muito idosa morre poucos meses depois do pai, a esposa se aposenta preparando-se com total disponibilidade para ser avó. Isso não! Não está pronto para ser avô, não está pronto para entrar oficialmente no caminho do declínio; muitos lutos todos juntos: os filhos que vão embora, a morte dos pais, o túmulo da família para arrumar, sente que também sua criatividade se reduziu, embora muitos projetos sejam aceitos, no seu campo tem sucessos brilhantes e a nova aquisição de patentes lhe rende muito, permitindo novas ampliações da sua atividade profissional.

Neste ponto, porém, o inevitável acontece. Mario apaixona-se de forma fulminante pela administradora de uma multinacional para a qual ele tem trabalhado com frequência. Christel mora em outro país, não vizinho, é uma mulher muito inteligente, na faixa dos 45 anos, que depois de um divórcio, e depois que os filhos, que teve muito jovem, foram estudar longe de casa, como é costume em seu país, dedicou-se de corpo e alma ao seu trabalho obtendo brilhantes resultados. Já no primeiro encontro tinha acontecido algo, uma faísca, uma sensação especial de bem-estar de Mario, que tinha se sentido cuidado e até mimado como há muito tempo não acontecia. Christel permanece na sua mente. Encontra-a novamente em outra ocasião de trabalho e percebe fortes emoções que vive por ela, sua proximidade é uma espécie de bálsamo. Eles começam a trocar mensagens de "Bom dia" ou "Boa noite" como dois adolescentes. Certa vez, avança um pouco em uma curta mensagem, mas é interrompido por Christel, que, diante de uma breve mensagem mais pessoal e íntima, responde: "Era um jogo, não vamos além". Mario fica chateado, diminui a frequência e a intensidade das mensagens, mas é Christel que recupera uma maior proximidade, dizendo, em um inesperado telefonema que, no fundo, é importante poder falar um com o outro livremente.

238 HISTÓRIAS DE VIDA, HISTÓRIAS DE ANÁLISE

De qualquer forma, há uma desaceleração. Em um novo encontro, por uma ocasião de trabalho, Mario está distante e indiferente. Na última noite decidem, como tendo a água no pescoço, de se encontrar após o jantar social; fingem ir cada um para o seu lado e se encontram, em Paris, no Quartier Latin. Ele declara seu amor, enquanto Christel afirma que ele era apenas um amigo para ela e nada mais. Mario fica ferido, se afasta da pequena *brasserie*, mantendo uma certa distância, até que depois de pegar Christel pela mão e passear em silêncio, delicadamente a toma em seus braços e a beija apaixonadamente. Christel inesperadamente retribui com total abandono. O que fazer? Christel, logo depois, praticamente foge subindo em um táxi, em seguida, a noite toda, cada um em seu hotel, trocam mensagens fogosas não se perdoando a estupidez de terem renunciado a ficarem juntos.

No dia seguinte, após uma tentativa de encontro fracassada, partem para as respectivas cidades.

Mas as mensagens começam a ficar incandescentes, entre aproximações e afastamentos, pressões, fugas, decidem se encontrar no Sul da França, onde Christel tem uma casa de veraneio. Encontram-se em Paris, e vão de carro em direção ao Sul. É a chance de poder contar, um ao outro, pedaços de suas vidas, das suas histórias, das suas insatisfações.

Chegam na casa tarde da noite, e se beijam por longo tempo sob um céu cheio de estrelas. Jantam, Mario ainda não sabe aonde vai dormir. Após o jantar, beija Christel de forma cada vez mais apaixonada e do beijo passam a manifestar uma recíproca disponibilidade e atração física. Mario não sabe se está à altura, se vai ser decepcionante e decepcionado, finalmente, após longas e apaixonadas preliminares, eles têm sua primeira relação sexual que tem uma duração, uma paixão, uma intensidade que deixam

Mario atônito. Seus corpos não negam nada um ao outro e adormecem abraçados. Logo que acordam, são novamente arrastados pela paixão amorosa. Depois Christel leva Mario para visitar lugares encantadores, maravilhosas enseadas. Eles dançam no campo com o rádio do carro a todo volume. De tarde, em casa, ainda fazem amor com paixão e afeto. Passam desta forma quatro longos dias até que precisam se separar.

Retomam as mensagens. Oscilam ainda entre abandono, projetos, distanciamento.

Mario gostaria que se encontrassem o mais breve possível, Christel adia, mas se Mario é mais frio, os papeis se invertem. Mario, às vezes, tem medo que o telefone celular e as mensagens tenham se tornado uma espécie de Tsunagoshi (que tenta também diminuir a força do tsunami afetivo que foi ativado), mas o celular também parece um injetor de excitação.

Ele percebe que tem que parar e encontrar as raízes de sua depressão. Estas começam a lhe parecer complexas e articuladas: certamente, a crise da nova "idade dobradiça" que está chegando, com todas as implicações relativas à finitude, à morte, ao tempo que se apresenta com seu inexorável limite. O desaparecimento de parentes mais idosos à sua volta e os primeiros sinais de amigos mais velhos que adoecem ou morrem. Mas ele sente que há algo mais: que esta é uma crise dobradiça que encontra um húmus favorável em uma série de cavidades depressivas que se formaram – uma série de fatos da sua vida que tomaram uma forma diferente da que ele queria. Os três filhos não realizam nenhum dos sonhos que ele tinha para eles, mas também não mostram uma paixão por algo como ele teria esperado. Parece que vivem abaixo do seu potencial. A esposa, ele a sente cada vez mais diferente dele, com valores, com formas de viver e de pensar, muitas vezes muito diferentes, em uma dimensão "econômica" em todos os sentidos: sem paixões, sem envolvimentos, sem prazeres, incluindo uma "avareza sexual" que o incomoda muito. Compreende que se torna necessária uma recuperação em duas etapas: a primeira, relativa ao problema idade, que ele sente como a faísca que incendeia as pólvoras. A segunda, aquela constituída pelos sacos de "pólvora" que se acumulou.

Pensa que fugas para frente não sejam úteis. Talvez um período de solidão não seria ruim para encontrar a si mesmo, os seus vales de insatisfação, ver quais reinvestimentos e mudanças são eventualmente possíveis com os filhos e a esposa. Ele também se sente responsável em relação Christel, que não quer "perturbar" até que tenha curado seus próprios fossos depressivos. Ele decide então monitorar algumas defesas, a maníaca, a hipertrabalhadora, a excitatória, tentando não causar danos às pessoas que ele ama, incluindo Christel.

Neste ponto, ele tem um sonho no qual os filhos se afastam para fazer uma viagem nas montanhas e a chegada de uma tempestade de areia faz perder o contato com eles. Será que algo de ruim aconteceu? De qualquer forma, esta "perda de contato" o deixa pensativo, embora não muito preocupado, e se pergunta o quanto pode ter perdido o contato com aspectos genuínos de si mesmo.

As gravatas, que ele adquire nos vários aeroportos nos quais, por motivo de trabalho, está perenemente em trânsito, tornam-se – aos seus próprios olhos – uma demonstração de seu estado de espírito: gravatas hiperjoviais e berrantes vão sendo lentamente substituídas por gravatas de cores mais suaves e depois francamente escuras: às vezes com desenhos até pretos – o luto parece se realizar.

Enquanto isso, Christel parece dar um passo para trás, fazer da "prudência" e da "ambivalência" suas conselheiras. Alterna mensagens que vão desde "você está na minha mente, no meu coração, no meu corpo" a outras, mais neutras, de saudação ou do tipo "Estou cansada, janto e vou dormir". Mario não quer implementar estratégias do tipo "no amor vence quem foge", mas na verdade essa retração, ou pelo menos a descontinuidade o esfria, o afasta um pouco. Ele não sente mais nem a insatisfação amorosa nem a água transbordante dentro de si. Sente que o que aconteceu com Christel, de qualquer forma, foi importante porque permitiu que ele recuperasse a confiança na sua capacidade de conquistar uma mulher atraente, e especialmente abriu a existência de espaços futuros abertos a possíveis novos projetos. Ele se indaga qual pode ser a continuação do relacionamento com Christel, mas sente que, de qualquer forma, deve ser um jogo jogado a dois, e que vai depender muito das cartas jogadas por ela.

Em todo caso, novos horizontes possíveis se abrem para Mario, inclusive o de uma sexualidade própria já não tão frustrada, mas que possa encontrar, a cada vez, fontes de satisfação. Percebe ter mudado também o tipo de leitura, antes lia livros de suspense, noir, tamanha era a sua raiva e frustração, agora lê livros com histórias de vida.

Com um jeito meio disfarçado, diz que começa a pensar em diversificar os investimentos, dividindo o risco; pensa em possíveis relações de amizade colorida com várias pessoas, como se um investimento forte e único pudesse ser dividido em investimentos mais tênues e menos arriscados; assim, o pensamento de Jeanne, Aurore, Sibille aparece em sua mente. No fundo, tanto o avô paterno quanto o materno foram homens passionais com prudentes, mas frequentes, relacionamentos com mulheres jovens. Por que –

ele se diz – não deveria aproveitar algumas aquisições no *duty free* da vida? Ele olha à sua volta, ainda mais que Christel se torna cautelosa, mas é um olhar à sua volta diferente, como se estivesse olhando em busca de um bom investimento e não como um jogo de apostas. Sente que algo dentro dele está se movendo na direção certa, projeta menos no externo vivências de solidão, abandono, desespero ou do tipo "como poderia fazer sem mim". Coloca-se assim à espera de novos acontecimentos, mas com uma capacidade de administrar esta fase, que ele pensava que não lhe pertencia.

Consegue assim, mais leve e sereno, voltar ao seu trabalho e realizar algumas novas patentes importantes. Neste ponto – com a crise potencialmente resolvida – me procura para me contar, com certo orgulho, como ele conseguiu manter o rumo e a dar novamente um sentido para essa nova fase de sua existência. Parece me pedir apenas uma espécie de reconhecimento da sua adquirida competência para pilotar, mesmo durante os períodos de crise.

Voltando ao que eu dizia a respeito do filme *Bin-Jip 3 – Iron*, no fundo poderia representar também uma saída de uma situação de "mutismo" até chegar na possibilidade de acesso às emoções, passando de uma total alexia emocional para uma dislexia e finalmente para a possibilidade de ler, conter, transformar as emoções (processo de alfabetização). O "mutismo" (que remete, no seu mundo paralelo, à explosividade do *Grito* de Munch) serve muito bem, também, em relação ao enorme problema – para além do sintoma em si – formado pelos nossos mutismos seletivos, toda vez que nós ou o paciente (ou nós e o paciente) não conseguimos entrar em contato com nossos funcionamentos "silenciosos".

Atenção a Eustachio

Andrea, em uma sessão, fala sobre o problema ginecológico da companheira, que precisa fazer um exame nas trompas porque elas podem estar obstruídas.

Neste ponto, finalmente, eu me faço questionamentos sobre minhas trompas, se estão fechadas no que diz respeito às comunicações do paciente. Não interpreto esta necessidade de abrir os nossos ouvidos (e mente) para algo que eu não tinha sido receptivo.

Foi um tema que permaneceu sempre tangencial, mas tão subjacente e explosivo, que eu havia preferido fechar todos os acessos a ele: era o problema do ciúme. Neste momento, consigo abrir as trompas e captar as emergências deste problema e começa a surgir uma quantidade incrível de cenas: o prisioneiro que, tendo surpreendido a namorada no carro com outro, matou os dois, as insinuações que lhe dirige uma amiga que ele nunca teria pensado que pudesse trair seu marido, a fúria que sentia quando criança em relação à irmã quando... e especialmente aparece o antídoto usado por anos: o legado de uma absoluta confiança no outro mas que era imediatamente eliminada diante da menor suspeita de traição.

Ter falado tão extensamente de material clínico me leva a um inevitável problema do qual hoje, no clima cultural atual, não é possível se eximir. Diferentemente do habitual, falei também de casos clínicos com longas histórias. É claro que essas histórias não correspondem a uma realidade factual, ou são de outros colegas que me permitiram a publicação, ou são quimeras de diferentes casos clínicos, ou são pacientes que me disseram que se um dia eu quisesse eu poderia contar, mascarada, a sua história. O verdadeiro problema são as breves vinhetas clínicas, as que deveriam ser

244   HISTÓRIAS DE VIDA, HISTÓRIAS DE ANÁLISE

reproduzidas de tal forma que apenas o paciente possa se reconhecer e que não revelem fatos "secretos" da vida do paciente.

Antes de entrar neste tema, importante e espinhoso, gostaria de salientar porque para mim é essencial a apresentação de "vinhetas clínicas" (nas quais é possível prescindir, se necessário, de longas histórias):

- é uma maneira de digerir, metabolizar o que chega disperso ao longo de uma sessão, digamos uma espécie de processo de "alfabetização";
- é, portanto, uma forma de organizar o "material" não coerente e, em *après-coup*, entendê-lo melhor;
- é uma forma de transmitir e compartilhar com os outros uma maneira e, por vezes, um modelo de trabalho mostrando, a partir de dentro, o que acontece na forja analítica;
- é uma forma de contribuir para a "transmissão" da psicanálise, contribuindo para orientá-la em uma determinada direção.

Privacidade e transmissão da psicanálise

Este é um binômio que parece estar em antinomia. Todo paciente tem o direito de ver protegido o que relata na sala de análise. Pelo menos, o que ele acredita relatar, porque para o analista (Ferro, 2005a), é óbvio (ou, pelo menos, deveria ser) que o relato do paciente é sempre outro daquele do texto manifesto: pertence ao fantasmático, ao onírico, ao espaço transicional onde cenas, personagens, fatos, tem um valor completamente diferente daquela *sic et simpliciter* "realidade externa". Mas tudo isso o paciente não sabe e é melhor que continue não sabendo, e que imagine o seu relato como "real" e pronto. Mas deste relato, assim chamado de real, o que não pode ser transcrito nos textos de um analista? Eu diria tudo aquilo que torna o paciente passível de ser reconhecido pelos outros, além de si mesmo, no que se refere aos dados confidenciais. Portanto, deverá ser banido tudo o que possa torná-lo rastreável e que possa revelar fatos não conhecidos por outros, especialmente se o conhecimento desses fatos pode trazer danos ao paciente. Lembro, por exemplo, o caso de uma paciente que vive há anos no exterior, cujo namorado era um agente secreto, ou um outro paciente, agora avô feliz, que depois de um acidente de carro, após o qual ele teve necessidade de uma série de transfusões, havia descoberto com base no seu tipo sanguíneo que ele não poderia ser filho de seu pai. Mesmo esses "fatos" terão um significado especial dentro da análise, mas, obviamente, na análise devem permanecer. Portanto, para além dos dados que tornam o paciente reconhecível, há várias medidas que podem ser adotadas.

Um método pode ser o de alterar dados não essenciais para o sentido do relato ou a adição de dados que desviem fortemente a atenção do leitor, certificando-se que estes dados sejam, no conjunto, não significativos. Por outro lado, a apresentação de vinhetas ou material clínico não é demonstrativa de nada, é apenas uma forma mais imediata de narrar e compartilhar. Mas voltando ao que eu dizia, vamos omitir que um paciente é manco ou que é um juiz e iremos introduzir que é um veterinário ou que sobreviveu a um acidente de avião. Mudam-se as coordenadas existenciais ou se acrescentam outras inexistentes. Vamos operar transformações dos aspectos que não mudam o sentido do relato. O material clínico, aquele utilizado para transmitir a psicanálise, repito, não prova nada, é apenas um meio para exprimir, de uma forma compartilhável e facilmente comunicável, conceitos que de outro modo são difíceis de comunicar. O material clínico é somente uma narração feita na linha C da Grade. É a escolha de comunicar através de um sonho, uma pintura, uma história em quadrinhos.

246 HISTÓRIAS DE VIDA, HISTÓRIAS DE ANÁLISE

Não só isso, é que o analista está tão habituado a dar um sentido "interno" à análise que "meu irmão", "a minha namorada", "o meu cachorro", "o meu médico", "a professora do meu filho" adquirem para ele um significado completamente diferente dentro da análise em relação ao que é habitualmente compreendido (Ferro, 2009).

No entanto, uma outra estratégia é reproduzir partes de sessões, sem referências a fatos particulares, melhor ainda com sonhos ou trocas dialógicas, sem que sejam extraídos de contextos de realidade reconhecível por outros. Histórias de diferentes pacientes podem ser misturadas, resultando em quimeras, e pacientes vindos de outras localidades geográficas poderão ser preferidos. Mas, de tudo isso se ocupam com muita precisão Gabbard e Williams (2001), com a lucidez e clareza que os caracterizam.

Por outro lado, o método do caso clínico, da vinheta clínica, é essencial para a transmissão, o desenvolvimento da psicanálise e sua própria divulgação e utilização por parte de futuros pacientes, estudantes de psicoterapia ou de psicanálise. A esse respeito, basta pensar nos Casos clínicos de Freud, no Richard da Klein, na Piggle de Winnicott e assim por diante até Ogden. Seria supérfluo mencionar o quanto todos os clássicos (e não somente eles) passam através dos casos clínicos, que são a forma menos mistificada de contar e compartilhar o que acontece na análise. A metapsicologia, quando se torna um fetiche ou local de diatribes abstratas, leva a uma fala que muitas vezes se enrola sobre si mesma (Bolognini, 2008).

Outros métodos usados são aqueles de publicar o material clínico em nome de outros colegas (às vezes, trocando-o um com outro) e até mesmo de publicá-lo anonimamente, como às vezes aconteceu em "Analyst at work" no *International Journal of Psychoanalysis*, uma das partes mais apreciadas do IJP, onde é apresentado um caso clínico, com a história do paciente, algumas sessões e tudo é comentado por outros dois colegas de orientações diferentes. Vale ressaltar que esta seção, presente em todos os números de IJP (e não só) há alguns anos, é a mais apreciada e lida, justamente porque permite "ver" outros estilos, formas de trabalhar, em tempo real. Além disso, nos números anuais que são publicados pelo IJP por várias redações e em diferentes línguas (até agora, português, espanhol, italiano, russo, alemão, francês, turco), contendo aqueles que são considerados localmente como os artigos mais interessantes, "Analyst at work" é sempre traduzido e publicado.

O que poderia traumatizar os pacientes?

É claro que há aspectos que não podem ser ignorados, isto é, que o paciente pensa que "todos" vão ler o texto em que ele comparece, que "todos" o reconheçam, que "todos" o julguem e condenem por como ele é ou é descrito. Mas nem todos os pacientes são igualmente sensíveis em relação a este ponto. Os mais sensíveis são aqueles que não toleram *"a publicação" na sessão*, isto é, aqueles que não toleraram a interpretação e que por longo tempo necessitam do uso de micro-afastamentos do texto manifesto, aqueles com os quais o *talking as dreaming* de Ogden seria a via régia da técnica.

A explicitação interpretativa fere, muitas vezes, porque não há lugar onde mantê-la (carência de ♀), fere porque ativa turbulências (carência de função α), fere porque nega o mito privado de um conhecimento inato. Dentro da sessão, com estes pacientes, dispomos há tempo de instrumentos que mitigam o impacto interpretativo (interpretações insaturadas, interpretações narrativas, co-narrações, suavizar as cesuras interpretativas, interpretações centradas no analista, uso de *rêverie*, metáforas etc.) e é evidente que a "publicação" em um artigo (ou a *publicação em artigo*, que é a expressão clássica) é um fator de forte assimetria em relação ao regime menos assimétrico que estes pacientes podem tolerar na sessão.

O tornar público no artigo nos fala, dentro da sessão, de como estes pacientes não toleram que o analista na sessão publique, compartilhe, mostre, seus próprios pensamentos ou interpretações ao paciente. São pacientes que respondem às primeiras tentativas interpretativas negando o que diz o analista, ou então dizendo: "Isto eu já sabia", "isto eu já havia pensado": têm tamanho terror da dependência afetiva, da "necessidade", que construíram um mito privado da total autossuficiência. Destes pacientes fala longamente, em seu belo livro, Oliva (2010).

Outro problema que acomuna muitos desses pacientes "feridos" pela publicação é uma tendência à evacuação do que para eles é difícil de conter. Se pedaços de Superego primitivo são projetados em diversos personagens potenciais é óbvio que irá prevalecer o se sentir visto, observado, julgado, ser o centro das atenções e sentir vergonha.

Mas o problema ainda mais profundo é que a "publicação" expõe à ativação de emoções: é também isso que dói. São pacientes que, muitas vezes, necessitam de "bonsaizar" as emoções, que toleram níveis muito baixos de atividade interpretativa e que, portanto, são traumatizados, abusados pelas emoções violentas que são ativadas dentro deles. Lembro-me de uma paciente, que se chamava "Pia", que sentia vergonha, na sessão, toda vez que aparecia algo que remetia a "Go", o apelido que lhe dera, quando criança, seu irmão mais velho, e que com o tempo foi declinado em *Go-rila*, quando ela conseguiu, com extrema vergonha, se reapropriar das suas potencialidades cindidas. Tornou-se depois um jogo na sessão quando, agora livre dessa paralisante vergonha, mergulhava em novas e inebriantes experiências, dizendo a si mesma *"and go e vai!"*

Talvez devêssemos assistir ao filme *Readers* para entender como, para alguns, há fatos que geram uma enorme vergonha – fatos que para outros seriam totalmente irrelevantes ou que poderiam levar a sentir raiva em relação a objetos inadequados. No filme, a protagonista tem um segredo aos seus olhos inconfessável, que a conduz a anos de prisão desde que ele não seja "publicado".

O analista dá sinal verde – com sua atividade interpretativa/de publicação – a todas as emoções/touros de Pamplona pelos quais o paciente se vê perseguido. Quero dizer que, em quase todos os casos em que "explode" a questão da publicação de alguma vinheta clínica trata-se de algo que tem a ver com a análise e para dentro dela deve ser reconduzido. Naturalmente, contanto que o analista tenha seguido a regra áurea, repito, de publicar apenas as situações que dizem respeito à troca comunicativa na sala de analise, e que a publicação aconteça em âmbitos protegidos, revistas científicas, livros científicos.

É um direito inalienável do paciente pensar que, quando fala do marido, esteja "realmente" falando do marido, e não de aspectos seus cindidos ou de aspectos do analista, ou grumos emocionais a serem desconstruídos; no fundo, toda a análise se dá sobre a diferença dos vértices de visão entre paciente e analista (nem o paciente é obrigado a saber de objetos internos, hologramas afetivos, de *enactement*, de teorias do campo). Portanto, se o "marido" é diretor de orquestra faremos com que se torne cirurgião, se necessário faremos com que se torne também chinês, a fim de desviar o olhar do leitor: não deve ser perdido o aspecto – digamos – "ciumento" do marido, que naquele ponto será um cirurgião chinês ciumento e como tal reconhecível somente pela paciente, ou então poderíamos também mudar seu sexo e transformá-lo em uma amiga cirurgiã chinesa "ciumenta" ou um colega de classe da filha da paciente que quer ser um cirurgião, que é chinês e é "ciumento". O importante é que permaneça a invariante significativa "ciúme" (se é esse o elemento, nesse caso, imprescindível da narração).

Por outro lado, é a mesma estratégia que usamos na sessão; vamos ficar muito atentos com essa paciente para não fazer interpretações diretas de transferência (que seriam sentidas como abusivas pelo excesso de protoemoções que provocariam), mas escolheríamos uma das muitas atenuantes possíveis, de interpretações narrativas a retrodatações na história, de reconstruções da infância a uma *rêverie* (se vier) sobre Otelo, e assim por diante.

Em particular, a questão da *privacy*, o direito à discrição e à não divulgação dos dados, está frequentemente presente nos pacientes que têm o que eu chamei – referindo-me a uma piada conhecida – "a síndrome de Samuel" (Ferro, 2006c): isto é, a da criança que tinha interrompido os estudos porque na escola lhe ensinavam coisas que ela não sabia.

Publicabilidade

Como eu dizia, trata-se de pacientes que não toleram a publicação interpretativa por parte do analista na sessão, que sentem vergonha ao ver desvelados aspectos de si mesmos que ainda não podem aceitar devido a estruturas ($-♀♂$) ainda não transformadas. A "publicação" é, então, na sessão, um *derivado narrativo de um pensamento onírico*, derivado narrativo que diz: "Você não tem que tornar certas coisas públicas nesta sala." O paciente olha com os olhos do Superego intolerante os aspectos de si mesmo que considera imperfeitos, dos quais sente vergonha. Os aspectos não transitáveis de si mesmo devem permanecer privados (e privados, também, quanto ao conhecimento e ao compartilhar).

Pacientes diversos que se deparam com alguma vinheta clínica que se refira a eles (e na qual são reconhecíveis só para si mesmos) têm as mais diversas reações, que vão desde aquelas francamente persecutórias, a aquelas vagamente perturbadas, até aquelas decididamente divertidas: "Minha avó teve um delírio transitório, pensou que estivessem falando sobre ela no jornal da nossa cidade". É claro que também estas "respostas" têm pertinência com o dentro da análise.

Outra coisa que expõe o paciente ao sofrimento é quando no texto ele encontra algo que ainda não conhece sobre si mesmo: "Mas então os outros podem saber coisas sobre mim que eu não sei", com uma intolerância ao fato de que o analista possa ter, no departamento cozinha da própria mente, funcionamentos do paciente que ainda não foram "levados para a mesa".

A assimetria da relação é outro fator de perturbação: a palavra escrita tem uma distância afetiva muito diferente da palavra compartilhada na sala de análise. Pacientes com experiências de carência de *rêverie* frequentemente podem se sentir vistos, examinados ao microscópio e como colocados em um vidrinho.

Para muitos pacientes é, também, a vivência de exclusão em relação ao amor e ao vínculo que o analista tem com a psicanálise; isto ativa uma situação de exclusão, frustração, raiva, como pela exclusão de uma cena na qual o analista sente prazer e cria algo sem o paciente.

Se o analista está firme na certeza de não ter infringido o código básico de ética, de não ter revelado fatos pessoais "reservados", possíveis de serem reconhecidos por terceiros, as eventuais queixas do paciente devem ser vistas e consideradas como um dos muitos dialetos narrativos em que o paciente está expressando algo que poderia ser expresso também de uma outra forma.

Paradoxalmente, as duas pessoas que tiveram menor preocupação que eu pudesse ser indiscreto em relação aos seus relatos foram os dois únicos pacientes muito conhecidos que eu tive e que, espontaneamente, me convidaram a dizer o que eu vou dizer, tendo-os reencontrado depois da análise concluída.

Uma delas é uma atriz famosa, o outro um jornalista bem conhecido. Ambos tinham uma confiança de base que nunca os fez duvidar da minha discrição em relação à real possibilidade de serem reconhecidos por terceiros. Escrevi vinhetas sobre ambos e ninguém jamais suspeitou que essas pessoas estivessem em análise comigo (uma delas, ainda que discretamente, por anos veio até a porta do meu consultório acompanhada por guarda-costas). O fenômeno oposto é o de pacientes que ficaram furiosos ao ler vinhetas que se referiam a outros pacientes, com a certeza de que se tratava deles e que haviam sido "escancarados" fatos sobre eles extremamente pessoais (naturalmente pertenciam às categorias de pacientes que aceitavam somente as coisas que eles mesmo haviam pensado; o máximo da atividade permitida era passar a bola com cautela, para depois eles fazerem o gol). Muitas vezes, as vinhetas são quimeras de situações clínicas diversas, e às vezes com detalhes de natureza tão geral, que qualquer um poderia se reconhecer nelas.

Existem pacientes que não podem ver aspectos de si mesmos, embora presentes na sala ou na mente do analista, que não toleram, da mesma forma, de ver descrita qualquer coisa sobre eles, como se isso os expusesse ao ridículo ou à condenação. Um paciente com grandes núcleos depressivos, dos quais sempre encontra – apesar de qualquer interpretação – uma maneira de fugir, como máximo de integração poderá falar do irmão deprimido que é um policial encarregado da espionagem, mas está tão cansado que dorme o tempo todo.

Outros pacientes amam a sua presença nas vinhetas clínicas porque sentem isso como um pertencer, como um compartilhar de um álbum de família, no qual há também a sua foto, e nem pensar em excluí-los: "Você não me tem em mente, não me considera um paciente interessante!", me dizia um paciente que não tinha se reconhecido (claro, isso também significa muito no campo atual e é uma comunicação preciosa, é naturalmente um derivado narrativo do pensamento onírico de estado de vigília).

Mas, vejamos agora uma sessão que poderia ser de qualquer um:

– Hoje estou todo excitado: finalmente comprei o carro com tração nas quatro rodas. Que esforço ontem: um paciente iraquiano teve uma crise convulsiva na qual batia a cabeça, se desesperava, se arranhava, se rolava no chão. Os enfermeiros chamaram o padre porque pensavam que ele poderia estar possuído, que tivesse o diabo no corpo; depois o padre foi com a cruz e ele teve uma crise, então eles pensaram que era necessário um exorcista.

– Bem, os analistas sempre fizeram um curso de exorcismo, e talvez se de um lado o paciente está feliz por ter agora as quatro sessões-trações, também é verdade que, durante duas semanas, teremos apenas duas sessões por semana devido à minha ausência já anunciada e que as cruzes, anulando as duas sessões para as próximas duas semanas, fazem com que o seu "orbital" ira-quiano[7] (cheio de ira) tenha as crises.

---

7 No original, *ira-cheno* [N. T.].

– Ri. "Você sabe que quando eu era criança eu ia ver filmes na casa de um meu amigo no Corso Cavour (sede do meu consultório!) e que uma vez que eu vi *O Exorcista* eu fiquei realmente aterrorizado."

→ Que coincidência o endereço!

– Ri com vontade. "Meu pai e minha mãe não se falam, minha mãe gostaria que ele fosse mais sério no trabalho, que fizesse as coisas direito, corretas; meu pai faz como ele pode, mas não consegue fazer com que tudo caminhe com perfeição, às vezes há buracos na organização."

→ Bem, a mãe habsburga, o pai borbonico: e eu fazendo todos esses buracos.

– "Eu não creio que eu tenha ficado tão chateado por essas sessões que vamos pular. Eu tenho ferrugem no portão de casa, eu precisaria do Ferox, um produto que tira a ferrugem do ferro, assim a ferrugem iria embora."

→ Em latim seria Ferox, *ferocis,* ou seja, estar com raiva de mim, em vez de criar a ferrugem!

– "Mas eu fico bravo, fico bravo, eu sou capaz de fazer isso agora, talvez não com você, mas no lugar onde eu trabalho, havia dois operadores que tinham se ausentado e eu realmente fui capaz de mostrar o quanto isso me deixava bravo."

– E há mais alguém que agora vai se ausentar, se não me engano!

Esta sessão nos diz pouco sobre a realidade externa do paciente do qual se fala, dá para entender que é, provavelmente, alguém da área: a sessão é uma quimera de três pacientes diferentes. Eu precisava desse trecho para mostrar a alguns estudantes de psicanálise as respostas relacionadas às variações de *setting*.

Outra estratégia, usada por alguns (especialmente por quem ficou chateado com as reações de algum paciente), é pedir com antecedência ao paciente a autorização para publicar um determinado material clínico. Eu geralmente prefiro não fazê-lo, sempre que sejam vinhetas inerentes ao 'dentro da sessão', porque eu teria a ideia de estar fazendo um pacto conspiratório no qual o paciente dificilmente poderia me dizer não. Além disso, impediria ao paciente até de poder expressar a sua raiva. Este tema, que tem sido muito debatido na IPA (houve um painel no Congresso do Rio com Gabbard, Williams e eu) não penso que esteja prestes a ter uma solução. Para o analista, escrever é também uma maneira de cuidar do paciente.

Também é verdade que a maior parte do trabalho que é feita agora nos pré-congressos (e, provavelmente, no futuro, também nos dias de Congresso oficial) da IPA e da FEP é constituída pela apresentação e discussão de material clínico de forma muito detalhada, mesmo se a *privacy* está garantida, pois os participantes dos grupos se comprometem a não divulgar nem mesmo o nome da pessoa que apresenta o material clínico. Estes grupos têm objetivos e formas de condução diferentes, mas todos tendem a descrever e transmitir os diferentes modelos operantes em psicanálise em todas as diferentes áreas; a composição dos grupos, que é um dos momentos fundantes, é feita de forma a que trabalhem juntos analistas de todas as possíveis origens geográficas e, na medida do possível, que tenham modelos diferentes (Canestri, 2006; Tuckett et al., 2008).

Que tipo de analista surge destas minhas páginas?

Eu o imagino como um analista que viaja com uma bagagem leve (poderíamos dizer com "bagagem de mão"). Não um analista sobrecarregado ou enrijecido e tornado não elástico por um excesso de teorias. É um analista que tolera não saber, que é capaz de esperar, que não é um fanático da verdade, mas somente aquela verdade tolerável ao paciente e a ele próprio. É um analista que não tem medo da mentira, porque ela, nos lembra com coragem Grotstein (2007), vive na Coluna 2 – que é mentira, também mentira do sonho com relação a "O". É também um analista confiante no método psicanalítico muito mais do que nos seus conteúdos.

É um analista capaz de considerar as teorias como andaimes necessários, mas que podem ser removidos quando perdem seu significado. A mente do analista é o seu principal instrumento de trabalho, portanto deve ser "cuidada" e testada. A qualidade de seu funcionamento nos é constantemente sinalizada pelo próprio paciente. Ela mesma constitui uma variável do campo analítico. Uma outra atitude é a de estar mais interessado no que não sabe, em vez da celebração tranquilizadora daquilo que sabe. É a mente de um explorador, de um navegador, mais do que a de um guia de uma agência de viagens organizadas.

9. Implicações técnicas do pensamento de Bion

Bion na minha sala de análise

No meu trabalho quotidiano há uma série de enriquecimentos que recebi do pensamento de Bion e não só do ponto de vista da teoria implícita de base mas, sobretudo, do ponto de vista da teoria da técnica, isto é, na maneira de estar, de ser na minha sala de análise no quotidiano do meu trabalho com os pacientes.

Tentarei apontar alguns destes pontos:

– A forma de pensar a interpretação como algo insaturado que não deve preencher todo o significado, mas deve abrir continuamente para novos cenários, para o que não foi pensado.

Não há um forte detentor de um saber, mas duas pessoas que tentam se aproximar o mais possível da verdade emocional suportável (para ambos!) naquele dia. Neste trabalho, o paciente não é somente "o melhor colega", mas é também aquele que sabe mais sobre si mesmo.

258 IMPLICAÇÕES TÉCNICAS DO PENSAMENTO DE BION

– A forma de pensar as teorias não como algo que me guia e me sustenta, mas como algo que vou descobrindo e construindo de forma provisória, sem medo de considerá-las provisórias e sem vergonha de encontrá-las eventualmente depois já codificadas. A natureza provisória das teorias e dos pensamentos na sala de análise implica no fato de que devemos continuamente fugir da poluição luminosa e do ruído de tudo o que já nos é conhecido. Nos *Seminários italianos,* encontramos a afirmação de Bion de que o que importa na análise é o que na sessão é acessível aos nossos sentidos: somente sobre isso – eu acrescento – podemos realmente realizar operações metabólico-digestivo-transformadoras e só assim podemos permitir ao paciente a introjeção estável dos instrumentos para realizar isso.

– A diminuição do interesse pelos "conteúdos" das narrações do paciente (que, porém, compartilho e depois vou dizer porquê) em favor do interesse pelos instrumentos, pelos *tools* para pensar: eu estou interessado nas modalidades que permitem o desenvolvimento da função α, do continente, da condição para conter, para sonhar e transformar estados protoemocionais e protossensoriais: neste ponto os conteúdos podem ser os mais diversos e não particularmente em primeiro plano.

Nesta ótica a "sessão é sonho". Do ponto de vista no qual me coloco é sonho o que o paciente me relata, é sonho o que ele me responde após uma interpretação minha (e muitas vezes é um sonho feito, em parte, sobre a minha interpretação), é sonho o que ele me diz já no primeiro encontro.

Estou interessado fundamentalmente em desenvolver no paciente e em mim a atitude onírica das nossas mentes: para fazer isto trabalho o desenvolvimento do continente (aqueles fios de emoções que existem entre mim e o paciente e que, se são tecidos e reforçados, permitem – como para os acrobatas no circo que sabem estar seguros pela rede de segurança – conteúdos cada vez mais intensos, de dançar entre um trapézio/mente e o outro), o desenvolvimento da função α, isto é, daquele aparelho capaz de transformar protossensorialidade, protoemoções em pictogramas, audiogramas, olfatogramas (elementos α).

O desenvolvimento do continente ocorre através da capacidade de uníssono com o paciente, ou seja, a capacidade de estar na sua mesma linha emocional: isto desenvolve os fios dos quais eu falava; isto implica a coragem de compartilhar – enquanto for útil – até mesmo o significado manifesto da narração do paciente.

A função α se desenvolve, em minha opinião, através da *rêverie* do analista e a sua atitude para a desconstrução narrativa contínua e a sua capacidade (que, em seguida, torna-se a capacidade do campo analítico, e depois do paciente) de reconstrução onírica da comunicação do paciente.

– Portanto, a centralidade que adquiriu para mim – o que em absoluto eu considero a mais importante das conceitualizações de Bion: o ter postulado uma atividade onírica do estado de vigília (a função α e seus produtos) que constantemente alfabetizam sensorialidade e estados de impensabilidade. Vale a pena observar que o próprio Bion nos *Seminários Tavistock* enfatiza como, realmente, são muito poucas as pessoas que estão dispostas a compartilhar este conceito e, eu acrescento, a acreditar nas consequências teórico-técnicas que este conceito implica.

Creio também ter desenvolvido algumas das intuições de Bion segundo uma minha maneira pessoal de ver:

260   IMPLICAÇÕES TÉCNICAS DO PENSAMENTO DE BION

– A introdução do conceito de derivado narrativo (Ferro, 1999, 2002a): todas as maneiras que o paciente tem de "narrar" com distância e distorção diversa o que acontece entre a sua mente e a mente do analista. Sem que um gênero narrativo (infância, sexualidade, anedótico, relato do dia a dia, memórias etc...) tenha um estatuto mais forte do que os outros (justamente porque o meu interesse se deslocou para os instrumentos que produzem as narrações e as transformações).

– A introdução do conceito de Personagem, tão central no meu pensamento (Ferro, 1996): o personagem como nó narrativo que agrega emoções que podem ser desagregadas e reconstituídas de uma forma diferente, para formar novos personagens. Percebi mais tarde que este tema, além de derivar dos estudos de Narratologia e Semiótica, derivava da personificação que Bion faz dos conceitos psicanalíticos em *Memória do futuro*.

– O desenvolvimento do conceito de campo considerado não só no plano horizontal, espacial, que contém todas as cisões (os aspectos atuais difratogramados de analista e paciente), mas também vertical, histórico, que contém toda a temporalidade incluindo o transgeracional de ambos. Certamente, conectado com esta visão está o conceito de matriz grupal da mente (Bion, 1992; Ambrosiano, Gaburri, 2004; Neri, 2006).

– A concepção da sexualidade como uma sexualidade entre as mentes, isto é, o movimento contínuo entre identificações projetivas e *rêverie* que implica na centralidade do funcionamento/ disfuncionamento mental de analista e paciente na sessão. Concepção da sexualidade que implica em poder olhar para o gênero sexual não só fenotipicamente, mas também do ponto de vista das qualidades do acasalamento mental, que implica funcionamentos homossexuais masculinos ♂♂ ou femininos ♀♀ ou heterossexuais

♂♀ em qualquer tipo de par (Ferro, 2006) em relação ao movimento de penetração/receptividade.

– Uma visão otimista da vida e do tratamento psicanalítico no sentido de que, mesmo pensando que não somos nada mais do que uma "brincadeira da natureza" (e no fundo teríamos podido sair ainda pior), o conceito da condição rudimentar do aparelho para pensar me permite ter a esperança de que, no futuro, seremos cada vez mais capazes de desenvolver funções criativas do sonho, do pensamento, das emoções. Isso me leva a pensar no instinto de morte e na destrutividade não como uma maldição da espécie, mas como um acumulo transgeracional de elementos β que no futuro poderemos talvez ser capazes de metabolizar, digerir até transformá-los em criatividade e capacidade de viver as emoções.

– Uma substancial identidade entre análise dos adultos, dos adolescentes e das crianças justamente pelo interesse focalizado nos recursos para pensar e não nos conteúdos. O que muda são as linguagens expressivas, não a essência do funcionamento mental. Em outras palavras, eu poderia dizer que a sessão de análise aparece para mim como um sonho das mentes no qual chegam, se difratam, se imbricam diferentes histórias provenientes de diferentes lugares e tempos do campo. A experiência compartilhada é a de deixar circular estados emocionais, sentimentos, pensamentos, personagens, com o analista (ele, também, lugar do campo), que garante e salvaguarda o *setting*, e promove uma atividade de tipo onírico da dupla analítica.

Em resumo, eu diria que cada sessão torna-se um sonho compartilhado co-narrado, co-pensado (Widlöcher, 1996), co-agido, que prescinde de uma verdade real ou histórica em favor de uma verdade emocional-narrativa na qual ganham vida histórias, transformações, *insight*, especialmente atitudes, quero dizer atitudes para sonhar, para transformar em *rêverie*, em imagens o que urgia como sensorialidade e protoemoções (Rocha Barros, 2000; Di Chiara, de 2003; Riolo, 1989).

Cada sessão é uma pérola, um grão daquele colar-rosário que através de todos os "mistérios" leva, não aos conteúdos, mas à capacidade de fazer a viagem, para frente e para trás, como em certos filmes de ficção científica em que é possível viajar no espaço e também no tempo.

O motor da análise e da atividade narrativa-mitopoiética é a necessidade que o não pensável e o não dizível encontrem um espaço-tempo e uma função que conduzam à capacidade de pensar e de dizer.

É o trabalhar junto sobre as emoções presentes no campo, o tecê-las e o re-tecê-las que permite, através da *rêverie*, através do uníssono, o desenvolvimento do continente/conteúdo ($♀♂$). O resultado de todos os trânsitos transformadores feitos sessão após sessão leva à capacidade de tecer as protoemoções em imagens, em histórias de memórias antes oclusas ou até de memórias de fatos que nunca aconteceram, mas construídos no campo e, em seguida, retrodatados com movimentos contínuos de *après-coup*. O percurso da análise torna-se uma função das modalidades de funcionamento de cada dupla analítica ao trabalho e perde-se o próprio sentido de uma natural processualidade. Cada dupla terá uma forma própria de realizar o trabalho analítico, e também os acontecimentos de uma análise, as reações terapêuticas negativas, as transferências (e contratransferências) psicóticas ou negativas pertencerão àquela dupla, ou melhor, àquele campo.

É claro que há um limite para a deriva subjetivista, que baseia a sua ancoragem na ética do analista, na sua análise pessoal e no preparo do mesmo, e na responsabilidade do analista em relação ao fato de que os fatos narrados sejam aqueles que urgem, aguardando a alfabetização por parte da dupla analítica, e não outros (como a confirmação das teorias do analista ou a evitação da dor mental). É claro que uma teoria do campo, que vê o analista altamente envolvido no andamento da análise, pede ao analista uma constante vigilância e manutenção de seu principal instrumento de trabalho: o seu funcionamento mental.

A sessão acontece no nível de um onírico recíproco, seja quando o paciente "sonha" (se ele tiver condições) a intervenção do analista ou o seu estado mental, seja quando o analista "sonha" a resposta a ser dada ao paciente. Quanto mais esta resposta será "sonhada", tanto mais será fator de constituição, de uma nova tessitura da eventual deficiência da função alfa do paciente.

O analista na sessão encontra-se nas condições de um condutor que deve prestar atenção a toda a instrumentação de bordo de um carro muito complexo, ou de um avião, mas ao mesmo tempo isso é apenas funcional para o proceder da viagem em suficiente segurança. Caso contrário, teríamos os riscos de fora de rota, (ou graves acidentes) ou, no oposto, os riscos de uma análise que se envolve em torno de si mesma, sem proceder à viagem. Ainda que se trate de uma viagem paradoxal cujo objetivo é aprender a viajar em territórios em constante expansão, ou seja, adquirir o método.

Constante é a atividade de *rêverie* de base, que é a forma com a qual a mente do analista continuamente acolhe, metaboliza e transforma o "quanto" lhe chega por parte do paciente como estimulação verbal, para-verbal, não verbal. A mesma atividade de *rêverie* está presente no paciente em resposta a cada estímulo interpretativo, ou não, proveniente do analista. Esta atividade de *rêverie* de base é o fulcro da nossa vida mental e do seu funcionamento/

264 IMPLICAÇÕES TÉCNICAS DO PENSAMENTO DE BION

disfuncionamento dependem a saúde, a doença e o grau de sofrimento psíquico.

O mesmo vale para a existência de uma atividade de identificações projetivas de base que são o ativador indispensável de qualquer atividade de *rêverie.*

É inegável que o paciente sempre sabe a maneira como funcionamos mentalmente e nos diz, sonhando-a em tempo real (Bion), mas muitas vezes não estamos dispostos a entrar em contato com esse sonho e nos refugiamos na coluna 2 da Grade, dizendo-nos e protegendo-nos com as mentiras, em relação a um sentir autentico.

Operações no campo

A oscilação entre insaturação e saturação da interpretação torna-se também o veículo das narrações na sessão entendidas como *narrações transformadoras,* com as quais realizamos aquela extensão no campo do mito (Bion, 1962) da interpretação bem-sucedida. A interpretação, antes de se tornar uma interpretação clássica de transferência, frequentemente precisa fazer uma longa viagem. Com muitos pacientes, no início, estamos na presença de fragmentos de protoemoções, diria de protossememas que devem ser recolhidos, organizados, processados até gerar microssememas, que devem ser organizados para criar sememas básicos, por exemplo, RAIVA. Este, isoladamente ou em conjunto com outro semema básico, deve ser contextualizado na situação aparente: "Goku fica com ciúmes de X quando...". Uma etapa ulterior será a contextualização aparente e personificação explícita: "Na escola você tem ciúmes de X quando ..."; e, finalmente, podemos chegar na contextualização e personificação explícita, primeiro invertida: "Você teme que eu fique com ciúmes quando você...". Finalmente chegamos na contextualização com personificação explícita direta: "Parece-me que *você* fica com ciúmes quando eu ...". Naturalmente, "escola" ou "Goku" serão pensados como parte do campo atual, em outras palavras, poderíamos dizer que uma interpretação viaja desde interpretação insaturada no campo a interpretação insaturada do campo até interpretação insaturada na transferência e a interpretação saturada de transferência. Isto leva a considerar que o paciente fala sempre (também) do nível onírico do funcionamento da dupla analítica; além disso, o que um paciente diz depois de uma interpretação é também um sonho feito sobre a própria interpretação: portanto, os personagens que aparecem são significativos de como o paciente sentiu a interpretação.

Se uma paciente fala do seu vaginismo e do fato de não tolerar ser penetrada pelo marido, com toda a probabilidade poderíamos estar diante de uma configuração do tipo ♀♂, isto é, uma situação mental não suficientemente receptiva e disposta a se deixar penetrar pelas interpretações do analista, sentidas como intrusivas, ou não disponível para aspectos protoemocionais de si mesma cindidos.

Outro ponto que eu gostaria de destacar – embora eu não saiba se pode ser considerado estritamente técnico – é a qualidade *da atitude mental* e a importância da *qualidade* do funcionamento mental do analista na sessão.

O analista e o supervisor

Um paciente fala de um amigo em análise que frequentemente falava de seus pacientes e para o qual seu analista teria dito: disto você deve falar com o seu supervisor.

É claro que, se considerássemos válida essa comunicação, estaríamos imaginando a comunicação do paciente como extracampo, portanto, deste ponto de vista, estaríamos completamente impedidos, a não ser que o analista use "o supervisor" como personagem/pegador de panela da sessão para desembaraçar ou construir significados.

O funeral e a cocaína

Uma paciente começa dizendo que ela acompanhou o marido ao funeral de um seu aluno que havia morrido por uma overdose de cocaína, mas que depois, juntos, passaram uma bela manhã.

Esta é a primeira comunicação da paciente na sessão de segunda-feira. Foram acumulados fragmentos de sensorialidade, de protoemoções indistintas, nuvens de elementos β que podemos considerar como tendo sido alfabetizados pela função α na seguinte sequência de pictogramas emocionais.

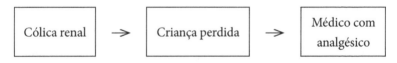

Naturalmente, essa sequência poderia ter sido contada através de uma série infinita de derivados narrativos que deixo para serem completados pela imaginação do leitor, considerando-se, por exemplo, os seguintes gêneros narrativos:

1. lembrança de infância;
2. relato de sexualidade;
3. relato de fatos quotidianos;
4. relato de um filme visto;
5. relato de um sonho de um amigo.

Quando o analista escuta, forma por sua vez outros pictogramas gerados pela escuta dos ΔN do paciente, além das alfabetizações de cotas de elementos β do paciente que não haviam sido por estes transformados. Neste ponto, ou temos uma dança à distância em que este funcionamento se repete alternadamente, ou então analista e paciente encontram uma tal sintonia que a função α e a sequência de pictogramas e os derivados narrativos perdem uma especificidade de pertencimento e é a dupla que gera significados e transformações sem excesso de cesuras. Este funcionamento é o que se verifica no campo analítico e é o que dá vida ao campo analítico.

De um certo ponto de vista, o campo analítico é aquela "sala de espera insaturada" na qual permanecem emoções, protoemoções, personagens antes que possam ser reconduzidos ao seu destino saturado, na relação ou na construção.

De um outro ponto de vista, é composto por todas as linhas de força, por todos os protoagregados de protoemoções, de protopersonagens, de personagens, que flutuam no espaço virtual do campo, adquirindo aos poucos, espessura, cor, tridimensionalidade. Como se entre paciente e analista fossem estendidos tantos elásticos, tantas possíveis linhas narrativas, às quais aos poucos fossem pendurados clipes que são o *casting* que o campo faz do que era indeterminado.

Desta forma, uma atmosfera repleta de dor, perda e alívio é substituída por narrações que veiculam esses "personagens" de uma forma mais evidente e clara. Essas narrações, esses personagens, podemos entendê-los como os derivados narrativos que o sonho de vigília do campo gerou. Assim, ganha vida a história do funeral, do rapaz morto, do dia bonito passado junto ou qualquer outro dos derivados narrativos (o II, o III...). Neste ponto, o que importa não são os conteúdos mas como tal funcionamento pode levar ao desenvolvimento dos instrumentos para pensar (o que Grotstein chama "dreaming ensemble").

O desenvolvimento da função α e do ♀ torna-se o objetivo do trabalho analítico.

Naturalmente, nem todas as nuvens de sensorialidade ou as protoemoções podem ser transformadas em pictogramas, uma cota é, de qualquer forma, evacuada em sintomas, atuações, brigas, fobias, paranoia... é a insuficiência da função α que gera isso.

O ponto de chegada da análise deveria ser o desenvolvimento das capacidades da função α de forma que menos sensorialidade/protoemoções sejam evacuadas e, ao contrário, sejam transformadas em α.

O que considerarmos sequência em algum momento torna-se em 360 graus, portanto temos:

- β1 β2 do campo;
- Função α do campo;
- ΔT do campo.

Modelos e escadas de Escher

A comunicação de um paciente pode ser considerada ao longo de diferentes eixos: o da transferência, da relação, da realidade externa, ou da realidade histórica.

Há modelos nos quais o cerne é o do *insight*/reconstrução, modelos que tendem a trazer qualquer comunicação para dentro da relação atual como lugar significativo (e único) das transformações:

Pc —————— An   prevalece a emergência da fantasia
inconsciente e das transformações

As transferências colaterais devem ser reconduzidas para o *aqui e agora*.

Há vários modelos como aquele do campo, o qual tem pelo menos quatro gerações (ver Ferro, Basile, 2009).

Outro ponto que merece ser esclarecido é a diferença que existe entre "o terceiro analítico" de Ogden e o conceito de campo como é desenvolvido hoje (Ferro, Basile, 2009). O "terceiro analítico", poderíamos dizer que é, metaforicamente, uma espécie de "cubo" que pode ser dissolvido na teoria do campo. Isto o torna tanto mais fácil de digerir quanto mais adequado para a inter-relação transformadora entre os diferentes personagens. Nele, o campo pode ser considerado também como todas aquelas linhas de força que dispomos entre um computador e um modem wireless ou onde as fontes de ondas de rádio trocam mensagens. Campos que são de diferentes níveis, não em um plano mas em um ângulo completo:

Cinzia
Analista ——————— Relação ——————— Paciente
Guido

sem que possa existir para qualquer assunto um fora do campo. Neste último modelo de campo que tende a se realizar como campo onírico, o que é importante é o desenvolvimento das capacidades sonhantes do campo de levarão à transformação e à introjeção de funções.

Neste modelo, há um salto de uma psicanálise que olha para os conteúdos, para uma psicanálise que olha para a possibilida-

270 IMPLICAÇÕES TÉCNICAS DO PENSAMENTO DE BION

de de desenvolver os instrumentos para gerar, conter e transformar os conteúdos.

Vamos supor que Liliana não tolera a sogra, é óbvio que a "sogra" pode ser vista sob vários ângulos: realístico externo, como parte cindida da mãe ou do analista, sendo que num modelo de campo a sogra entra "como personagem do campo": o que importa será tanto a localização, temporalização, mas acima de tudo o desenvolvimento no campo das funções capazes de transformar "o veneno da sogra".

Em uma ótica monopessoal, obviamente a "sogra" é uma parte venenosa, não integrada da paciente, mas para nós, saber isso nos ajuda pouco, estamos mais interessados em como desenvolver enzimas capazes de metabolizar este veneno.

No fundo, como diz Grotstein, em uma ótica relacional o inconsciente do paciente é projetado sobre o analista e depois o paciente terá que lidar com este (que, porém, é o depositário do seu inconsciente).

No campo, temos uma parte inconsciente, ou melhor, não metabolizada que é continuamente transformada em pensável através do fenômeno do *casting* e da transformação em sonho. Não é fácil aceitar que o fulcro da análise seja o desenvolvimento da capacidade de sonhar e não o trabalho sobre a remoção ou sobre as cisões.

A boneca de biscuit

Uma paciente de 18 anos tem uma sintomatologia anoréxica, parece uma "boneca de biscuit", diz a mãe, que a acompanha na sessão no primeiro encontro. O primeiro personagem que entra em cena é o pai descrito como "um animal colérico" que trabalha como "cobrador de trens", embora, às vezes, esteja bêbado e não aparece no trabalho. Os personagens dos quais é feito o *casting* são, portanto: boneca de biscuit, animal colérico, cobrador de trens, embriaguez.

No campo acabamos tendo todas essas co-presenças que consideraremos habitantes do campo e as vicissitudes que terão no campo, irão contar o desenvolvimento da análise.

O analista com toda probabilidade irá introduzir formas de ser que serão "presentificadas" por outros personagens e aos poucos vamos assistir a transformações de fatos e o desenvolvimento de instrumentos para filmar e transformar os fatos, ou seja, para sonhá-los.

Stefania e os óculos grandes

Stefania inicia uma terapia por causa de ataques de pânico, fobia social: anda com grandes óculos de sol para não ser reconhecida.

Já podemos imaginar a erupção de estados protoemocionais que explodem, que determinam os ataques de pânico e as projeções destas faíscas protoemocionais que tornam os outros perigosos (na medida que são portadores dessas faíscas); poderíamos levantar a hipótese que ela deseja, inclusive, que aspectos dela mesma não sejam reconhecidos.

Poderíamos imaginar o filme de fotogramas oníricos desta primeira narração como:

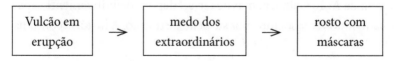

Naturalmente, a narração derivante da sequência dos mesmos pictogramas poderia ser totalmente diferente.

- Exemplo 1: *Relato de infância*
  Quando era pequena eu tinha medo que os balões estourassem e eu tinha medo também das crianças que eu não conhecia, eu ficava feliz só no Carnaval porque aí eu saía fantasiada.

- Exemplo 2: *Filme visto na televisão*
  Eu vi um filme no qual uma bomba explodia em um shopping center e todos fugiam com medo de que houvesse terroristas, talvez vestidos como policiais.

- Exemplo 3: *Relato de uma cena familiar*
  Explodiu uma briga com a minha sogra, quando ela teve a ideia de vir morar com a sua irmã e o seu segundo marido na nossa casa, mas depois eu fui obrigada a me conformar.

Os exemplos de derivados narrativos poderiam, evidentemente, ser infinitos. Naturalmente, estamos falando de um paciente com função α (geradora de pictogramas) suficientemente funcionante.

Se o paciente não tem tal capacidade de transformar protoemoções e protossensorialidade em pictogramas (do sonho do estado de vigília), precisaríamos de uma cooperação do analista que co-constrói, também com suas próprias *rêveries*, as sequências α do paciente. Mas vamos continuar com o nosso exemplo.

Stefania conta ter sido, por longo, tempo namorada de um jovem da Ação Católica, mas de ter-se, depois, definitivamente separado indo viver sozinha por suspeita de traição. A história continua com o namorado que é suspeito (enquanto depositário de faíscas). Além disso, relata um relacionamento difícil com a sua "chefe".[1]

Depois relata os comportamentos do pai que controla o ciclo da máquina de lavar roupa; além disso, tem medo que falem mal dela. Em seguida fala longamente da lembrança de que quando era pequena não toleravam "que se sujasse". Passava inteiras tardes lendo *Família Cristã* ou jogando baralho com uma amiga. A mãe via o "diabo" em tudo o que dizia respeito ao corpo e a paciente continuava usando desodorante e se depilando.

Outro relato no qual se delonga é a respeito dos domingos nos quais "faz máquinas de lavar roupa" para todos, para si mesma, para o novo namorado, passam-se desta forma algumas horas, isto depois que o sábado foi passado junto, também fazendo amor várias vezes. Depois relata um sonho no qual havia no sofá uma aranha peluda que se aproximava de um jeito alarmante. Perto do fim da sessão, fala sobre sua massagista confiável, do seu fisioterapeuta e do novo médico, muito bom, que cuida dela.

É claro que essas comunicações podem ser "sonhadas" de diferentes maneiras. Na essência, há o problema de como administrar aspectos parcialmente alfabetizados (verdadeiros conglomerados de elementos balfa), que adquirem diferentes roupagens: diabo, aranha, pelos e que necessitam uma atividade de controle.

Mas o que poderia ser visto de uma maneira diferente, e eu diria "invertendo o vértice de escuta", é o seu fazer "máquinas de lavar roupa no domingo", não como uma atividade obsessiva ligada com a fobia da sujeira, o que aumentaria o conflito com a sua "chefe/cabeça/—(♀♂)", mas como o relato do trabalho e esforço que

---

1 Em italiano, *capa*, que significa tanto *chefe* quanto *cabeça* [N. T.].

deve fazer com a sua máquina de lavar roupa (função α) e se lavar de todo o excesso de emoções que o ter relações emocionais (fazer amor) representa para ela.

Qualquer acúmulo de tensão, de sensorialidade, encontra hipofunções α (hipo-máquinas de lavar) por isso deve se esforçar longamente nas pausas (é por isso que preferiu ter as sessões em dias alternados: segunda-feira/quarta-feira/sexta-feira).

Ver as coisas desta forma, e propor para a paciente o quanto a ativação dentro dela de uma calorosa passionalidade exige tempo para se limpar das emoções que a preenchem, abre um novo percurso que a tranquiliza (não se sentindo acusada, ao contrário, vendo o reconhecimento das suas necessidades e do seu esforço) na relação com a sua "chefe/cabeça". A paciente continua, após essa intervenção, contando que viu na televisão a série *La Baronessa di Carini,* onde, num determinado ponto, parecia não ter saída para um casal fechado em um quarto tomado por um incêndio, o destino era queimar e depois encontrar esqueletos sem carne. Ou a paixão que devora a carne ou o estado descarnificado, autistoide que resulta disso. Mas no seriado havia, num muro, uma marca de mão deixada por uma antepassada e colocar a mão nela permitia abrir uma porta escondida que abria o caminho para a salvação.

Vemos, portanto, a transformação em sonho das comunicações da paciente e podemos começar a investigar alguns dos fatores da transformação em sonho. Um desses fatores é a "mudança de perspectiva" utilizada a respeito do "fazer as máquinas de lavar".

Sonhar a sessão juntamente com a capacidade de uníssono, com a capacidade negativa, é o que leva ao desenvolvimento da função α, ou melhor do *dreaming ensemble* como diria Grotstein.

Em um comentário feito por Edna O'Shaughnessy (2005) ao meu trabalho *Implicações clínicas do trabalho de Bion*, a autora agudamente considera que "é interessante comparar e diferenciar o conceito de pensamento onírico de vigília (*waking dream thought*) de Bion com a concepção de Melanie Klein da existência, desde os primeiros dias, de um contínuo de fantasias inconscientes atuando na mente, que emergem com as sensações e os afetos".

Ambos os processos dão sentido à experiência, ainda que – continua a autora – o pensamento onírico de vigília implica algo de novo, isto é, a ideia da transformação das experiências primitivas, isto é, o processo de "alfabetização". Edna O'Shaughnessy sublinha claramente como, para mim, qualquer comunicação entre paciente e analista pode ser vista como um derivado narrativo desse pensamento onírico que o analista deve ser capaz de obter. Isso nos leva a retomar, ainda que tangencialmente, o conceito de "paciente melhor colega" (Bion) ou "lugar privilegiado de sinalizações do campo". Se eu fizer uma interpretação a um paciente, esta será fonte de bem-estar, de contenção, mas às vezes também de excesso de sensorialidade (ainda que, da minha parte, trata-se de elementos alfabetizados). Vejamos o esquema:

Sensorial idade

$\downarrow$ (função alfa)

Formação de elementos alfa

$\downarrow$

Sequências de pensamento onírico de vigília
(gerido por ♀♂/CN↔FS /PS↔D)

Podemos ter uma sequência de:

Esta será uma forma de pictografar uma sequência protoemocional de

ESTAR PERDIDO →→ PÂNICO →→ CONFIANÇA

Que, por sua vez, poderá ser narrada, desenhada, ou através de uma brincadeira, nas mais diferentes formas. Por exemplo:

Lembrança de infância
Relato de vida cotidiana
Relato de uma história

Neste ponto, caberá ao analista o problema de como utilizar estas sinalizações do paciente, com um gradiente que vai desde a interpretação até a transformação de seu próprio eixo interpretativo, e assim por diante.

As turbulências de Luisa

Luisa é descrita como um veadinho assustado, com olhar doce e muito bonitinha. Solicita uma análise depois de ter sido deixada pelo marido, inesperadamente. Dissolve-se em lágrimas. Depois relata a separação dos dois namorados anteriores, ainda em tom de grande tristeza. Depois conta das férias em Kinderheim, na Suíça, onde ela se sentia deportada. Fala então a respeito de uma irmã com leucemia fazendo quimioterapia. O relato parece todo centrado em torno de separações e abandonos que poderíamos definir como "protagonistas" e pontos-chave do relato. A narração continua com o relato de um período turbulento da sua vida no qual havia usado drogas, tinha frequentado ambientes promíscuos, chegando até a certos *parties* com aspectos orgiásticos e a frequentar casas de jogo e o mundo do crime que girava em volta.

Neste ponto, evidentemente, Luisa fala das defesas excitatórias e antidepressivas às quais recorreu (recorre) para se salvar das protoemoções não digeridas, não transformadas, associadas aos abandonos.

Na sequência, relata que começa a se lembrar dos "assédios" e "abusos" do seu avô, que a havia tocado em várias ocasiões. Relata então um pesadelo, tido quando criança, no qual sua mãe era morta por disparos de metralhadora.

As protoemoções, ligadas aos "abandonos/♂♂♂♂ hiperconteúdos" não transformados e não contidos, porque em excesso em relação às capacidades de serem metabolizados, a "perturbam", "abusam dela", "a tocam".

Continua contando que, depois da formatura, foi atropelada por um carro e teve, poucos meses depois, uma doença autoimune que inclui uma alergia à luz. Em seguida, com tom mais leve, fala sobre um pequeno grupo de amigas com as quais, há anos, se encontra para almoçar, como as protagonistas do *Sex and the City* e como uma delas tende a sumir, ainda que ela roube dos pratos dos outros e nunca peça nada para si mesma.

Neste ponto, fica claro que existe um "fantasma", podemos chamá-lo de tigre (veadinho), Cecco Angiolieri,[2] que é alérgico à

---

2 Cecco Angiolieri (1260-1320), poeta e escritor italiano, contemporâneo de Dante Alighieri. É dele a frase no início de um soneto: *Se fossi foco, arderei 'l mondo* – Se eu fosse fogo, arderia o mundo [N. T.].

luz, que a atropela (que se auto-atropela) e que na verdade é um fantasma extremamente violento que desejaria metralhar a todos. Fantasma que sobrevive "bicando" no prato dos outros, mas que agora necessita de visibilidade: isto é, todos aqueles estados protoemocionais nascidos "nos abandonos e nas separações" constituem protoconteúdos, hiper-β, que tendem a ser evacuados, em busca de continentes e de transformação, ainda que tal evacuação aconteça como uma "metralhada".

A primeira sessão de análise é a forma em que é feito o *casting* dessas protoemoções e no qual se tenta começar a nomeá-las: a história torna-se a de uma menina que a paciente tem na sala de aula, que teve uma série de tumores que produziram uma série de metástases.

Ela tenta ficar perto dessa menina que está internada em um departamento de oncologia pediátrica, onde os médicos são muito humanos e competentes.

Houve, de um lado, uma "transformação em tumor" dos elementos β acumulados, mas ao mesmo tempo uma transformação em sonho no momento em que são narrados.

Há um "abandonoma" ou um "separoma" aguardando ulteriores transformações e a análise é aquele departamento de oncologia onde – talvez – será possível tratar estes agregados de elementos β (os betalomas de Barale-Ferro).

Após a primeira interpretação insaturada do analista, "é terrível que uma criança sofra tanto", Luisa começa a falar do irmão mais velho da menina que cuida dela bem de perto e do tempo que a menina passa enfiando contas coloridas, montando colarzinhos.

Aparece logo tanto uma figura cuidadora quanto uma capacidade de ligar as coisas e desenvolver projetos, sessão após sessão.

A primeira manifestação dos agregados de β é indiferenciada (abandono e protoemoções convexas), especifica-se depois com o "fantasma" da raiva que, em vez de adquirir uma forma indiferenciada (por exemplo, ataques de pânico) adquire uma forma mais possível de narrar: o fantasma, a metralhadora, a raiva...

Portanto, observamos o caminho progressivo a partir de agregados indistintos de elementos β (testemunho do aspecto traumático), poderíamos dizer um desenvolvimento e permanência de β e uma progressiva alfabetização, que conduz a uma diferenciação até à transformação em emoções e pensamentos (caminho em direção a α).

O amigo depilado

Um analista começa a sessão comunicando ao paciente que está desmarcando uma sessão por causa de um "fim de semana prolongado"[3] que vai fazer. Logo depois, o paciente diz que "teve um sonho feito de vários pedaços"... no sonho telefonava para o analista, mas a linha caía e, depois, havia um aborto. Depois havia um amigo dele, muito atlético, que tinha se depilado e aparecia todo glabro. Conta também ter pensado em finalizar a análise porque tem outras coisas para fazer. Este sonho poderia ter leituras diferentes com modelos diferentes ou, mesmo com um determinado modelo, poderia ser considerado impossível de ser interpretado na ausência de associações.

Eu não posso não levar em conta este sonho como uma resposta à primeira comunicação feita pelo analista: o paciente se sente despedaçado, a comunicação com o analista se interrompe,

---

3   Em italiano, *ponte* [N. T.].

em seguida, sente-se expulso e, por sua vez, expele as emoções que sente. As emoções primitivas que sente são raspadas, mas isso leva à atuação: "Eu quero terminar a análise", como uma forma de descarga, do tipo olho por olho!

Esta minha proposta de leitura do sonho deriva do fato de considerar o sonho significativo no (e do) momento em que é contado e, portanto, como um derivado narrativo do pensamento onírico do estado de vigília. Não como algo a ser decodificado ou decifrado, mas como uma poesia da mente que sincretiza o estado emocional do momento: isto é, o pensamento onírico de vigília encontra uma poesia que, de forma sincrética, exprime o estado das emoções.

Outra coisa é, depois, o que vamos dizer ao paciente, como vamos cozinhar a sua comunicação e como vamos servi-la à mesa.

O impedimento do analista e o filtro mágico

Uma competente analista traz para a supervisão um caso clínico dizendo ter feito rupturas de *setting*: respondeu a um SMS de uma paciente e, por repetido e insistente pedido desta, aceitou encontrar o cirurgião que iria operar a paciente no ouvido interno.

De fato, a paciente, na sessão, havia dito da operação no ouvido que teria que fazer dali a pouco. Sucessivamente, após a cirurgia, conta como é terrível para ela ouvir, os sons são devastadores; faz parte da equipe médica também um engenheiro que modula a receptividade do aparelho complexo que foi instalado com uma intervenção neurocirúrgica difícil. A paciente havia iniciado uma análise de quatro sessões *vis-a-vis*, porque, sendo surda, tinha que ler os lábios. Nas costas tinha uma história devastadora. Tinha vivido em uma situação degradada do ponto de vista afetivo: a mãe era uma prostituta de alta classe e a própria paciente tinha sido abusada repetidamente, desde o início da adolescência, por familiares e clientes da mãe. Seu pai era um homem violento que havia passado muitos anos na prisão. Ela se dizia "lésbica", atraída apenas por mulheres, a sua aparência – conta a sua analista – era a de uma "mulher engorilada", uma espécie de bad boy com algo de símio, ainda que deixando transparecer uma beleza escondida e ofuscada.

O gráfico da situação emocional da paciente poderia ser:

♀♂♂♂♂

♂♂♂♂
♂♂♂♂
♀
♂♂♂♂
♂♂♂♂

Isto é, o de uma mente constantemente abusada por estados protomentais impossíveis de serem contidos e não metabolizáveis.

O analista fica impedido não por atuações "veniais", mas quando desloca seu vértice de escuta sobre uma realidade externa que, justamente por ser feia e degradada, se impõe à escuta. No entanto, isto impede a especificidade da escuta analítica na sessão, onde sempre deve ser anteposta a expressão "eu tive um sonho" como filtro mágico em relação à fala do paciente.

Não colocando o mágico filtro analítico, o analista perde a especificidade da comunicação que, do ponto de vista da análise, não pode ser senão o que a paciente está contando: como graças ao trabalho analítico, graças ao im-plante, à introjeção com dor, de um novo recurso, está se tornando *capaz de ouvir*,[4] de sentir aquelas emoções que antes tinha de manter inaudíveis por serem dilacerantes.

A análise é justamente aquele conjunto de operações, de intervenções, que lhe permitem não ser mais surda para as suas dores, para as emoções intensas às quais havia se subtraído para sobreviver.

Agora há um "novo mundo sonoro" com um analista/cirurgião e um analista/engenheiro dos "sons" que possibilitam uma escuta cada vez mais modulada dos estados emocionais.

Isso não quer dizer que a escuta analítica deve, depois, ser comunicada ao paciente de forma explícita e direta, poderá ser necessária a mediação através dos personagens, "cirurgião", "engenheiro", "implante", "operação", "intervenção".

Mas o que não pode ser evitado é a escuta sonhante, aquela escuta que ativamos antepondo à narração do paciente aquele "tive um sonho "do qual eu falava, porque somente este é o nosso específico.

O objetivo da análise é desenvolver a capacidade do paciente para "sonhar" (portanto para transformar, metabolizar e depois esquecer) aqueles excessos de sensorialidade e de protoemoções que, se não forem digeridas, se não forem "sonhadas", levam ao sofrimento e aos sintomas.

A paciente não é homossexual, está à procura de um relacionamento com uma mente acolhedora e disponível que deve dar um modelo de acolhimento. O "macaco" precisa encontrar lugar, deve ser acolhido, e esta será uma relação ♀♂ heterossexual que depois poderá ser introjetada pela paciente. Quanto mais a situação nar-

---

4   Em italiano, *sentire* é tanto *sentir* quanto *ouvir* [N. T.].

rada por um paciente é "real", "dramática", "objetiva", tanto mais o analista corre o risco de renunciar ao uso do filtro mágico.

Uma interpretação pode ser seguida por um alargamento do campo, um colapso puntiforme do mesmo, ou mesmo a ocorrência de fenômenos evacuativos por parte do paciente como *flash* visuais, muitas vezes em resposta a operações de transformações em alucinose conduzidas pelo analista.

Por ocasião de um encontro internacional de colegas interessados em esclarecer os possíveis modelos presentes na psicanálise, propus um início de sessão inventado no momento:

Paciente: Ontem eu realmente não gostei do que minha mãe me preparou para comer, sempre as mesmas coisas.

Analista1: A inveja que sente pelo que eu lhe digo o impede de saborear e aceitar as minhas interpretações.

Paciente: Ontem eu vi um bonde que estava prestes a atropelar uma criança que, por sorte, conseguiu se esquivar no último momento.

Analista 1: A raiva que sentiu pelo que eu lhe disse quase o esmagou, mas a lembrança do trabalho realizado juntos lhe permitiu não ser atropelado.

Neste ponto, porém, propus a mesma sessão com um hipotético analista 2:

Paciente: Ontem eu realmente não gostei do que minha mãe me preparou para comer, sempre as mesmas coisas.

Analista 2: Entendo que ficou desapontado ao não receber o que teria desejado.

Paciente: É verdade, no entanto, que a minha mãe tenta entender os meus gostos, se eu apenas tenho a coragem de expressá-los.

Analista 2: E isto permite que você sinta também os momentos de sintonia, além dos decepcionantes.

A discussão se centrou em: pode realmente cada sessão ser co-determinada pelo interagir de paciente e analista, e o que o paciente diz, após uma intervenção do analista, ser o *sonho* que o paciente fez sobre a interpretação recebida? Podem interpretações insaturadas serem consideradas igualmente de transferência ou, pelo menos, na transferência, sem explicação direta, desde que essa explicação esteja clara na mente do analista? O segundo analista é complacente ou interpreta na única forma tolerável para aquele paciente naquele determinado ponto da análise? E o que mira o analista com suas intervenções: tornar consciente o que não o é? Revelar a fantasia inconsciente do paciente? Permitir através da experiência de uníssono a expansão do continente?

O conceito de campo analítico, de conceito forte no qual era a atividade interpretativa explícita do analista sobre a mancha cega/bastião formado pelas identificações projetivas cruzadas de analista e paciente, tornou-se um campo potencial em constante expansão, onde podem ganhar espessura todos os mundos possíveis ativados pelo encontro analítico. O que antes pertencia a um sujeito, ou a outro, agora pertence ao campo: portanto podemos pensar em termos de função alfa do campo, de elementos beta ou turbulências protoemocionais do campo, personagens/hologramas afetivos do campo, atividade transformadora e interpretativa do campo.

A singularidade da voz de um, ou do outro, se atenua e ganha vida esta estrutura que é um prelúdio para as transformações narrativas e as autoriza. As transformações mais significativas serão o desenvolvimento e o incremento (às vezes, a constituição) dos instrumentos para pensar. Todos os personagens (Ferro, Foresti, 2008; La Farge, 2007; Cairo, 2007), presentes, que não sejam nem pessoas nem objetos internos, nem partes cindidas, serão concretizações, ou melhor, sincretizações de funcionamentos de lugares e modalidades de funcionamentos. Anima-se uma espécie de filme em três dimensões e a 360 graus em todos os planos dos quais o analista se torna o fiador, mas também o coautor.

Recentemente (2009), com Roberto Basile, escrevemos que o campo analítico é habitado por inúmeras presenças reais, virtuais, em agregado, talvez possamos compará-lo ao universo por como ele é entendido hoje. De fato, o campo analítico coincide com aquele "universo" único que ganha vida no início de cada sessão, para depois ser temporariamente suspenso no fim de cada sessão. O campo é habitado por personagens centrais, poderíamos chamá-los os protagonistas, depois pelos atores secundários, depois pelos coadjuvantes, todas essas presenças podem mudar continuamente de papel. Mas o personagem humano (ou mesmo não antropomórfico) representa a parte mais evoluída do campo. Poderíamos compará-lo com as constelações que conseguimos distinguir em um céu estrelado. O campo é o lugar de uma infinidade de outros fenômenos, a maioria deles desconhecidos. Um axioma do campo poderia ser que o *"big bang"* e o *"bing crash"* ocorrerem no início de cada sessão e no final.

Os personagens são os pontos de chegada de operações ocorridas anteriormente das quais são o resultado. Os personagens têm estatutos complexos e não correspondem às pessoas com as quais mantêm uma semelhança superficial. Os personagens na sessão são o resultado de operações mentais realizadas por analista e paciente dos quais (e de cujas protoemoções, emoções, aspectos desconhecidos) designam o funcionamento mental. São, portanto, hologramas do funcionamento mental da dupla analítica, incluindo, porém, também funcionamentos que em outras linguagens diríamos cindidos, ou ainda não acessíveis ao pensamento. Personagens que entram na sessão de forma tangencial e saem de forma tangencial, outros que entraram de forma tangencial tornam-se protagonistas, outros que desde o início assumem papéis essenciais.

Deste vértice, qualquer coisa que o paciente fale descreve um funcionamento do campo.

A posição do analista nele é especial: oscila de uma posição de máxima assimetria (a responsabilidade é sua) a uma de máxima simetria (o funcionamento do campo é co-determinado pelo analista e paciente).

Na minha opinião, devem ser explicitadas as ligações com o pensamento de Bion e as implicações técnicas deste conceito. A finalidade do campo é a transformação, após ter se desenvolvido de forma isomorfa à patologia do paciente (e por certos aspectos, do analista). A doença (ou disfuncionamento psíquico) deve, portanto, entrar no campo, que irá adoecer dessa doença. A cura do campo irá coincidir com a cura de paciente e analista. Um paciente incontinente, mais cedo ou mais tarde, irá determinar uma incontinência em um lugar do campo e aí vai ser transformada (Ferro, 2006). Como eu já mencionei, as interpretações estarão entre os vários personagens do campo ou mesmo entre aqueles dois lugares especiais do campo, ditos analista e paciente. O campo estará em constante devir e transformação. Creio que somente as descrições de material clínico podem nos fazer mergulhar no clima desse conceito operacional ainda em processo de criação de novas potencialidades de pesquisa.

10. Exercícios e jogos psicanalíticos

Exercício 1

O conceito de *desconstrução narrativa* não é difícil de fazer graficamente. Na presença de um hiperconteúdo:

ele precisa ser desconstruído em muitos sub-conteúdos, em muitas sub-narrações possíveis, portanto teremos a decomposição do hiper-beta em

$$\begin{pmatrix} ♂\ ♂\ ♂\ ♂\ ♂\ ♂ \\ ♂\ ♂\ ♂\ ♂ \end{pmatrix}$$

Um conjunto de beta que, nesse ponto, será mais fácil de alfabetizar transformando-o em sequências α α α α α.

Tente agora escrever cinco histórias diferentes em que o que é descrito seja o *plot*, a estrutura de base.

_____
_____
_____
_____
_____

Exercício 2

A presença de um hiper-beta pode ser devida a quê?

Escreva cinco possíveis histórias que levem em conta os diferentes graus de *rêverie* do Outro.

_____
_____
_____
_____
_____

Exercício 3

No filme *A Guerra dos Roses*, a briga dos cônjuges é claramente um antidepressivo que no final não funciona (basta pensar na cena final da derrocada). Quais outros antidepressivos a nossa mente pode criar? Descreva pelo menos dez e tente para cada um deles escrever uma história possível.

_____

_____

_____

_____

Exercício 4

Uma jovem adolescente é capturada por "um mundo pornográfico macabro".

Que função poderia ter esta escolha defensiva? Que outras defesas seriam possíveis? Mas defesa do quê? Acrescento apenas que a paciente em questão tem uma relação homossexual com uma colega de classe.

_____

_____

_____

_____

Exercício 5

Uma mãe tem uma *rêverie* negativa (-R) em relação à sua filha mais velha. A que poderia conduzir esta *rêverie* negativa? Escreva cinco possíveis breves histórias.

_____

_____

_____

_____

Exercício 6

Em um filme recente, conta-se a história de um rico magnata que num certo momento da vida pede que lhe seja feito um filme pornográfico extremo, no qual uma jovem é degolada. A esposa do magnata, quando tomou conhecimento do fato, suicidou-se.

Do que essa "extrema perversão" poderia estar nos falando? O que mais o magnata poderia ter feito?

_____

_____

_____

_____

_____

Exercício 7

Uma moça recém-casada sempre fala dos abusos que sofreu quando criança, depois dos abusos sofridos na escola e finalmente – finda a lua de mel – dos infinitos abusos feitos por seu marido.

Qual poderia ser o gráfico da sua vida mental? No que poderia se originar? Tente escrever cinco possíveis histórias.

_____

_____

_____

_____

_____

_____

Exercício 8

Tente elaborar pelo menos três relatos a partir do seguinte gráfico de um possível campo emocional em expansão:

Tente elaborar pelo menos três relatos a partir do seguinte gráfico de um possível campo emocional em expansão:

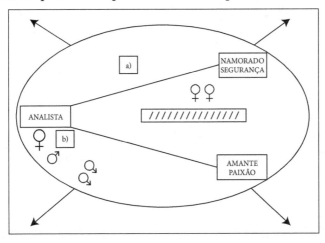

_____
_____
_____

Exercício 9

Depois de ter bem observado o gráfico de um campo possível, a seguir, tente delinear narrativamente pelo menos três possíveis desenvolvimentos.

_____
_____
_____
_____

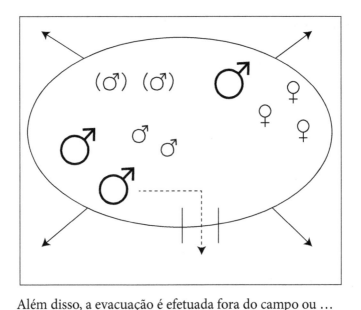

Além disso, a evacuação é efetuada fora do campo ou ...

Exercício 10

Uma paciente diz: "Estou vendo uma víbora"; naturalmente, em contextos diferentes esta comunicação poderia ter significados muito diferentes, alguns dos quais coexistentes. Vamos supor que o analista considere esta comunicação não como uma despercepção ou um fenômeno de tipo alucinatório, mas como uma hiperpercepção (como se Dorian Gray, olhando no espelho, dissesse "vejo um velho decadente").

Neste caso, como poderia ser desconstruída a víbora nos fios que a tecem? O que fazer com esses fios? Tente fazer livremente algumas hipóteses.

_____

_____

_____

_____

_____

_____

Exercício 11

Depois de uma interpretação que tende a mostrar um falso *self* grandioso, o paciente diz, irritado, que teve um sonho no qual um homem jogava sabão em cima dele enquanto ele estava na cama.

Quais hipóteses poderíamos fazer dentre as seguintes:

a) foi abusado quando criança;
b) tem uma fobia latente por sujeira;
c) sentiu a intervenção do analista como prematura e irritante.

Tente escrever outras três possíveis hipóteses interpretativas.

_____

_____

_____

_____

_____

_____

Exercício 12

Um paciente conta que enviou um artigo seu sobre a "síndrome presuicidal" para uma revista, que porém o rejeitou.

Tente imaginar cinco interpretações possíveis, desde a menos saturada até a mais saturada.

Exercício 13

Comunico para uma paciente a minha ausência por uma semana. Depois de um momento de silêncio, diz ter visto uma pessoa com alopecia que realmente a impressionou.

Descreva cinco possíveis intervenções após esta breve sequência.

Exercício 14

Uma criança em análise pergunta repetidamente para o seu analista: "É verdade que você tem dois filhos?".

Que significados podemos atribuir a essa pergunta?

Como poderíamos responder (pelo menos cinco respostas)?

Que pensamentos há por trás de cada uma dessas respostas?

_____

_____

_____

_____

Exercício 15

Cancelo quatro sessões de uma paciente. Na sessão seguinte fala de uma professora do filho muito rígida que sempre coloca cruzes como punição para as crianças e que deixa muita lição para fazer em casa.

Tente escrever cinco possíveis comentários a esta comunicação.

_____

_____

_____

_____

_____

Exercício 16

Um paciente, ao qual cancelo quatro sessões, fala a respeito de repetidos furtos que ocorreram no condomínio em que vive. Ele gostaria de punir estes criminosos ainda não identificados.

Tente dar uma interpretação de transferência, uma na transferência, uma no campo, uma altamente insaturada, uma reconstrutiva.

_____

_____

_____

_____

_____

_____

Exercício 17

Barbara se apresenta em virtude de sintomas bulímicos, após anos de anorexia e por "ter perdido, há cerca de dois anos", completamente pelos e cabelo. É uma moça de 25 anos de idade, com uma aparência muito agradável, com uma peruca que cobre a calvície total. Fala também de um relacionamento ideal com sua mãe, que cuidava dela 24 horas por dia e que, desde o início, remete a uma relação simbiótica. Tem muita vergonha – diz ela – de seu corpo.

As primeiras associações e imagens que se formam em mim ao ouvir o seu relato são o título do livro de Desmond Morris, *O Macaco Nu*, e, logo depois, as imagens do filme com Tognazzi, *A mulher macaco*.

Depois fala da sua infância e adolescência passada em internatos suíços extremamente severos para os quais ela havia sido enviada pelos pais por medo de sequestros, visto que é de família muito rica.

O gráfico que se forma na minha mente é:

Ou seja, o de uma ligação simbiótica ♀♀ em relação à qual o aspecto das emoções mais intensas e primitivas é banido, cindido. A forma de administrar (visto a impossibilidade de digestão) o hiperconteúdo é a de deixá-lo com fome (ou, ao contrário, sedá-lo com comida), na esperança de poder enfraquecê-lo, controlá-lo, (ou, ao contrário, sedá-lo) e, além disso, remover qualquer sinal de primitivismo retirando qualquer forma de "pelo"; isto é, tentar torná-lo inofensivo e desprovido de qualquer característica de violência primitiva ou intensidade.

Com base no mesmo gráfico, tente escrever outras cinco histórias possíveis de outros possíveis pacientes com a mesma estrutura de base.

_____
_____
_____
_____
_____
_____

Exercício 18

Uma paciente, muito reservada em relação às suas experiências emocionais, após eu ter desmarcado uma semana de sessões, traz dois sonhos. No primeiro, estava muito entristecida pela morte da irmã e não sentia vergonha em chorar. No segundo, estava em um banheiro fazendo suas necessidades e havia uma outra pessoa em um vaso sanitário ao lado dela, depois um homem chegava e entrava, mas ela não sentia vergonha. Comenta dizendo que ela tinha a impressão que havia também um muro que caía, talvez o muro da vergonha.

Tente dar algumas interpretações possíveis, mesmo com os poucos elementos que você tem disponíveis.

Exercício 19

Uma paciente sonha de estar sendo perseguida por um cão que lhe dá medo e que, correndo, se transforma em uma cigana que gostaria de encontrar um lugar na sua cama.

Esse sonho pode ser interpretado, na ausência de associações? O que poderia suprir as associações?

Se ele pode ser interpretado, tente imaginar cinco possíveis intervenções.

Exercício 20

No começo da análise, uma paciente que tem muita dificuldade em falar sobre si mesma sonha ir para um dentista que, com alicates e pinças, puxa para fora da sua boca um longuíssimo cabelo loiro. Após três anos de análise, sonha estar em um departamento de pediatria e um médico, sentado atrás dela, puxa suavemente para fora do seu traseiro um longuíssimo cabelo preto. Não está envergonhada, sente alívio ao ver que o longo cabelo depois é tecido em um tapete com muitas figuras.

Tente imaginar, com base em diferentes modelos, como estes sonhos poderiam ser vistos.

_____

_____

_____

_____

_____

Exercício 21

Um paciente diz: "Uma cobra me mordeu quando eu era pequeno."

Qual você escolheria entre essas intervenções? Por quê? Qual o modelo ao qual você se remete?

a) Há uma parte sua que é venenosa e invejosa da qual você é vítima.
b) Você sentiu o que eu lhe disse ofensivo e venenoso.
c) Longe da mamãe você se sentia invadido por emoções com as quais não sabia lidar.

300 EXERCÍCIOS E JOGOS PSICANALÍTICOS

d) Posso imaginar o medo e o susto!
e) Quem lhe deu o antídoto?
f) Deve ter sido uma experiência chocante!

Adicione cinco outras interpretações possíveis.

_____

_____

_____

_____

_____

Exercício 22

Um paciente diz. "Eu tenho dor de ouvido."

O contexto pode, evidentemente, ser diferente. O consultório de um otorrino. Uma conversa entre amigos. Uma visita a um médico legista para avaliar uma lesão pós-traumática no trabalho e assim por diante. Vamos apenas considerar esta comunicação dentro da sala de análise e considerar as possíveis intervenções:

a) De que dor você está falando comigo?
b) Eu me pergunto se o que eu lhe disse provocou dor ao escutá-lo.
c) Precisaríamos de alguém que pudesse entender o porquê.

Acrescente outras cinco hipotéticas intervenções.

_____

_____

_____

_____

Exercício 23

Um paciente, falando de uma amiga mais velha – pelo menos aparentemente – diz: "Poderia ter havido algo entre nós".

O analista poderia responder:

a) Poderia ter havido! Às vezes, porém, os tempos não coincidem.
b) Parece-me que, com cautela, você joga para mim uma carta sedutora.
c) Talvez, quando criança, você teria desejado seduzir a sua mãe ou ser seduzido por ela.
d) Eu acho que você vê a diferença de idade como uma barreira.
e) Eu o decepcionei com o que eu lhe disse e você se retrai em relação à possibilidade de envolvimento comigo.

Adicione cinco outras intervenções possíveis.

Exercício 24

Um paciente fala, angustiado, das dificuldades que o filho de 6 anos vive na escola com um professor muito exigente.

Tente escrever três intervenções, fruto de possíveis *rêverie*, e três intervenções, fruto de *rêverie* negativa.

Exercício 25

Um paciente conta que está vivendo em uma situação impossível desde quando, temendo que o banheiro doméstico ficasse poluído, espalhou pelo seu quarto sacos contendo sua urina, suas fezes e o vômito que frequentemente ele se provoca.

Faça cinco hipóteses sobre esta comunicação.

Tente escrever cinco possíveis intervenções.

Exercício 26

Um paciente resume assim, com um sonho, os primeiros oito meses da sua análise: "Havia um nevoeiro muito intenso que não permitia ver nada. Em seguida, dá para perceber um trem – à medida que o nevoeiro sobe – em um trilho morto. Depois o trem começa a se mover e entra na rede normal. No início não se percebe bem quem está nos vagões, depois começa-se a distinguir os rostos das pessoas e ouvir suas conversas e, enquanto isso, o trem atinge uma grande velocidade".

Tente escrever três sessões:

a) a primeira, que remeta ao período de neblina e de trilho morto;
b) a segunda, que remeta ao período em que o trem entra na rede e rostos passageiros são indistintos;
c) a terceira que testemunhe o trem que vai a toda velocidade com emoções e personagens claramente distinguíveis.

_____

_____

_____

_____

_____

_____

Exercício 27

Após uma semana na qual eu estive ausente, uma paciente conta estes sonhos: no primeiro sonho tinha que escrever "l'avevo" (eu o tinha), mas não lembrava se o uso do apóstrofo estava correto; no segundo sonho saía da estrada com o carro, mas sem se machucar, não muito tempo depois voltava para a faixa certa. Eu pergunto se os sonhos podem nos remeter à eliminação das sessões e à interrupção abrupta, ainda que depois tenha retomado o caminho.

304 EXERCÍCIOS E JOGOS PSICANALÍTICOS

Após ter confirmado, lembra as afrontas vividas quando criança quando sua mãe a obrigava a cortar o cabelo, "como eu faço – observo – ao lhe cortar as sessões".

Depois ela conta como ficou aliviada por não ter de ir à escola de especialização que frequenta, em virtude da ausência do professor e como esperando que eu lhe abrisse a porta, os *strass* que tinha na blusa, com o sol, criavam um fascinante jogo de luzes e pareciam abrir um mundo de fantasia. Após o meu óbvio comentário, continua dizendo que foi vestida de moletom e tênis em um lugar frequentado por pessoas muito elegantes e de ter ficado envergonhada. Como essas pessoas, tão sofisticadas, teriam julgado a maneira como ela se vestia e se comportava?

Tente esclarecer o significado das últimas comunicações da paciente com cinco diferentes hipóteses interpretativas possíveis.

_____

_____

_____

_____

_____

_____

Exercício 28

Um menino é descrito como muito bonzinho, um aluno exemplar, parece "frequentar Oxford" (Bergonzoli, 2008). À noite, não consegue dormir por causa de pesadelos e do terror de ladrões. Tudo se agravou depois que um companheiro de futebol bateu nele e tentou estrangulá-lo.

Na primeira sessão, faz os seguintes desenhos (ver as figuras 1-4 a seguir):

1. a família;
2. a torre de Pisa e alguém que tenta – talvez em vão – segurá-la;
3. um personagem de uma série de televisão;
4. um outro personagem de uma série de televisão.

Figura 1

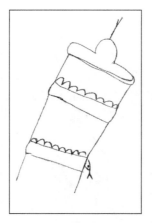

Figura 2

306 EXERCÍCIOS E JOGOS PSICANALÍTICOS

Figura 3

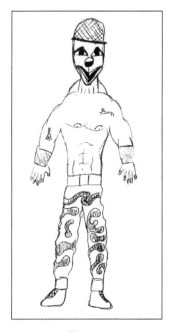

Figura 4

Que hipóteses você pode fazer do relato?

E na primeira figura, o que você observa? Ao que lhe parece remeter?

E na segunda?

E na terceira, em particular, quais detalhes lhe chamam atenção?

E na quarta?

E de toda a sequência, que hipóteses você poderia formular?

Exercício 29

A que poderia conduzir esta sequência?

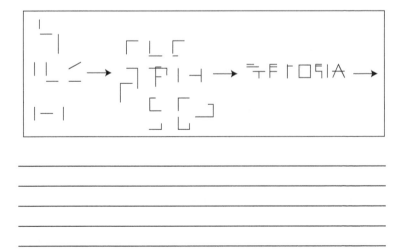

Exercício 30

O seguinte gráfico do que poderia falar?

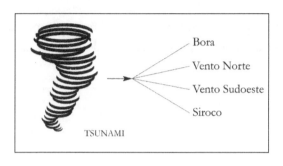

Exercício 31

Tente representar graficamente uma sequência de contenção e alfabetização de sensorialidade, antes impossível de ser contida e figurada.

Exercício 32

Ao retornar, após um breve período de suspensão, um paciente diz: "Estou contente de encontrá-lo inteiro".

Tente imaginar cinco fantasias que o paciente poderia ter feito e três respostas possíveis para cada uma dessas fantasias.

_____

_____

_____

_____

_____

_____

Exercício 33

Uma paciente, no primeiro encontro, começa dizendo: "Eu tenho medo de ter sido violentada quando criança".

Visto que poderíamos colocar essa comunicação na História, no Mundo Interno (abusado por seus próprios estados primitivos da mente), na Relação ou no Campo, tente escrever pelo menos cinco possíveis intervenções a partir de vértices diferentes.

_____

_____

_____

_____

_____

_____

Exercício 34

Depois que o analista levou para a supervisão o caso do seu paciente, este fala da sua mãe que o convidou para o almoço, mãe que na realidade tem uma paixão por cozinhar, mas que estranhamente lhe deu "tudo requentado".

Tente imaginar cinco possíveis intervenções.

_____

_____

_____

_____

_____

Exercício 35

Um paciente em análise diz que seu filho tem medo, quando vai na piscina, de ser mordido por trás por um barracuda. O paciente lhe diz que a piscina é um espaço seguro onde há os instrutores e que ele pode ficar tranquilo. Depois de alguns dias o menino confessa ao seu pai que, quando está em casa, o gatinho chora e isso acontece porque ele, escondido, o morde.

Tente:

- formular uma interpretação "de transferência";
- formular uma interpretação "na transferência";
- formular uma interpretação "de campo";
- formular uma interpretação "no campo".

312 EXERCÍCIOS E JOGOS PSICANALÍTICOS

Tente descrever as diferentes formas em que os personagens da sessão poderiam ser compreendidos.

Experimente ver quais intervenções seriam possíveis em um modelo histórico reconstrutivo, em um modelo kleiniano, em um modelo inspirado em Bion, em um modelo de campo pós-bioniano.

Exercício 36

O analista precisa fazer com que um paciente espere alguns minutos na sala de espera. Assim que o paciente entra, imediatamente após ter se deitado, diz: "Imagine se a minha filha, quando está com fome, pode esperar 10 minutos". Ele se levanta e vai embora, batendo a porta. O analista, ficando sozinho na sala, desorientado, faz um gesto desajeitado e quebra a lâmpada *Liberty* que tem em cima da mesa (Locatelli, 2009).

Tente imaginar cinco intervenções diferentes que o analista poderia fazer ao paciente na sessão seguinte, quando este, chegado no horário, deita no divã e não abre a boca.

Tente escrever que sonho de contratransferência o analista poderia ter feito na noite entre as duas sessões.

Exercício 37

Um paciente em análise, que é psicoterapeuta, diz: "Hoje eu ofereci a dois pacientes o mesmo horário".

Que fantasias o analista poderia fazer?

Exercício 38

Um paciente de meia-idade relata dois sonhos tidos na mesma noite. No primeiro tinha que partir em um grande navio, para uma longa e obscura viagem. Havia tantas pessoas, era um navio muito muito grande. Eram entregues casacos, roupas. A cabine estava localizada no alto, havia andares mais altos (poucos, na verdade) e muitos andares inferiores. Havia também pessoas mais velhas que fariam a viagem.

No segundo sonho era um estudante formando em medicina, estava na sala de cirurgia auxiliando em uma cirurgia, e se perguntava se refaria as escolhas feitas (e refaria neuropsiquiatria infantil) ou se daria um salto e se tornaria um neurocirurgião infantil.

Tente dar cinco possíveis leituras dos sonhos, com base na sequência de *rêverie* que eles lhe suscitam.

_____

_____

_____

_____

Exercício 39

Um paciente que é um *gambler*[1] sonha com um gramado verde do qual se afasta para ir para um lugar perto da Disneyland que se chama *Carillon*, onde pensa poder se divertir. Está na companhia de um tio "delegado" que, em uma pequena lancheira – aquelas usadas no jardim da infância – colocou champanhe e pirulitos.

_____

1   *Gambler* = Jogador [N. T.].

Tente dar cinco possíveis leituras do sonho, desde aquelas que se originam em uma *rêverie* até aquelas cada vez mais de escola.

_____

_____

_____

_____

Exercício 40

Um paciente, já em análise avançada, fala dos terrores que sentia quando sua mãe lhe mostrava filmes de terror, ou então assustadores, sem depois os explicar para ele. À noite, não conseguia pregar os olhos e ficava esperando, para adormecer, ouvir os barulhos da presença dos adultos se levantando.

Tente formular hipóteses interpretativas com base nos diferentes modelos de escuta e de interpretação que lhe vêm à mente.

_____

_____

_____

_____

Exercício 41

Uma paciente que faz quatro sessões de análise por semana tem a fobia de que pessoas que ela ama possam sofrer acidentes, que possam ter choques mortais. Inevitavelmente, isso entra na análise como medo – revelado em um sonho – de poder ter acidentes de percurso na análise e de ter choques com o analista que levem à morte/fim da análise. De repente, traz este sonho (após as duas primeiras sessões da semana nas quais ela não tinha aberto a boca): dois filhos de um casal tinham partido para a guerra e ambos haviam morrido; os outros dois corriam o mesmo risco.

Visto que a paciente não tolera interpretações de transferência de forma alguma, tente imaginar qual poderia ser a interpretação de transferência mais eficaz e como poderia ser "cozida" para esta paciente.

_____

_____

_____

_____

_____

Exercício 42

Teresa, 6 anos, tem uma "masturbação compulsiva" desde quando tinha menos de um ano. Compreende-se, rapidamente, que é uma forma que ela usa para aliviar as tensões, e para afastar uma dor que ela não consegue lidar de outra forma. Já na primeira sessão fornece uma chave de leitura possível com o seguinte sonho: "Eu estava na floresta sozinha, abandonada, chegavam lobos maus (emoções que devoram e dilaceram)... *depois* os lobos tornavamse bons". Esse "*depois*" me remete, na sua forma sintética de expressão, ao "la sventurata rispose"[2] de Manzoni, no sentido de que, depois de ter se masturbado, as emoções são menos violentas.

_____

2 *La sventurata rispose* – Célebre frase do cap. X do livro *I Promessi Sposi* de Alessandro Manzoni, e que com o tempo tornou-se uma expressão recorrente da língua italiana. Exprime a ideia de uma escolha conflitiva mas que traz alívio [N. T.].

As sessões adquirem, rapidamente, um tom excitado com poesias inventadas na hora por Teresa, com rimas, com associações pindáricas. De fato, ela se distrai assim, e nos distrai de poder pensar, de se concentrar, pois ficamos fascinados por suas acrobacias linguístico-poéticas. Todo contato com emoções intensas é evitado, ainda que volte a pergunta: mas nos outros quartos, há crianças pobres, albaneses, de cor e quem cuida deles? Eles têm fome? Eles têm medo? Fica clara a função antidepressiva e antissofrimento da excitação e da evacuação.

Tente, usando a mesma estrutura narrativa, escrever o caso como se fosse o de:

- uma bailarina de *lap-dance* de 26 anos de idade;

_____

_____

_____

_____

_____

- um obsessivo de 50 anos com uma perversão;

_____

_____

_____

_____

- uma mulher aos primeiros sinais de menopausa;

_____

_____

_____

_____

_____

318 EXERCÍCIOS E JOGOS PSICANALÍTICOS

- uma freira com êxtases místicos.

_____

_____

_____

_____

Exercício 43

Um empresário de sucesso, que tem mais de 65 anos, não sabe como administrar o relacionamento que tem em paralelo com a esposa, da sua mesma idade, e a amante, 20 anos mais jovem. Sofre de insônia, tem medo do futuro, da queda da bolsa, embora seu trabalho continue sendo uma fonte constante de sucesso e de ganhos. Por trás, tem uma história de abandonos quando criança e de intensas vivências de exclusão. Na análise, parece um "aluno aplicado", mas sempre tenta manter a maior distância possível das suas necessidades e dos seus sofrimentos. Não sabe de quem se separar, se da esposa ou da amiga. Tem um sonho no qual, enquanto esquia, vê um amigo despencar em um precipício e tenta puxá-lo para cima, mas acorda gritando e não sabendo se conseguiu.

É claro o significado antidepressivo de toda a história, um antidepressivo são os lucros enormes, os reconhecimentos internacionais, os jantares com os poderosos da terra, e, especialmente, a jovem amante ("olhando para ela me parece ficar 20 anos mais jovem"). Ele se diz indeciso entre as duas mulheres, sua esposa parece encarnar a realidade, a realidade do tempo, a realidade que já é avô. A amante parece conduzi-lo em direção à ilusão de um tempo que possa retornar, de uma juventude que gostaria ainda de possuir. É evidente que ele está diante de uma encruzilhada, entre tomar consciência da realidade ou se preencher com antidepressivos (além da jovem amante, bebe, faz apostas, joga na bolsa de valores); na encruzilhada entre o impacto com "O" e a quantidade de mentiras que ele precisa para sobreviver.

Tente imaginar cinco possíveis desenvolvimentos desta análise, introduzindo também novos personagens, que podem incluir a chegada de uma doença, confessar a verdade para sua esposa, fugir com uma amiga da sua jovem filha e assim por diante.

_____

_____

_____

_____

Em seguida, tente imaginar qual narrativa e qual explicitação sintomática poderia ter a mesma estrutura narrativa e sintomática:

- para uma criança que tem de ir para o jardim da infância;
- para uma criança que vai começar o primário;
- para um adolescente;
- para um homem de quarenta anos;
- para uma mulher próxima à menopausa.

_____

_____

_____

_____

Imagine, depois, diferentes ambientações sócio-culturais-geográficas possíveis dessas histórias.

_____

_____

_____

_____

Exercício 44

Para muitos, a "agressividade" é um dos dois instintos básicos. Um excesso de agressividade leva à destrutividade.

Eu não me refiro a uma teoria dos instintos, mas a uma teoria altamente relacional.

Portanto, por exemplo, à agressividade (instinto) substituo o conceito de violência de um estado protoemocional com uma maior ou menor capacidade de contê-lo. Uma (proto) emoção, se não for contida, pode ser evacuada e ter efeitos destrutivos, como um tsunami, mas não que o tsunami em si seja destrutivo, são os seus efeitos que levam à destruição. Um tsunami que fosse contido seria pura força motriz. Além disso, enquanto o instinto é uma dotação, a violência (ou intensidade) é o resultado do êxito ou do êxito insuficiente que resultou na formação ou na não formação das estruturas de contenção ($\female$) e de metabolização (função α).

Dito isso, tente escrever duas sessões com as implicações técnicas diferentes nos dois modelos descritos.

———————————————————————

———————————————————————

———————————————————————

———————————————————————

Exercício 45

Verdade/mentira

Eu acho que a dialética verdade/mentira pode ser substituída pelo conceito de verdade emocional suportável. Este é um conceito absolutamente relativo (para aquela dupla analítica, naquele dia, naquela circunstância). Há pessoas para as quais a verdade emocional é como um leito de faquir com pregos colocados de forma assimétrica que perfuram e as "mentiras" (as únicas que precisam de um pensador, nas palavras de Bion) são como *airbags* que protegem. No fundo, todas as "defesas" são mentiras que nos protegem de "verdades/línguas de fogo." (Lembremos que, com sua habitual genialidade transgressiva, Grotstein colocou os sonhos na linha 2 da Grade). Eu tenderia a distinguir estas três categorias de mentirosos.

a) O mentiroso fisiológico

Trata-se daquele que usa as mentiras com objetivo amortizador. Eu poderia contar uma longa série de casos pessoais da expressão dialetal "fruiri è briogna ma è sarbamento i vita" o que significa que se afastar, fugir, é uma vergonha, mas às vezes salva a vida; vou me deter naquele episódio que me correu de fato quando eu era um jovem psiquiatra e trabalhava em um Serviço para usuários de drogas. Bem, uma manhã tive uma discussão violenta com um jovem toxicômano; de tarde bateram na minha porta e, quando abro, vejo quatro caras com aspecto pouco confiável, claramente toxicômanos, que me perguntam se o Dr. Ferro está. Obviamente respondo: "Não, acabou de sair. Foi jogar sinuca no Corso Garibaldi". É provável que esta mentira tenha me salvado de uma pancadaria. Diante de um pai severo, será que não existe talvez um estudante que não tenha escondido uma nota ruim ou cabulado as aulas depois de não ter feito a lição de casa? Eu chamaria essas mentiras de mecanismos defesa que continuam a nos fazer viver no nosso mundo sem alterá-lo excessivamente.

b) O mentiroso patológico

É, ao contrário, o que faz do seu trabalho a construção de mundos e realidades paralelas nas quais muitas vezes acaba preso. Um exemplo clássico é o dos estudantes que chegam às vés-

322   EXERCÍCIOS E JOGOS PSICANALÍTICOS

peras da graduação, ou no próprio momento da graduação, sem terem feito os exames. Eles construíram um mundo paralelo que habitavam, do qual eram agora incapazes de voltar atrás, exceto no momento do *redde rationem*, sendo que, por vezes, eram tentativas de suicídio ou fuga que funcionavam como uma forma de retorno à realidade. Lembro-me de um colega de colegial que, sendo incapaz de se concentrar nos estudos, apesar de ter uma inteligência brilhante, havia construído e decorado (em termos narratológicos) um mundo no qual ele era um engenheiro aeroespacial. Durante um período, no qual ele deveria estar no MIT por seus estudos, foi descoberto em uma quitinete em Milão, no bairro Inganni,[3] onde se refugiava durante suas supostas transferências.

Não diferente é a história de um paciente que pediu a análise porque não sabia mais como sair de um mundo que havia construído e habitado: interrompidos os estudos universitários, havia completamente inventado para si uma atividade de vendedor de aço no Cazaquistão e, periodicamente, desaparecia na casa da mãe, enquanto que na versão oficial contratava vendas de milhões de euros. Seu frágil ego não havia suportado seus insucessos e havia se inflado nessas invenções como os "peixes bola" que continuava a dar de presente para a sua namorada e aos amigos, quase um sinal para que eles descobrissem todas as "bolas" que inventava para dar a si mesmo uma identidade que lhe parecesse aceitável.

c) O fraudador

Até aqui estamos falando de pessoas ou pacientes que, de qualquer forma, estão "jogando na defesa" para se proteger ou para mascarar uma fragilidade insuportável aos seus olhos. Diferente é a situação daquelas pessoas que, ao contrário, jogam no

---

3   *Inganni* = Enganos [N. T.].

ataque, isto é, que prejudicam os outros com seus golpes. O claustro é a única estrutura capaz de conter este tipo de personalidade que vivem entre engano e mania. Portanto o "fraudador" prejudica o Outro provavelmente porque tem de viver em um estado excitado antidepressivo grave. Além disso, parece que ele mesmo cai no mundo que ele criou, portanto de alguma forma assume identidades multifacetadas e mentirosas aos seus próprios olhos.

Tente escrever três casos clínicos que tenham essas características, a história que poderiam ter por trás, e inventar três possíveis sessões destes três tipos de pacientes com os problemas técnicos que colocam e com as soluções que poderiam ser encontradas.

Referências

Ambrosiano, L., GaburrI, E. (2004). *Ululare con i lupi*. Turim: Bollati Boringhieri.

Andersen, H. C. (1848). La Piccola Fiammiferaia. *Le più belle fiabe di Andersen*. Milão: Mondadori, 2000.

Barale, F., Ferro, A. (1992). Reazioni terapeutiche negative e microfratture nella comunicazione analitica. In N. Momigliano, L. e A. Robutti (Orgs.), *L'esperienza condivisa*. Milão: Raffaello Cortina.

Baranger, M. (1993). The mind of the analyst: from listening to interpretation. *International Journal of Psychoanalysis, 74*, 15-24.

Baranger, M., Baranger, W. (1961-1962). La situación analítica como campo dinámico. *Revista Uruguaya de Psicoanálisis, 4*, 3-54.

Bergonzoli, S. (2008). Comunicação pessoal.

Bezoari, M., Ferro, A. (1992). Percorsi nel campo bipersonale dell'analisi dal gioco delle parti alle trasformazioni di coppia. In Nissim Momigliano, L., Robutti, A. (Org.). *L'esperienza condivisa*. Milão: Raffaello Cortina.

Bick, E. (1968). L'esperienza della pelle nelle prime relazioni oggettuali. *L'osservazione diretta del bambino*. Turim: Boringhieri, 1984.

Bion, W. R. (1962). *Apprendere dalla esperienza*. Roma: Armando, 1972.

Bion, W. R. (1963). *Elementi della psicoanalisi*. Roma: Armando, 1979.

326 REFERÊNCIAS

Bion, W. R. (1965). *Trasformazioni*. Roma: Armando, 1973.

Bion, W. R. (1970). *Attenzione e interpretazione*. Roma: Armando, 1973.

Bion, W. R. (1983). *Seminari italiani*. Roma: Borla, 1985.

Bion, W. R. (1987). *Seminari clinici*. Milão: Raffaello Cortina, 1989.

Bion, W. R. (1992). *Cogitations*. Roma: Armando, 1997.

Bion, W. R. (2005). *Seminari Tavistock*. Roma: Borla.

Bolognini, S. (2008). *Passaggi segreti. Teoria e tecnica della relazione interpsichica*. Turim: Bollati Boringhieri.

Botella, C., Botella, S. (2001). *La raffigurabilità*. Roma: Borla, 2004.

Cairo, I. (2007). Review of *Seeds of illness, seeds of recovery* and *Psychoanalysis as therapy and storytelling* by A. Ferro. *International Journal of Psychoanalysis*, 88, 1299-1304.

Canestri, J., (2006). *Psychoanalysis: From Practice to Theory*. New York: Wiley.

Carvalho, R. et al. (2010). *Matte Blanco. Una'introduzione*, no prelo.

Chianese, D. (1997). *Costruzione e campo analitico. Storia, scene e destino*. Roma: Borla.

Civitarese, G. (2008). *L'intima stanza*. Roma: Borla.

Collovà, M. (2007). Per una psicoanalisi sostenibile. In A. Ferro et al., *Sognare l'analisi*. Turim: Bollati Boringhieri.

Corrao, F. (1986). Il concetto di campo come modello teorico. *Gruppo e Funzione Analitica*, 7, 9-21.

Di Chiara, G. (2003). *Curare con la psicoanalisi*. Milão: Raffaello Cortina.

Dongilli, S. (2008). comunicação pessoal.

Eizirik, C. L. (2005). Analytic listening to traumatic situations. Panel, IPA Congress, Rio de Janeiro.

Faimberg, H. (1996). Listening to listening. *International Journal of psychoanalysis*, 77, 667-677.

Fellini, F. (2007). *Il libro dei sogni*. Milão: Rizzoli.

Ferro, A. (1992). *La tecnica nella psicoanalisi infantile*. Milão: Raffaello Cortina.

Ferro, A. (1996). *Nella stanza d'analisi*. Milão: Raffaello Cortina.

Ferro, A. (1999). *La psicoanalisi come letteratura e terapia*. Milão: Raffaello Cortina.

Ferro, A. (2002a). Some implications of Bion's thought: The waking dream and narrative derivatives. *International Journal of Psychoanalysis, 83*, 597-607.

Ferro, A. (2002b). Superego transformations through the analyst's capacity for rêverie. *Psychoanalytic Quarterly, 71*, 477-501.

Ferro, A. (2002c). *Fattori di malattia, fattori di guarigione*. Milão: Raffaello Cortina.

Ferro, A. (2005a). Which reality in the psychoanalytic session? *Psychoanalytic Quarterly, 74*, 421-442.

Ferro, A. (2005b). Bion: Theoretical and clinical observations. *International Journal of Psychoanalysis, 86*, 1535-1542.

Ferro, A. (2006a). Da una psicoanalisi dei contenuti e delle memorie a una psicoanalisi per gli apparati per sognare, sentire, pensare: transfert, transfer, trasferimenti. *Rivista di Psicoanalisi, 52*, 401-478.

Ferro, A. (2006b). Clinical implications of Bion's thought. *International Journal of Psychoanalysis, 87*, 989-1003.

Ferro, A. (2006c). *Tecnica e creatività. Il lavoro analitico*. Milão: Raffaello Cortina.

Ferro, A. (2007). *Evitare le emozioni, vivere le emozioni*. Milão: Raffaello Cortina.

Ferro, A. (2008a). Disegnare sogni. Sognare disegni. In Atti del Convegno *Federico Fellini: il libro dei miei sogni*, Rimini, 9-10 novembre 2007.

Ferro, A. (2008b). *Rêveries*. Turim: Antigone.

Ferro, A. (2009). Transformations in dreaming and characters in the psychoanalytic field. *International Journal of Psychoanalysis, 90*, 209-230. (Keynote paper 46th IPA Congress, Chicago).

Ferro, A., Basile, R. (2009) (a cura di). *The Analytic Field. A Clinical Concept*. Londres: Karnac.

Ferro, A., Civitarese, G., Collovà, M., Foresti, G., Mazzacane, F., Molinari, E., Politi, P. (2007). *Sognare l'analisi. Sviluppi clinici del pensiero di Bion*. Turim: Bollati Boringhieri.

328 REFERÊNCIAS

Ferro, A., Foresti, G. (2008). "Objects" and "characters" in psychoanalytical texts/dialogues. *International Forum of Psychoanalysis, 17*, 71-81.

Ferruta, A. (2005). Aggrapparsi: una struttura elementare per la sopravvivenza psichica. *Pensare per immagini*. Roma: Borla.

Freud, S. (1914). *Dalla storia di una nevrosi infantile (Caso clinico dell'uomo dei lupi)*. In S. Freud, *Opere di Sigmund Freud* (Vol. 7). Turim: Bollati Boringhieri.

Gabbard, G., Westen, D. (2003). Rethinking therapeutic action. *International Journal of Psychoanalysis, 84*, 823-841.

Gabbard, G. O., Williams, P. (2001). Preserving confidentiality in the writing of case reports. *International Journal of Psychoanalysis, 82*, 1067-1068.

Gaburri, E. (Org.) (1997). *Emozione ed Interpretazione*. Turim: Bollati Boringhieri

Gibeault, A. (1991). Interpretation and transference. *Bulletin of European Psychoanalytic Federation, 36*, 47-61.

Goethe, W. (1832). *Faust*. Turim: Einaudi, 1997.

Green, A. (1989). La tiercéité. *La pensée clinique*. Paris: Odile Jacob, 2002.

Green, A. (1993). *Il lavoro del negativo*. Roma: Borla, 1996.

Green, A. (2005). The illusion of the common ground and mythical pluralism. *International Journal of Psychoanalysis, 86*, 627-632.

Grotstein, J. (2000). *Who is the Dreamer Who Dreams the Dream? A study of psychic presences*. Routledge, Hove.

Grotstein, J. (2004). *The Light Militia of the Lower Sky*: The deeper nature of dreaming and phantasying. *Psychoanalytic Dialogues, 14* (1), 99-118.

Grotstein, J. (2007). *Un raggio di intensa oscurità*. Milão: Raffaello Cortina, 2010.

Grotstein, J. (2009). *But at the Same Time and on Another Level... Clinical Applications in the Kleinian/Bionian Mode*. Milão: Raffaello Cortina, no prelo.

Hanly, C. (1990). The concept of truth in psychoanalysis. *International Journal of Psychoanalysis, 71*, 375-388.

ANTONINO FERRO   329

Kancyper, L. (2002) (Org.). *Volviendo a pensar con Willy y Madeleine Baranger* [Thinking again with Willy and Madeleine Baranger]. Buenos Aires: Lumen.

Kernberg, O. F. (1993). Convergences and divergences in contemporary psychoanalytic technique. *International Journal of Psychoanalysis, 74,* 659-673.

Kernberg, O. F. (2001). Recent developments in the technical approaches of English language psychoanalytic schools. *Psychoanalytic Quarterly, 70,* 519-547.

La Farge, L. (2007). Review of *Psychoanalysis as therapy and storytelling* by A. Ferro. *Psychoanalytic Quarterly, 76,* 1391-1397.

Lewkowicz, S., Flechner, S. (2005) (Org.). *Truth, Reality and the Psychoanalyst: Latin American Contributions to Psychoanalysis.* International Psychoanalytical Association, Londres.

Lurani, E. (2009). comunicação pessoal.

Mann, H. (1905). *Il prof Unrat. L'angelo azzurro.* Milão: Mondadori 1997.

Maugham, W. S. (1915). *Schiavo d'amore.* Milão: Adelphi, 2007.

Mazzantini, M. (2004). *Non ti muovere.* Milão: Mondadori.

Musatti, C. (1980). Lettura psicoanalitica dei misteri di un'anima. *Cinema Nuovo,* fevereiro, *263,* 15-17.

Neri, C. (2006). Campo. In Barale, F. et al., *Psiche. Dizionario storico di psicologia, psichiatria, psicoanalisi e neuroscienze.* Turim: Einaudi.

Norman, J. (2001). The psychoanalyst and the baby: A new look and work with infants. *International Journal of Psychoanalysis, 82,* 83.

O'Shaughnessy, E. (2005). Discussion of A. Ferro's paper 'Bion's thought' at 'Wilfred Bion today'. International Conference at University College London, 11 junho.

Ogden, T. (1989). *Il limite primigenio dell'esperienza.* Roma: Astrolabio, 1992.

Ogden, T. (2003). On not being able to dream. *International Journal of Psychoanalysis, 84,* 17-30.

Ogden, T. (2005). *L'arte della psicoanalisi. Sognare sogni non sognati.* Milão: Raffaello Cortina, 2008.

330   REFERÊNCIAS

Ogden, T. (2007). On talking as dreaming. *International Journal of Psychoanalysis, 88,* 575-589.

Ogden, T. (2009). *Riscoprire la psicoanalisi.* Milão: CIS, 2009.

Oliva, A. (2010). Identificazioni primitive e struttura narcisistica del carattere. Alla ricerca del filo con la vita. A ser publicado em breve.

Pavese, C. (1936). *Lavorare stanca.* Turim: Einaudi, 2001.

Perrault, C. (1998). *Il gatto con gli stivali.* Milão: Mondadori.

Pyles, R. (2007). Reconstruction revisited. Paper read at CMP, 27 de março.

Quinodoz, D. (2003). *Le parole che toccano.* Roma: Borla, 2004.

Renik, O. (1993). Analytic interaction: Conceptualizing technique in the light of the analyst's irreducible subjectivity. *Psychoanalytic Quarterly, 65,* 553-571.

Riolo, F. (1989). Teoria delle trasformazioni: tre seminari su Bion. *Gruppo e Funzione Analitica, 2,* 7.

Rocha Barros, E. (2000). Affect and pictographic image: The constitution of meaning in mental life. *International Journal of Psychoanalysis, 81,* 1087-1099.

Sabbadini, A. (1994, 1999). *Secrets of a Soul* (1926) by G.W. Pabst. Paper presented at a meeting of the Applied Section of the *British Psycho-Analytic Society,* 26 de janeiro de 1994; and at the first meeting of Series on Psychoanalysis and Cinema organized by *British Psycho-Analytic Society,* 24 de janeiro.

Salomonsson, B. (2007). Talk to me baby, tell me what's the matter now. Semiotic and developmental perspectives on communication in psychoanalytic infant treatment. *International Journal of Psychoanalysis, 88,* 127-146.

Smith, H. (1999). Subjectivity and objectivity in analytic listening. *Journal of American Psychoanalytical Association, 47,* 465-484.

Tuckett, D., Basile, R., Birksted-Breen, D., Bohm, T., Denis, P., Ferro, A. et al. (2008). *Psychoanalysis Comparable and Incomparable. The Evolution of a Method to Describe and Compare Psychoanalytic Approaches.* Hove: Routledge.

Vargas Llosa, M. (2006). *Avventure della ragazza cattiva*. Turim: Einaudi, 2007.

Wallerstein, R. S. (1988). One psychoanalysis or many? *International Journal of Psychoanalysis, 69*, 5-21.

Wallerstein, R. S. (1990). Psychoanalysis: The common ground. *International Journal of Psychoanalysis, 71*, 3-20.

Widlöcher, D. (1996). *Les nouvelles cartes de la psychanalyse*. Paris: Odile Jacob.

Winnicott, D. W. (1963). La paura del crollo. *Esplorazioni psicoanalitiche*. Milão: Raffaello Cortina, 1995.

Winnicott, D. W. (1977). *Una bambina di nome Piggle*. Turim: Bollati Boringhieri.